O Sagrado Coração de Jesus e os Sacramentos da Igreja

Jacir Silvio Sanson Junior

O Sagrado Coração de Jesus e os Sacramentos da Igreja

Edições Loyola

Dados Internacionais de Catalogação na Publicação (CIP)
(Câmara Brasileira do Livro, SP, Brasil)

Sanson Junior, Jacir Silvio
  O Sagrado Coração de Jesus e os sacramentos da Igreja / Jacir Silvio Sanson Junior. -- São Paulo : Edições Loyola, 2022. -- (Espiritualidade do Coração de Jesus ; 1)
  ISBN 978-65-5504-148-4
  1. Cristianismo 2. Pastoral - Cristianismo 3. Sacramento - Igreja Católica 4. Sagrado Coração - Devoção 5. Teologia I. Título II. Série.

21-92845   CDD-242.2

Índices para catálogo sistemático:
1. Sagrado Coração de Jesus : Devoção : Cristianismo   242.2

Maria Alice Ferreira - Bibliotecária - CRB-8/7964

Preparação: Maria Suzete Casellato
Capa e diagramação: Ronaldo Hideo Inoue
Crucificação de Jesus Cristo (detalhe),
afresco da Basilica di Santa Croce, Florença, Itália.
Foto de © jorisvo. Montagem sobre ilustração
do Sagrado Coração de Jesus, de © vgorbash.
Na contracapa, fundo de © Strawberry Blossom.
© Adobe Stock.

Edições Loyola Jesuítas
Rua 1822 n° 341 – Ipiranga
04216-000 São Paulo, SP
T 55 11 3385 8500/8501, 2063 4275
editorial@loyola.com.br
vendas@loyola.com.br
www.loyola.com.br

Todos os direitos reservados. Nenhuma parte desta obra pode ser reproduzida ou transmitida por qualquer forma e/ou quaisquer meios (eletrônico ou mecânico, incluindo fotocópia e gravação) ou arquivada em qualquer sistema ou banco de dados sem permissão escrita da Editora.

ISBN 978-65-5504-148-4

© EDIÇÕES LOYOLA, São Paulo, Brasil, 2022

*Aos meus pais,
Jacir e Jaudete,
que me transmitiram a fé.*

É a fé, em si, substância do desejo

DANTE ALIGHIERI

Sumário

Siglas 13

Prefácio 15

Apresentação 17

Introdução 23

Capítulo 1
Sinais visíveis da salvação 29
DESNUDAI-VOS!

1. Um Coração despido que se desfiou em sacramentos: a experiência do desnudamento 33

Capítulo 2
Batismo 41
ABRE-TE! VÊ!

1. De onde vertem água e sangue 44

Capítulo 3
Confirmação 49
MAIS ÍNTIMO QUE A PRÓPRIA INTIMIDADE

1. A intimidade na vida de Cristo, o Ungido 54

Capítulo 4
Reconciliação 63

HÁ EM VOSSO PEITO UM CORAÇÃO

1. A História da Salvação como uma odisseia ao coração 68
2. Sois uma carta do Coração de Cristo: a ética cordiana 70
3. Reconciliação e cultura de paz 78

Capítulo 5
Unção dos enfermos 85

O LEVE JUGO DO CORAÇÃO SALVADOR DE JESUS

1. A desolação como princípio de sabedoria:
   a via redentora do sofrimento 89
2. A espiritualidade afetiva e a experiência de ser salvo 99

Capítulo 6
Ordem 109

IN PERSONA CHRISTI CAPITIS, IN PERSONA CHRISTI CORDIS

1. Poder sagrado e serviço ministerial 109
2. Por uma Teologia do coração 119
3. Na pessoa de Cristo-Cabeça e de Cristo-Coração 125

Capítulo 7
Matrimônio 131

UMA SÓ CARNE, UMA SÓ ALMA, UM SÓ CORAÇÃO

1. O matrimônio como espiritualidade abrangente 132
   1.1. No Coração do Verbo encarnado estão
        as prerrogativas para uma Teologia do corpo 132
   1.2. O amor esponsal de Deus no matrimônio celebrado
        como bodas nas origens, na cruz e nos céus 137

2. **Com que amor amais?**
   A função sacramental do amor casto 144
   2.1. A verdade do amor 144
   2.2. Uma fidelidade coroada pela castidade 151
3. **Do casal à comunidade, do matrimônio
   à comunhão universal de amor** 160
   3.1. O Coração entronizado na Igreja doméstica 160
   3.2. O dom da amizade e a união de corações 167

Capítulo 8
Eucaristia 173
A PERFEIÇÃO DA CARIDADE

1. **Dimensão cristológica:
   a presença real de Jesus na Eucaristia** 175
   1.1. O alimento eucarístico 177
   1.2. O Sacramento dos sacramentos 179
   1.3. O culto de adoração 183
   1.4. O sacrifício incruento 187
2. **Dimensão eclesiológica:
   a Eucaristia e o sacrifício da Igreja** 189
   2.1. A assembleia eucarística e sua forma corporal 189
   2.2. A Eucaristia faz a Igreja 191
   2.3. A Igreja liturgicamente associada
        à oferenda do Cristo 192
   2.4. Comungados pelo corpo do Senhor 195
3. **Dimensão ética:
   os gestos eucarísticos de amor ao próximo** 196
   3.1. O fruto eucarístico 196
   3.2. Quando o coração se torna altar 201
   3.3. Um coração potente para amar 204
   3.4. Corpus Christi, Cor Christi: o circuito eucarístico 208

Capítulo 9
Sacramento universal da salvação 215
O CORAÇÃO DE CRISTO E A VIDA CRISTÃ:
ORAÇÃO, PREGAÇÃO E TESTEMUNHO

1. **O Sagrado Coração e as formas de oração** 225
2. **O Sagrado Coração e o anúncio da cruz** 230
3. **O Sagrado Coração e o testemunho do amor** 234

Considerações finais 241
    Frutos de sabedoria, santidade e salvação 241
    Apelos do Sagrado Coração 243

Referências 251

Siglas

AA	*Apostolicam Actuositatem* (Concílio Vaticano II)
AG	*Ad Gentes* (Concílio Vaticano II)
AL	*Amoris Laetitia* (Papa Francisco)
AS	*Annum Sacrum* (Papa Leão XIII)
CDC	Código de Direito Canônico
CIC	Catecismo da Igreja Católica
CT	*Catechesi Tradendae* (Papa João Paulo II)
CV	*Caritas in Veritate* (Papa Bento XVI)
DC	*Deus Caritas Est* (Papa Bento XVI)
Denz.	Compêndio dos símbolos (Denzinger-Hünermann)
DI	*Dominus Iesus*
DM	*Dives in Misericordia* (Papa João Paulo II)
DV	*Dei Verbum* (Concílio Vaticano II)
EE	*Ecclesia de Eucharistia* (Papa João Paulo II)
EN	*Evangelii Nuntiandi* (Papa Paulo VI)
FC	*Familiaris Consortio* (Papa João Paulo II)
FD	*Fidei Depositum* (Papa João Paulo II)
FR	*Fides et Ratio* (Papa João Paulo II)
GS	*Gaudium et Spes* (Concílio Vaticano II)
HA	*Haurietis Aquas* (Papa Pio XII)
IGMR	Instrução Geral sobre o Missal Romano
LF	*Lumen Fidei* (Papa Francisco)
LG	*Lumen Gentium* (Concílio Vaticano II)
LH	Liturgia das Horas

LH (Of. L.)	Ofício das Leituras
LU	*Liber Usualis*
MD	*Mediator Dei* (Papa Pio XII)
MF	*Mysterium Fidei* (Papa Paulo VI)
MR	*Miserentissimus Redemptor* (Papa Pio XI)
PO	*Presbyterorum Ordinis* (Concílio Vaticano II)
SC	*Sacrosanctum Concilium* (Concílio Vaticano II)
SCa	*Sacramentum Caritatis* (Papa Bento XVI)
SD	*Salvifici Doloris* (Papa João Paulo II)

Prefácio

Sabemos que a espiritualidade do Sagrado Coração é compartilhada pelas mais diversas instâncias do corpo eclesial. É uma chama que arde no carisma de inúmeros institutos religiosos, uma força que motiva a ação de leigos. A experiência de recorrer ao Divino Coração inflamado de amor, molda o horizonte espiritual de milhares de cristãos.

Esta obra oferece uma oportunidade de associarmos a devoção pelo Sagrado Coração de Jesus a uma reflexão sobre os sacramentos da Igreja.

Em uma leitura em conformidade com a Tradição, a água e o sangue que jorraram do lado aberto do Crucificado figuram como os sacramentos do Batismo e da Eucaristia. Por outro lado, como compreender os demais sacramentos da salvação à luz desse Coração transpassado? Como podem ser vistos os Sacramentos, em referência ao Coração de Cristo?

Percorrendo o caminho dessa estreita proximidade entre o culto ao Sagrado Coração de Jesus e a Teologia dos sacramentos, propomos conciliar o estudo intelectual com a moção orante, trazendo textos que sejam não apenas lidos, mas também meditados em espírito de oração.

A Liturgia reserva ao Sagrado Coração uma celebração na sexta-feira após o segundo Domingo depois de Pentecostes: a solenidade do *Sacratissimi Cordis Iesu*. Pensando nisso, este livro contém nove capítulos que podem ser sugeridos como subsídio à novena de preparação a essa celebração.

Ao longo de suas páginas, este material convida a nos instruirmos na teologia dos sacramentos veiculada pelo *Catecismo da Igreja*

Católica e outros tantos documentos pontifícios e magisteriais, como os do *Concílio Vaticano II*. Cumpre assim uma função catequética, ao mesmo tempo em que seleciona trechos da *Sagrada Escritura*, diante dos quais aconselhamos sempre uma pausa contemplativa.

É em torno do Coração Santo de Jesus que tantas obras de piedade e tantos gestos de solidariedade se irradiam pelas ruas das cidades, chegando ao seu destino: junto ao leito de um enfermo, a escrivaninha de um estudante, a mesa de uma família, o escritório de um trabalhador.

A difusão desses tesouros espirituais alcança colégios e hospitais, asilos e creches, enfim, instituições que fazem as vezes de Cristo e deixam reverberar as palavras do Senhor: "Vinde a mim, vós todos que estais oprimidos de trabalhos e sobrecarregados, e eu vos aliviarei. Tomai sobre vós o meu jugo e aprendei de mim, que sou manso e humilde de coração, e encontrareis repouso para vossas almas. Porque o meu jugo é suave, e o meu peso, leve" (Mt 11,28-30).

Diríamos que nossa estimativa de juntar fontes da catequese sacramental com um propósito orante pautado na devoção ao Coração de Jesus, possua algum vigor, constituindo-se como algo que poderá gerar muitos frutos de renovação espiritual, tanto individual como comunitária.

Boa leitura. Feliz oração.

O AUTOR

Apresentação

Este ensaio tem o objetivo de examinar e deixar também mais visível a correspondência entre a doutrina dos Sacramentos e a espiritualidade do Sagrado Coração de Jesus, visando traduzir os resultados desse estudo em um conteúdo teológico e catequético aprazível para uma leitura gradual e meditativa.

Atende assim a um duplo formato: é um livro para que desenvolvamos nosso conhecimento da fé, e também uma novena, para que cresçamos em graça e oração. Sua composição dispõe de nove capítulos, planejados como preparação para a solene celebração do Sacratíssimo Coração de Jesus, bem como para se promover um vínculo mais intenso com referências que remontam a esse sublime caminho de virtudes.

A tese de fundo ressalta a possibilidade de ser teologicamente viável e pastoralmente promissor realçar as ligações entre o culto ao Sagrado Coração e a celebração dos sacramentos. Essa relação, embora importante, parece carecer de trabalhos que a demonstrem.

Na história da devoção e do culto ao Sagrado Coração, deparamos com a famosa representação de um Coração artisticamente ornado com uma coroa de espinhos e uma lança, chamejando um fogo ardente e sustentando uma cruz. Na Encíclica *Annum Sacrum*, de 25 de maio de 1899, o Papa Leão XIII comenta a esse respeito, dizendo tratar-se de um "símbolo bendito e celestial [...] o Santíssimo Coração de Jesus, com uma cruz erguendo-se dela e brilhando com esplendor deslumbrante em meio às chamas do amor" (AS 12), palavras estas que são reprisadas por Pio XI, na Carta Encíclica *Miserentissimus Redemptor*, de 8 de maio de 1928 (MR 2).

Também no quesito fama, fizeram-se bastante conhecidas as "doze promessas" ditadas a Santa Margarida Maria de Alacoque, em

1675, estimulando a prática de comungar nas primeiras sextas-feiras durante nove meses consecutivos, com fins a mitigar o rigorismo religioso jansenista (MR 1-4).

Na lista de tantos nomes que veneraram o Divino Coração está, entre os mencionados por Pio XII na Carta Encíclica *Haurietis Aquas*, de 15 de maio de 1956, São Boaventura, Santo Alberto Magno, Santa Gertrudes, Santa Catarina de Sena, o Bem-aventurado Henrique Suso e São Pedro Canísio. A história de testemunhos é infinitamente maior daqueles que ganham recordação nesse documento como, por exemplo, São Gregório Magno, São Felipe Néri, São João Eudes, São Cláudio La Colombière, São Vicente de Paulo, os fundadores de Congregações Pierre Coudrin, Henriette de la Chevalerie, Léon Dehon e Santo Ezequiel Moreno (HA 51).

É de se sublinhar que Santa Margarida Maria era monja visitandina, congregação fundada por São Francisco de Sales (junto com Santa Francisca de Chantal), que recebeu uma formação espiritual na Companhia de Jesus, de onde surgiram outros arautos do Coração Santo, como o próprio Santo Inácio de Loyola e São Francisco Xavier[1].

Apesar de todos os influxos que nutrem a piedade e empenham a alma no rumo de um progresso ético e transcendental, inclusive tendo sido algumas dessas manifestações enriquecidas por certas "revelações" ou "visões" classificadas pelo *Catecismo da Igreja Católica* como de natureza "privada" (CIC 67, HA 52), nosso foco consiste em destacar certa compreensão acerca dos sacramentos, forjada à luz do Sagrado Coração.

*

---

[1] Em carta de 15 de maio de 2006, foi justamente ao superior geral dos jesuítas que Bento XVI se endereçou em comemoração ao 50º aniversário da Encíclica *Haurietis Aquas*. Para o cardeal Martini, também ele jesuíta, essa foi uma demonstração de que o Papa os considerava especialmente responsáveis pela difusão dessa devoção por toda a Igreja. Cf. MARTINI, C. M., *La devozione al Sacro Cuore di Gesù*, disponível in: http://www.30giorni.it/articoli_id_10935_l1.htm, acesso 08.03.2021.

APRESENTAÇÃO

O conjunto dos sacramentos abarca a totalidade da existência humana, trazendo também consigo uma educação para conduzir a vida num plano mais espiritual. Eles nos dão a graça e a oportunidade para uma vivência que tenha o Espírito de Jesus como centro e direção. Nesse sentido, os sacramentos apontam para o Sagrado Coração, pois como discerniu o Papa Leão XIII, "as homenagens, sinais de submissão e de piedade que se oferecem ao divino Coração, são referidas realmente e em propriedade a Cristo em pessoa" (AS 8).

Nesses atos e sinais incluem-se a participação nos sacramentos, mas não uma participação apenas, e sim dentro de uma dinâmica ou um propósito expiatório.

Ao chamar a atenção para esse aspecto, Pio XI elucida como a Eucaristia, principalmente, não obstante o sacramento da Penitência, posiciona-se na plataforma da assim chamada reparação.

Considerando, portanto, "a honesta satisfação a que estamos obrigados com respeito ao Coração Santíssimo de Jesus" (MR 1) — que se faz "vítima de expiação pelos pecados dos homens" (HA 53) —, esse culto solicita particularmente o sacramento da Confissão junto ao ato de desagravo dos pecados próprios e dos cometidos pela humanidade. O Sagrado Coração evidencia o débito gerado pelo pecado, mas sobretudo, o triunfo da justiça e do perdão como favor concedido por Deus (MR 13-14).

O papa declararia, a fim de robustecer e estreitar os vínculos com a Eucaristia, que toda a força da expiação provém do sacrifício de Cristo, a oferta de sua vida que na cruz se deu de forma cruenta, e que "por modo incruento se renova sem interrupção em nossos altares" (MR 8). Em face do culto ao Sagrado Coração de Jesus, a Eucaristia é então denominada "Comunhão Reparadora" e a adoração é desempenhada no espaço de súplicas e orações da chamada "Hora Santa" (MR 9).

Pio XII confirmaria o critério de que uma devoção autêntica ao Coração de Jesus não se dá sem alavancar, necessariamente, a celebração dos sacramentos: "uma fervorosa devoção ao Coração de Jesus fomentará e promoverá, sobretudo, o culto à santíssima cruz, não menos do que o amor ao augustíssimo sacramento do altar" (HA 72). O pontífice tem por base uma avaliação positiva dessa devoção que, a seu ver, sempre produziu frutos externos efetivos e contundentes, a começar pelo reaquecimento da piedade e chegando às ações de intenso apostolado missionário (HA 5-7, 56-74)[2]. O elemento chave desse documento está no versículo bíblico "Haurireis águas [...] das fontes do Salvador" (HA 1), preconizando o Coração de Jesus como sede desse manancial da graça sacramental e de tantas outras dádivas para a Igreja e a humanidade (HA 9-10), o Coração "no qual estão encerrados todos os tesouros da sabedoria e do conhecimento" (Cl 2,3; cf. HA 41).

A interface entre a espiritualidade cordiana e a teologia dos sacramentos ganha uma considerável e expressiva ampliação. Se já estava tradicionalmente consolidado mencionar o batismo e a eucaristia, prefigurados na água e no sangue que jorraram do lado de Jesus ferido pela lança (HA 39), torna-se agora iminente vasculhar quaisquer outras conexões que dizem respeito aos demais sacramentos.

A encíclica acena então para o matrimônio, ao citar, da antiga liturgia do Sagrado Coração (hino das Vésperas), a estrofe: "Do coração aberto nasce a Igreja desposada com Cristo" (HA 39). Ela também propõe a unção dos enfermos, indicando que Jesus, "nas suas contínuas excursões apostólicas, quando realizava aqueles inúmeros milagres, quando ressuscitava os mortos ou restituía a saúde a toda sorte de enfermos", tinha seu coração pulsando do amor que o movia (HA 30). E ainda especifica o sacerdócio ordenado, ofício que converte o fato cruento do sacrifício de Jesus no Calvário em "dom incruento de si mesmo sob as espécies do pão e do vinho" (HA 38), ou seja, em forma de sacramento dado aos homens (HA 36).

Do Coração de Jesus emana a maternidade universal da santíssima Virgem (HA 37), bem como os dons do Espírito Santo, que alvorecem em frutos de serviço na vida dos apóstolos e mártires, pre-

---

2   Em entrevista à revista *30 Giorni*, o cardeal Martini apreciava os méritos da *Haurietis Aquas* por sua inequívoca referência a Isaías 12,3: "Tirarás água com alegria da fonte da salvação". Sua importância está precisamente em ajudar a colocar todos os elementos devocionais "em seu contexto bíblico e sobretudo de colocar em ressalto o significado profundo de tal devoção, isto é, o amor de Deus, que desde a eternidade ama o mundo e deu por ele o seu Filho (Jo 3,16; cf. Rm 8,32 etc.)". MARTINI, C. M., *La devozione...* (Tradução nossa).

APRESENTAÇÃO

gadores e doutores, confessores e consagradas (HA 41). Em síntese, "do coração ferido do Redentor nasceu a Igreja, verdadeira administradora do sangue da redenção, e do mesmo coração flui abundantemente a graça dos sacramentos, na qual os filhos da Igreja bebem a vida sobrenatural" (HA 39).

*

Esse esforço de vincular, contextualizar e ambientar a devoção ao Sagrado Coração com a celebração dos sacramentos não transcorreu desacompanhado da evolução do culto litúrgico.

Ao longo do século XIII, a devoção havia sido difundida pela figura de precursoras como as místicas Matilde e Gertrudes, religiosas de clausura num mosteiro da Saxônia. Contudo, foi apenas em 1670, já no século XVII, que São João Eudes redigiu uma missa e um ofício para o uso privado da Congregação de Jesus e Maria, fundada por ele mesmo.

Nessa mesma época, e de maneira a rebater as ideias e práticas do jansenismo, Santa Margarida Maria, com o apoio de seu confessor em Paray-le-Monial, São Cláudio La Colombière, atuaram para fins de se estabelecer a festa com ampla divulgação de imagens e a promoção da consagração de pessoas e das horas santas de reparação. A festa foi acolhida e aprovada pela primeira vez pelo Papa Clemente XIII, tornando-a pública em 1765, não sem fortes reticências da Congregação dos Ritos (CARRAUD. *Coração de Cristo*, 459-460).

Em todo caso, a difusão do culto é comemorada por São Paulo VI na Carta Apostólica *Investigabiles Divitias Christi*, de 6 de fevereiro de 1965, por ocasião do segundo centenário de sua instituição, e tem seus marcos documentais endossados por São João Paulo II, em carta de 11 de junho de 1999, quando na viagem à Polônia recapitulou o centenário da consagração do gênero humano ao Coração de Jesus, que foi realizada pelo Papa Leão XIII.

Resta assim lembrar que Pio IX, em 1856, estendeu a festa do Sagrado Coração para toda a Igreja (HA 51, 53-54), e já em 1899, Leão XIII a promove, elevando-a ao grau de Solenidade. Em 1929, sob o pontificado de Pio XI, foi feita uma nova composição de Missa e Ofício.

A história espiritual da devoção e do culto ao Coração Sagrado está composta das mais diversas expressões e elas estão constituídas de textos e documentos, conceitos e categorias, testemunhos e biografias que pavimentam a recepção e convidam ao aprofundamento de quem pretenda se lançar nestas veredas a cujas fontes tranquilas conduzem, em cujos verdes prados fazem repousar (cf. Sl 23(22),2).

Nesse sentido, os versos do hino *Adoro te devote* sinalizam os eventos que o Sagrado Coração provoca na vida de seus adoradores. Ele é descrito como princípio de conversão, fonte de inspiração, requisito para a ação quando um coração humano se derrama ante a Divindade escondida atrás de singelos sinais.

> *Adoro te devote, latens deitas,*
> [Com devoção te adoro, latente divindade]
> *quae sub his figuris vere latitas.*
> [que, sob essas figuras, te escondes na verdade]
> *Tibi se cor meum totum subiicit,*
> [Meu Coração de pleno sujeito a ti, obedece]
> *quia, te contemplans, totum deficit.*
> [pois que, em te contemplando, todo ele desfalece]
> (CIC 1381; LU 1855).

Adorar a Cristo consiste também em adorar o Coração de Cristo, esse coração onde a divindade se esconde sob o sinal de um órgão que desfalece. Adorar o Coração de Cristo é contemplar a Deus inebriado de amor redentor.

É o Sagrado Coração refúgio para uma devoção fervorosa; inspira a prática da caridade, eleva o desejo pelos bens espirituais, dispõe a inteligência para o conhecimento da fé.

O AUTOR

Introdução

A tarefa que nesta obra nos damos é a de exprimir algumas correspondências entre o culto e a espiritualidade do Coração de Jesus e os Sacramentos, no que se referem à doutrina e à oração, à teologia e à piedade, à catequese e à celebração.

Na pesquisa por essas afinidades, nutrimos a inteligência da fé (*intellectus fidei*), esperando que as várias conexões aqui estabelecidas sejam um estímulo para uma busca mais ativa ou um mergulho mais profundo no Mistério de Deus.

Com passagens recuperadas de marcos não só recentes como tradicionais à vida eclesial, neste trabalho estaremos diante dos mais importantes parágrafos do *Catecismo da Igreja Católica* acerca do Coração de Jesus, tratados a fim de expor os fundamentos bíblicos, teológicos e catequéticos de seu culto e devoção.

Em cada capítulo, esboçamos uma ligeira exegese de passagens bíblicas indispensáveis à compreensão da espiritualidade do Sagrado Coração. Destaca-se a passagem do evangelho de São Mateus em que Jesus diz ter um coração manso e humilde (cf. Mt 11,28-30). Dessa passagem, não se pode dissociar a promessa que Jesus faz aos mais pequeninos (cf. Mt 11,25-27), fato que sugere uma proposta de intimidade e de oração. Além disso, é possível ainda correlacionar essa passagem ao sacramento da Confirmação e seus dons (Is 11,1-2). Podemos dizer que não foi exaustivo visitá-la em outros momentos, averiguando sua pertinência para a Unção dos enfermos e a dimensão ética da Eucaristia.

Seguindo nessa tarefa, sentimo-nos interpelados pelo *Effatá*, isto é, "abre-te", expressão do Senhor situada no evangelho de Marcos (7,34). "Abre-te", disse Jesus dando uma ordem, para que os "ouvidos" do surdo de nascença se abrissem. "Abre-te", um comando que também pode indicar a abertura do "coração", como ele próprio o abriu na cruz. Essa abertura mostrou um Coração baluarte, de onde jorra vida, amor e esperança para a humanidade. Se nos valermos do mesmo gesto, também o batizado, como quem foi iluminado pela luz de Cristo e penetrou em seus sentidos, se tornará um propagador dessa luz resplandecente, um canal dessa água regeneradora.

No *Batismo*, somos revestidos em Cristo (Gl 3,27), sepultados em sua morte (Rm 6,3-4) para renascermos criaturas novas (2Cor 5,17), conforme a mistagogia do banho (Tt 3,3-6). O Batismo nos abre os sentidos para acolher e compreender a fé. Do mesmo modo, o Coração de Cristo é a chave para que, em contato com as Sagradas Escrituras, consiga nossa inteligência alcançar o sentido espiritual de suas palavras (CIC 112).

A respeito do sacramento da *Confirmação*, pensamos que lhe seja muito conveniente a oração em que, proferindo com humildade o nome "Pai", supomos a intimidade de uma relação filial. Para algo de natureza tão reservada e pessoal, é indispensável o coração (CIC 2785). A filiação anunciada pela Oração do Senhor — o pai-nosso (em Mt 6,9-13 e em Lc 11,2-4) — é o retrato mais eloquente desse espaço recôndito para onde nos lança a unção crismal.

Conforme apreciamos em João 12,1-3, episódio em que aparece a unção de Jesus associada ao perfume que encontra livre difusão numa casa onde Jesus era achegado e mantinha estreitos laços de intimidade, podemos dizer que o óleo do Crisma exala o odor da Ressurreição, o bom odor de Cristo (2Cor 2,15). Essa experiência doméstica e familiar é como se fosse uma assinatura de tudo aquilo que contém e representa o chamar a Deus de "Pai". Não se trata apenas de uma invocação, e sim de toda uma forma de relacionamento onde se incluem: a consciência de filiação, a vivência da liberdade, a participação na herança eterna (Rm 8,15-16). O "coração" é uma referência forte desse processo. Ensinava São Paulo: "E a prova de que sois filhos, é que Deus enviou aos nossos corações o Espírito de seu Filho, que clama: 'Abba-Papai'" (Gl 4,6).

Hora privilegiada para colher efeitos de vida e salvação está nos momentos que demandam a administração da *Unção dos enfermos*,

INTRODUÇÃO

onde o Coração do Senhor nos disponibiliza as fontes de sabedoria para assimilarmos o sentido do sofrimento e associarmo-nos ao caminho da cruz (CIC 2669).

A passagem de Tiago 5,14-15 consigna a prontidão e a gentileza de uma comunidade aplicada na assistência aos enfermos. Esse cuidado, que se desdobra tanto numa ação ritual — o gesto de impor as mãos — como numa companhia solidária e amável dos irmãos, sucede a prática de Jesus, largamente testificada pelos Evangelhos. Jesus se faz presente com sua palavra de esperança (Lc 4,17-21), ânimo e valentia (Mc 5,36b). Jesus se faz presente, mas não como alguém alheio nem distraído. Ele não só está interessado, como chega provido de poder divino e empatia humana; oferece suas palavras, seu apoio, mas também propõe a sua própria experiência de temor, abandono, solidão e entrega. Ele é quem sacia a sede de uma alma absorta em angústias, mas também foi ele quem teve a garganta carcomida pela sequidão (Jo 19,28-30).

No sacramento da Unção, dá-se sempre a dinâmica de um Coração (divino-humano) ferido querendo encorajar um coração (humano) desolado. Com os músculos untados de afetos de esperança, paz, regozijo, tranquilidade, alegria, um coração vacilante recobra as energias que o revitalizam.

De estreita relação com os efeitos da *Reconciliação*, a parábola de Lucas 15,11-24 — que certa tradição chamou de "a parábola filho pródigo" — revela a torrente divina de misericórdia. Sua fonte? O *Catecismo* a localiza nos sagrados abismos do Coração de Cristo (CIC 1439).

Os ritos da Reconciliação estão dispostos para termos em conta que em nosso peito há um coração, um coração anelante. É a esse coração que se dirige o convite do Senhor, é nesse coração onde se travam os embates mais decisivos entre nossa inclinação ao pecado e nosso anseio de santidade; a esse coração, como que para destacar sua existência renovada (2Cor 3,2-3), apresenta-se o Coração misericordioso de Jesus.

O Sagrado Coração realça os efeitos da Reconciliação no aspecto em que se promove a humanidade. Podemos descrever como graças associadas a esse sacramento o fato de uma pessoa se tornar mais benevolente e generosa, mais pacífica, compreensiva e indulgente.

Essas são algumas distinções que mostram como é uma pessoa reconciliada. Incitando os rudimentos da piedade, o Coração de Jesus notabiliza que o sacramento da Reconciliação foi instituído para suscitar apreço e estima pela obra da reconciliação, para edificar uma cultura de paz (Ef 6,14-17). Haverá um mundo mais harmônico quando as pessoas tratarem tais qualidades como um bem-querer.

Esse sacramento se constitui como princípio da paz messiânica, profetizada por Isaías (Is 11,6-8) e operada pelo ministério apostólico (2Cor 5,19.20b).

Para tamanha pretensão, somente um Coração que se enleva avistando uma realidade onde conflitos são superados, desavenças resolvidas, ou quando o desentendimento cede lugar ao diálogo, e os desmandos geradores de tumultos são liquidados; essa sociedade é a que se anuncia quando em nosso coração cresce o desejo pela reconciliação.

Reserva-se à *Ordem* uma conexão especial com os tesouros dessas profundezas. Não é sem propósito que tenha sido São João Maria Vianey quem afirmou: "O sacerdócio é o amor do coração de Jesus" (apud CIC 1589). Na pequenina Ars-sus-Formans, ao norte de Lyon, aquele sacerdote tornava-se uma testemunha das maravilhas e prodígios que o Sagrado Coração realizava no segredo do confessionário.

No campo onde prosperam os frutos do Sagrado Coração, há grande sensibilidade para se tratar do *Matrimônio* na perspectiva de uma contínua análise do amor. Símbolo do amor do Pai pelos homens (CIC 478), não há melhor parâmetro para que um casal cuide de si, prestando zelo e estima um ao outro, do que as palpitações do Coração de Jesus.

A expressão "uma só carne" representa a natureza do vínculo matrimonial, avivada na qualidade de também se tornar "um só coração". Para se chegar a essa fórmula tributária do Coração de Cristo, imprimimos um estudo progressivo de relevantes textos bíblicos.

A partir das tradições que estabeleceram as atuais versões de Gênesis 1,1-2,4a e Gênesis 2,4b-3,24, fizemos a leitura de uma teologia do corpo que confere um traço de pessoalidade à doutrina exposta em Mateus (19,1-9) e Efésios (5,21-33). A unidade e indissolubilidade do vínculo matrimonial foi então modulada pela compreensão do amor e o conhecimento de sua verdade, a saber, a castidade.

A passagem de João em que se narra o episódio das bodas de Caná (Jo 2,1-12), na interpretação da patrística sinaliza para o fato de que o matrimônio tem como fonte o mesmo Coração traspassado de Jesus, de onde jorraram a água do Batismo e o sangue da Eucaristia.

As premissas desse testemunho fazem eco ao livro do Cântico dos Cânticos (mais precisamente Ct 8,6-7) e à passagem de 1Cor 13,4-7, referências que sustentam a leitura do sacramento do Matrimônio no quadro de uma experiência mística.

O sacramento da *Eucaristia* é a imolação de amor (CIC 1419). Tem valor de fundamento da fé que ao longo dos séculos declara sua adesão aos termos de sua instituição, tal como lidos nas tradições de Mateus (26,26-29) e Marcos (14,22-25) e nas tradições de Lucas (22,14-20) e Paulo (1Cor 11,23-26).

É verdadeira a fé que professa o "Corpo de Cristo". Partindo dessa mesma premissa, o quão firme será a fé que alegar o Corpo da Igreja e o Corpo do necessitado. O amor pelo qual Cristo dá da carne de seu Coração é o mesmo que faz os membros da Igreja agirem, oferecendo ao próximo a carne de seus corações "eucaristizados".

Em cada um dos sete sacramentos celebramos o amor misericordioso de Deus que veneramos e contemplamos no Coração de Cristo. O Batismo, a Confirmação, a Reconciliação, a Unção dos enfermos, a Ordem e o Matrimônio, de algum modo, dispõem para a nossa vida espiritual os fluxos que manam do peito de Jesus. A Eucaristia, Corpo de Cristo, é também o Coração de Cristo!

Tendo verificado todo esse feixe de correspondências, não nos surpreenderíamos em constatar igual e incisivo ajuste entre a espiritualidade cordiana e a noção mais geral de "Igreja-sacramento" (CIC 766), bem como com os serviços que manifestam ser a Igreja uma entidade viva, com força e competência para propor ao mundo um estilo de vida pautado na oração (CIC 2603), no testemunho (CIC 478) e na pregação (CIC 2669).

E quantas outras associações serão encontradas com o impulso de motivações inerentes a um tema tão inspirador e pastoralmente edificante! Esse esforço poderá repercutir como uma espécie de atualização, pois, de fato, nosso olhar para os sacramentos não permanecerá o mesmo quando verificar, no decurso dos próximos nove capítulos, a estreita, íntima e intrínseca relação com o Coração de Jesus. Desejamos que assim aconteça.

Capítulo 1

Sinais visíveis da salvação

DESNUDAI-VOS!

Estando perante uma imagem ou uma estampa do Sagrado Coração de Jesus, deparamos com a representação de um *coração*. Como é possível que um coração, alojado na cavidade do peito, surja-nos pulsante, visível e palpável? Como um coração, naturalmente recoberto e protegido com camadas de ossos e músculos, advém à superfície da pele e expõe-se a todos os juízos e olhares? Somente o Coração de Jesus é capaz de tanto! Somente esse Coração rompe os limites intransponíveis do invisível para tornar-se visível, indicando-nos seus acessos.

O Sagrado Coração reproduz a mesma estrutura de um Sacramento, que como tal é construído por dois elementos: um *visível* e outro *invisível*. O Coração de Jesus não é como um coração qualquer, que se mantém decididamente escondido no interior do peito; pelo contrário, ele se manifesta, torna-se visível, assim como acontece na dinâmica de cada um dos sete sacramentos.

Essa dupla dimensão é constatada de antemão na sacramentologia patrística. Podemos logo evocar a concepção de Santo Ambrósio, segundo a qual os sacramentos operam por meio da graça. Eles constituem uma realidade invisível e tão mais genuína que as coisas visíveis, isto é, as imagens[1]: "As coisas que não se veem são muito maiores

---

[1] É esse um termo técnico, de muitas ressonâncias bíblicas, seja em Gênesis (1,26) e Colossenses (3,10) (homem, imagem de Deus), como em João (Cristo, imagem do Pai). Santo Ambrósio (*Os sacramentos e os mistérios*, Sacr. II,1,1) afirma que até mesmo "o dilúvio também foi imagem do Batismo". Em uma nota

do que as que se veem, *porque as que se veem são temporais, as que não se veem, porém, eternas* (2Cor 4,18)"². Assim, adverte para que não consideremos "seu aspecto exterior, mas a graça de seus ministérios"³.

Na dinâmica sacramental, conta-se uma relação dialética entre o visível e o invisível. Isso está notavelmente previsto na terminologia latina que traduziu a palavra grega *mysterion*: "o termo 'sacramentum' exprime mais o sinal visível da realidade escondida da salvação, indicada pelo termo 'mysterium'"⁴.

Isso quer dizer que, ao nos referirmos à obra/realidade da salvação empreendida por Deus, dizemos *sacramento* quando salientamos o elemento visível, e *mistério* quando atentamos para a dimensão invisível. E como a salvação é realizada pela mediação do Filho, podemos dizer duplamente que:

a. "Cristo mesmo é o mistério da salvação"⁵; e

b. "A obra salvífica de sua humanidade santa e santificante é o sacramento da salvação que se manifesta e age nos sacramentos da Igreja (que as Igrejas do Oriente denominam também 'os santos mistérios')."⁶

O *Catecismo* ensina que "os sacramentos são sinais sensíveis (palavras e ações), acessíveis à nossa humanidade atual. Realizam eficazmente a graça que significam em virtude da ação de Cristo e pelo poder do Espírito Santo"⁷.

---

    dessa publicação, Geraldo Magella Agnelo (in: *Os sacramentos e os mistérios*, 30, nota 36) esclarece: "Imagem, no sentido antigo (semelhança ou ser semelhante), é o ser criado enquanto representa a ideia do ser (Aristóteles: os universais). A imagem é um modo de tornar presente a realidade. Santo Ambrósio aqui não emprega imagem com a mesma precisão como no seu *De interpretatione Job et David*, 4, 29. Imagem aqui é empregada em lugar de figura".

2   Ambrósio. *Os sacramentos e os mistérios*, Sacr. I,3,10.

3   Ambrósio. *Os sacramentos e os mistérios*, Mist. 2,6.

4   CIC 774.

5   CIC 774.

6   CIC 774.

7   CIC 1084.

Essa definição faz jus à noção, própria a Santo Agostinho, de que os sacramentos são *sacrae rei signum*: sinal visível (*signum*) reservado e destinado para comunicar a graça invisível (*res*). Diz-se: *visibile signum invisibilis gratiae*[8]. Conforme essa concepção, "sacramento é um sinal exterior, instituído por Jesus Cristo, eficaz de uma graça interior. A instituição por Jesus Cristo se faz necessária, para que o sinal realize a graça que significa"[9].

Um sacramento é composto, assim, de uma parte invisível, que é a graça e as palavras que a invocam, e de outra visível, que é a matéria (consagrada): a água no Batismo, o óleo na Confirmação, os atos do penitente (contrição, confissão e satisfação) na Penitência, a hóstia e o vinho (oblatas) na Eucaristia[10]. A constituição dita formal e material dos sacramentos configura uma realidade inerente à nossa condição de criaturas, afinal nós somos igualmente formados de uma parte visível, o corpo, e outra invisível, a alma, integrados entre si numa unidade[11].

O elemento ao mesmo tempo visível e invisível não constitui apenas os sacramentos e a nossa existência como seres contingentes. Toda a vida social dos homens é marcada por sinais e símbolos, dispositivos que expressam emoções e realidades, a princípio, invisíveis. O mesmo acontece em nossa relação com Deus. Por essa razão, as ações rituais de "lavar e ungir, partir o pão e partilhar o cálice podem exprimir a presença santificante de Deus e a gratidão do homem diante de seu criador"[12]. Nesse sentido, "os sacramentos da Igreja não abolem, antes purificam e integram toda a riqueza dos sinais e dos símbolos do cosmos e da vida social"[13].

---

8   ARNAU-GARCIA. *Tratado general de los Sacramentos*, 89.
9   ZILLES. *Os sacramentos da Igreja Católica*, 21.
10 A doutrina é de Santo Tomás de Aquino, à qual aderiu, não explicitamente, mas substancialmente, o Concílio de Trento, tratando-a em termos de "causalidade sacramental" (Denz. 1606) e com o conceito de *opus operatum* (Denz. 1608).
11 CIC 363-365.
12 CIC 1148.
13 CIC 1152.

Olhando para a figura de um Coração Santo, é espontâneo lembrarmo-nos da natureza mesma dos sacramentos "instituídos por Ele [Cristo] para comunicar sua graça"[14] e realizar, pelo Espírito, a santificação de sua Igreja[15]. Mas essa obra possui um assento histórico bastante destacado, meio pelo qual Santo Agostinho pondera como se dá a orientação estabelecida pela pedagogia divina.

O cognominado "Mestre do Ocidente" diz, em seu argumento, que "é no lugar onde alguém caiu que é preciso que ele se apoie para se reerguer. Portanto, é precisamente sobre as formas carnais que nos detêm, que encontraremos apoio para conhecer aquelas outras formas que a carne não manifesta. Denomino formas carnais aquelas que se podem perceber por meio do corpo, isto é: olhos, ouvidos e outros sentidos corporais. Essas formas carnais ou corporais que retêm o nosso amor são necessárias na infância; na adolescência não muito; e em seguida, com o progresso da idade, não serão mais necessárias"[16].

A pedagogia divina procede sempre do sensível para o invisível. Do mesmo modo, o amor deve progredir na direção do espiritual, uma vez que toda a estratégia da Providência parte do temporal em vista do eterno.

Essa mesma regra vale para a tarefa de se interpretar o correto sentido das Escrituras: "Distingamos qual é o objeto inalterável da fé, se histórico ou temporal. Ou ainda se é ao bem espiritual e eterno que deve ser ajustada toda a interpretação da autoridade"[17].

O Sagrado Coração influi também neste ponto, de maneira resolutiva. De acordo com o *Catecismo*, citando Santo Tomás de Aquino,

> o coração de Cristo designa a Sagrada Escritura, que dá a conhecer o coração de Cristo. O coração estava fechado antes da Paixão, pois a Escritura era obscura. Mas a Escritura foi

---

14 CIC 1084.
15 CIC 1152.
16 Agostinho. *A verdadeira religião*, IV,24,45.
17 Id., VI,50,99.

aberta após a Paixão, pois os que a partir daí têm a compreensão dela consideram e discernem de que maneira as profecias devem ser interpretadas[18].

O Sagrado Coração realça o sabor da experiência sacramental constituída de uma dimensão visível e outra invisível, bem como dá-nos passagem para descobrirmos novos níveis quanto ao sentido da palavra de Deus.

1. Um Coração despido que se desfiou em sacramentos: a experiência do desnudamento

Os sacramentos resgatam, do Mistério insondável de Deus, o sentido das Escrituras e as verdades de nossa salvação. De modo equivalente, Jesus dá a conhecer o seu próprio Coração, outrora escondido, agora revelado em água e sangue com a abertura causada pela lança do soldado.

[i]

São Boaventura, no século XIII, entendeu que o momento de a lança atravessar o lado de Jesus foi também o de seu Coração se abrir e se revelar para toda a humanidade. A água que jorra é o Batismo da regeneração; o Sangue, o Preciosíssimo Corpo eucarístico para a nossa salvação. As palavras do bispo são meditadas no *Ofício das Leituras* da *Liturgia das Horas*:

> Considera, ó homem redimido, quem é aquele que por tua causa está pregado na cruz, qual a sua dignidade e grandeza. A sua morte dá a vida aos mortos; por sua morte choram o céu e a terra, e fendem-se até as pedras mais duras. Para que, do lado de Cristo morto na cruz, se formasse a Igreja e se cum-

---

18   Apud CIC 112.

prisse a Escritura que diz: *Olharão para aquele que transpassaram* (Jo 19,37), a divina Providência permitiu que um dos soldados lhe abrisse com a lança o sagrado lado, de onde jorraram sangue e água. Este é o preço da nossa salvação. Saído daquela fonte divina, isto é, do íntimo do seu Coração, iria dar aos sacramentos da Igreja o poder de conferir a vida da graça, tornando-se para os que já vivem em Cristo bebida da fonte viva *que jorra para a vida eterna* (Jo 4,14)[19].

O *Catecismo* endossa a compreensão de que "o sangue e a água que escorreram do lado traspassado de Jesus crucificado (Jo 19,34) são *tipos* do Batismo e da Eucaristia, sacramentos da vida nova (1Jo 5,6-8)"[20]. A lança que assina a crucificação é a mesma que abre a fonte da vida. Tudo o que diz respeito à nossa realidade cotidiana recebe um tempero novo, enriquecida com novo sabor. Pensemos que a água e o sangue que vertem do peito ferido de Cristo inundam a terra, encharcando tudo o que existe com o dom de sua plenitude. "Desde então é possível 'nascer da água e do Espírito' para entrar no Reino de Deus (Jo 3,5)."[21]

Enquanto ser social, o homem "precisa de sinais e de símbolos para comunicar-se com os outros, pela linguagem, por gestos, por ações"[22]. Os dons do Coração suspenso na cruz tomam essa mesma via para se difundirem por todos os setores de nossa convivência com os semelhantes. Em cada palavra ou gesto que dirigimos ao outro também está, por efeito dos méritos de Jesus, um dom de amor.

Enfatizando essa dimensão, São Boaventura diz, veementemente, que nos arrisquemos mais e mais: "Levanta-te, pois, tu que amas a Cristo, sê como a pomba que *faz o seu ninho na borda do rochedo* (Jr 48,28), e aí, como o *pássaro que encontrou sua morada* (cf. Sl 83,4), não cesses de estar vigilante; aí esconde como a andorinha os filhos nascidos do casto amor; aí aproxima teus lábios para *beber a água das*

---

19 Apud LH (Of. L.), Sagrado Coração de Jesus, segunda leitura.
20 CIC 1225.
21 CIC 1225.
22 CIC 1146.

fontes do Salvador (cf. Is 12,3). Pois esta é a fonte *que brota no meio do paraíso e, dividida em quatro rios* (cf. Gn 2,10), se derrama nos corações dos fiéis para irrigar e fecundar a terra inteira"[23].

Desejamos que o nosso amor pelo próximo seja ainda mais decidido, livre de hesitações? Aspiramos, verdadeiramente, a que o amor do Sagrado Coração inflame o amor que dedicamos ao próximo? Assim como Jesus manifestou, com o seu Coração aberto na cruz, todo o amor que sentia para conosco, não deveríamos deixar vir à tona todo o amor que sentimos pelo irmão? Por que ainda receamos amar? Por que escondemos nosso amor, quando Jesus, ao contrário, de amor transbordou-se?

Um fiel devoto do Sagrado Coração precisa enfrentar essas indagações com coragem e transparência. Em vez de economizar no amor, precisa fazer do amor sua economia de vida, sua razão de viver; precisa desobstruir os fluxos de seu amor para com os outros, tal como Jesus abriu as comportas de seu Coração à humanidade; precisa, numa palavra, desnudar-se.

[ii]

Vamos recordar que, sobre isso, a Bíblia guardou um relato dramático. O primeiro pecado impôs às relações dos homens com Deus e entre si mesmos uma camuflagem. Adão e Eva se escondem, não se sentem mais livres e nem à vontade para se apresentarem a Deus como são. Eles estão "nus", e providenciam "vestes" para se cobrirem. Eles têm medo de Deus que os criou por amor.

Dissimulações e disfarces também passam a fazer parte de seu convívio, pois ninguém mais se sente seguro um com o outro para admitir a própria responsabilidade pelo que fez. Têm medo de Deus, mas também um do outro, e passam a se acusarem. Ficam receosos, porque ao invés de contarem com a misericórdia alheia, aguardam muito mais o juízo condenatório.

---

23 Apud LH (Of. L.), Sagrado Coração de Jesus, segunda leitura.

Ouviram o Senhor Deus, que passeava pelo jardim na brisa do dia. O homem e sua mulher se esconderam entre as árvores do jardim, para que o Senhor Deus não os visse.

Mas o Senhor Deus chamou o homem: — Onde estás?

Ele respondeu: — Eu te ouvi no jardim, fiquei com medo porque estava nu, e me escondi.

O Senhor Deus lhe replicou: — E quem te disse que estavas nu? Então comeste da árvore proibida?

O homem respondeu: — A mulher que me deste como companheira me ofereceu o fruto, e eu comi.

O Senhor Deus disse à mulher: — Que fizeste?

Ela respondeu: — A serpente me enganou, e eu comi (Gn 3,8-13).

Por que Deus expulsou Adão e Eva do paraíso? Normalmente, respondemos: porque eles pecaram. Outra resposta, no entanto, diria que Deus os expulsou porque, na verdade, eles não acreditaram que poderiam ser perdoados. Não foram expulsos por transgredirem a palavra do Senhor Deus, e sim por não se disporem ao seu perdão.

Violaram o mandamento; mais grave que isso: subestimaram a misericórdia. Como consequência, passaram a viver num *esconderijo existencial*, inclinados a serem autores ou vítimas de embustes, trapaças, engodos, golpes, falcatruas. Esconder-se de Deus era o sintoma de uma desorganização mais profunda pela qual viver numa autêntica paz e harmonia um com o outro se tornava algo impossível de acontecer.

O *Catecismo* recapitula a interpretação da linguagem simbólica da Bíblia, dizendo que "nossos primeiros pais, Adão e Eva, foram constituídos em um estado 'de santidade e de justiça original'"[24]. Todavia "o homem, tentado pelo Diabo, deixou morrer em seu coração a confiança em seu Criador e, abusando de sua liberdade, *desobedeceu* ao mandamento de Deus. Foi nisto que consistiu o primeiro pecado do homem. Todo pecado, daí em diante, será uma desobediência a Deus e uma falta de confiança em sua bondade"[25].

---

24   CIC 374.
25   CIC 397.

[iii]

A inocência ou a pureza de nossos ancestrais no Éden consistia em viver com transparência. Estavam "nus", ou seja, podiam disponibilizar suas afeições para a edificação mútua; podiam confiar um no outro. Estar nu não é apenas uma metáfora do pudor ou do escrúpulo moral; pelo contrário, é quando o sentido de ética, respeito, solidariedade, benevolência e compaixão dá-se ao máximo.

A nudez é um símbolo religioso universal, no qual se percebem importantes valores antropológicos e culturais. No Oriente antigo, por exemplo, "sacerdotes sumérios aparecem sem roupas diante da divindade. Na iniciação, os iniciandos aos mistérios de Mitra eram despidos de suas roupas"[26]. Estar descoberto significa, nessa ótica, "entregar-se sem proteção a poderes superiores e harmonizar-se com eles amigavelmente"[27].

Além do aspecto sacro, o desnudamento também caracteriza a situação humana de desterro no mundo, e sua condição de precariedade, conforme a constatação de Jó: "nu vem o homem ao mundo, e nu o deixa". Enfim, a nudez natural de Eva e Adão representava a inocência, donde a liturgia cristã do batismo, com Cirilo de Jerusalém, correlacionar a imagem do primeiro Adão ao estado do neófito. Essa percepção guarda ressonâncias na mística de Dionísio Areopagita, onde "a nudez tornou-se a imagem da purificação"[28].

O Coração de Jesus faz aquilo que todo sacramento faz: manifesta o que era antes invisível, a saber, o amor redentor de Deus. Pio XII serve-se desse entendimento para ecoar a elaboração de doutores escolásticos como São Boaventura e Santo Tomás de Aquino: "Ele mostra o seu coração vivo e como ferido e inflamado de um amor mais ardente do que quando, já morto, o feriu a lança do soldado romano: 'Por isto foi ferido (o teu coração), para que pela ferida visível víssemos a ferida invisível do amor'"[29].

---

26   Lurker. *Dicionário de figuras e símbolos bíblicos*, 139.
27   Lurker. *Dicionário de figuras e símbolos bíblicos*, 139.
28   Lurker. *Dicionário de figuras e símbolos bíblicos*, 140.
29   HA 44.

Somos interpelados a reavivar um processo análogo, trazendo novamente à luz, sem mais deixar inerte nos labirintos sombrios de nosso interior, o amor que irradiará como nova aurora para a nossa própria vida e a de tantos outros. O Coração de Cristo enseja que nos *desnudemos*. Despir-se não é o mesmo que despojar-se: despojamo-nos de coisas que não nos servem; despimo-nos daquilo que nos cobre.

A cena de um Coração nu é geradora de um modo de vida adequado ao cristão. Espera-se que a participação nos sacramentos ocasione a mesma "nudez", enquanto estilo simples e muito claro de se viver. "A santificação da vida cotidiana realiza-se, em primeiro lugar, pela liturgia da vida a partir da fé (Rm 12,1)."[30]

Assim como importa falar em sete sacramentos no sentido próprio, os *sacramenta maiora* (sacramentos maiores), assinalamos que a estrutura do sacramento coincide com a da vida humana, na qual sinais e símbolos mediatizam nossa relação com o outro, com o mundo e inclusive com nós mesmos. Será então que, na maneira como nos organizamos, deixamo-nos "sacramentalizar" em nossos princípios e valores, nossos afetos e disposições para o bem?

Desnudar-se. Foi com essa expressão que Santo Agostinho, às portas de sua conversão, reportou-se ao estado de sua alma quando na experiência do jardim, em Milão:

> E veio o dia em que me encontrava nu diante de mim mesmo, e minha consciência me repreendia: "Onde está tua eloquência? Não dizias que era por causa da incerteza da verdade que não te livravas do fardo da vaidade? Mas agora, a verdade está clara e, no entanto, o peso da vaidade ainda te oprime, enquanto a outros, com os ombros livres que não se consumiram a procurá-la nem meditaram dez anos ou mais, já lhes cresceram as asas". Assim, eu me roía interiormente e sentia enorme vergonha[31].

---

30 ZILLES. *Os sacramentos da Igreja Católica*, 35.
31 AGOSTINHO. *Confissões*, VIII,7,18.

A conversão de Agostinho deu-se como um real desnudamento. A vergonha é o sentimento que talvez melhor assegure a genuidade desse processo.

Convertendo-se, Agostinho se coloca novamente nu; estando nu para si mesmo, ele não mais foge da consciência de seu próprio pecado. Sente-se envergonhado e recobra-se para uma nova vida, em que pode contar novamente com a tranquilidade de confiar em Deus e com a liberdade de amar os irmãos.

Pensemos se, diante dos irmãos, colocamo-nos suficientemente despidos. Não é essa uma palavra escandalosa, sequer exagerada para ser evocada como um grande apelo do Sagrado Coração a nós. Desnudai-vos!

a. Nessa condição ficou o Coração de Cristo na Cruz, revelando o amor salvador de Deus pela humanidade;

b. Nessa condição, o Cristo contrastou o Novo Homem ao velho Adão que, envergonhado atrás de roupas para se cobrir, temia ser visto nu pelo Criador;

c. É nessa condição que Jesus se faz sacramento do amor encarnado de Deus, cuja expressão mais pungente se vislumbra neste ato único de oferta: "Na sua morte de cruz, cumpre-se aquele virar-se de Deus contra si próprio, com o qual ele se entrega para levantar o homem e salvá-lo — o amor na sua forma mais radical. O olhar fixo no lado trespassado de Cristo, de que fala João (cf. 19,37) [...]. É lá que esta verdade pode ser contemplada. A partir daquele olhar, o cristão encontra o caminho do seu viver e amar"[32].

O culto ao Divino Coração é o culto a um Coração nu e desvelado. O Sagrado Coração convoca-nos a vivenciar uma *experiência de desnudamento*, sugerindo o compromisso de uma renovação espiritual profunda, que restabeleça as bases fundamentais de nossa relação com Deus e com o próximo.

---

32 DC 12.

Permanece imprescindível que, em sua expressão histórico-devocional, o culto ao Coração de Jesus, afastada a habitual contraposição entre culto e ética[33], fomente em nós uma relação viva, pujante e sacramental com Deus.

---

[33] DC 14.

Capítulo 2

Batismo

ABRE-TE! VÊ!

É provável que quando falamos de batismo surja primeiro na memória o contexto *ritual* onde uma assembleia, composta de pais e padrinhos, familiares e amigos, reúne-se numa igreja para celebrar a apresentação de seu membro recém-nascido.

Sem uma adequada preparação formativa, muitos dos elementos que constituem a mistagogia do Batismo passam despercebidos, e tudo termina por acontecer sem a necessária participação atenta das pessoas presentes, seja por não compreenderem o que significam ou por se distraírem em meio a alvoroços.

Os principais gestos e palavras que compõem este sacramento são reunidos pelo *Catecismo* num título chamado "A mistagogia da celebração". Isso indica que "o significado e a graça do sacramento do Batismo aparecem com clareza nos ritos de sua celebração"[1]; não são meros símbolos, mas *sinais mistagógicos*.

"Mistagogia" é um vocábulo que sintetiza as palavras "mistério" e "pedagogia"; significa aquilo que conduz ao ou que introduz no mistério[2]. Ela deve então proceder "do visível para o invisível, do

---

[1] CIC 1234.
[2] "Mistagogia" significa literalmente "iniciação ao mistério". A Tradição cristã sentiu cedo a necessidade de desenvolver uma catequese mistagógica na sequência do batismo, justamente "para dar sentido aos sacramentos da iniciação, na etapa pascal do neofitato. Durante esse período havia o aprofundamento no mistério mediante a meditação do evangelho, a participação na eucaristia e no exercício da caridade" (JORGE. *Mistagogia*, 352).

significante para o significado"³. Os sinais mistagógicos, ao mesmo tempo em que operam fisicamente, traduzem com fidedignidade tudo o que também se realiza espiritualmente. Eles têm a função de mostrar aos nossos olhos (corporais) aquilo que de alguma maneira enxergamos com os "olhos da fé".

Podemos ilustrar melhor essa noção com o próprio *Ritual do Batismo*. O rito solicita, por exemplo, que na unção pré-batismal as mães preparem seus filhos "de tal modo que a unção possa ser abundante e expressiva"⁴, pois "a visibilidade do sinal exige a utilização de boa quantidade de óleo na unção"⁵.

É importante que o sinal cumpra seu papel de sinal, ou seja, que seja visto, não porque está acontecendo um espetáculo, e sim porque o sinal opera visível e fisicamente aquilo que está simultaneamente acontecendo invisível e espiritualmente.

Nesse sentido, diz o presidente da celebração antes de ungir o peito da criança: "O Cristo Salvador te dê sua força. Que ela penetre em tua vida como este óleo em teu peito"⁶. E para destacar que o batismo significa e realiza um novo nascimento em Cristo, o *Ritual* assim rubrica: a infusão ou imersão seja feita em água corrente ou pelo menos abundante, a fim de que se realce o *sinal da água*⁷.

Outros exemplos podem ser tomados dos ritos da veste batismal e da luz⁸, ou ainda dos ritos complementares e opcionais, como a entrega do sal e o*Effatá*⁹. Todos cumprem uma função mistagógica. "A *veste branca* simboliza que o batizado 'vestiu-se de Cristo'"¹⁰, em consonância com Gálatas: "Vós que fostes batizados, consagrando-vos a Cristo, vos revestistes de Cristo" (Gl 3,27). Enquanto a mãe põe um pouco de sal na boca da criança, quem preside diz como Jesus: "Vocês são o sal da terra" (Mt 5,13).

---

3 CIC 1075.
4 Congregação para o Culto Divino. *Ritual do Batismo*, n. 129.
5 Congregação para o Culto Divino. *Ritual do Batismo*, n. 128.
6 Congregação para o Culto Divino. *Ritual do Batismo*, n. 131.
7 Congregação para o Culto Divino. *Ritual do Batismo*, n. 145.
8 Congregação para o Culto Divino. *Ritual do Batismo*, n. 153-156.
9 Congregação para o Culto Divino. *Ritual do Batismo*, n. 157-159.
10 CIC 1243.

Essas informações nos ajudam a rever uma série de atitudes que por vezes nos entrincheiram, ou a avaliar com mais critério o que presenciamos em algumas ocasiões. Jamais se afaste de nossa compreensão que a mistagogia do rito batismal nos dá acesso a algo que transcende o endereço, a data e o horário do rito, reportando-nos para o evento que funda, institui e estabelece o próprio Batismo como realidade espiritual e de salvação.

Esse evento está estreitamente relacionado à acepção da palavra "batismo": "batizar ('*baptízein*', em grego) significa 'mergulhar', 'imergir'"[11]. Trata-se, na realidade, de que mergulho?

As palavras com que São Paulo manifesta a propósito um entendimento sobre o Batismo nos dão uma precisa confirmação dessa realidade espiritual fundamental: "Pelo batismo nos sepultamos com ele na morte, para vivermos uma vida nova, assim como Cristo ressuscitou da morte pela ação gloriosa do Pai" (Rm 6,4).

Antes de pensarmos em imersão na água, é mais exato que falemos do mergulho no sepulcro de Cristo, ou como diz o *Catecismo*: "o 'mergulho' na água simboliza o sepultamento do catecúmeno na morte de Cristo, da qual com ele ressuscita como 'nova criatura' (2Cor 5,17; Gl 6,15; cf. Rm 6,3-4)"[12]. O *Catecismo* recorda-nos uma homilia de Santo Ambrósio: "Vê, quando é batizado, donde vem o Batismo, se não da cruz de Cristo, da morte de Cristo. Lá está todo o mistério: ele sofreu por ti. É nele que és redimido, é nele que és salvo e, por tua vez, te tornas salvador"[13].

Ficamos mais bem sintonizados com o sentido do rito batismal ao saber que a efusão de água sobre a cabeça do batizando cumpre uma função mistagógica primordial: a pessoa morre com Cristo crucificado para renascer com o mesmo Cristo ressuscitado[14].

---

11 CIC 1214.
12 CIC 1214.
13 Apud CIC 1225.
14 Há uma série de expressões que lapidam esse símbolo do batismo, além de alguns nomes que, na Antiguidade, como na Idade Média, foram com frequência aplicados à piscina batismal. São eles: *staurós* (bastão, pau, cruz; Mt 10,38; 27,32; Gl 5,11), *taphos* (tumba, sepulcro; Mt 23,37), *sepulchrum* (OÑATIBIA. *Bautismo y Confirmación*, 122). A doutrina do Batismo como um morrer em Cristo fundamenta os chamados *batismos de sangue e desejo*, pela identi-

A Cruz é a referência máxima desse processo que tem no Coração o seu protagonista, como a seguir explicitaremos.

1. De onde vertem água e sangue

Banho ou sepultamento: o que é afinal o Batismo? Podemos responder com amplo apoio: o Batismo é um sepultamento atualizado por uma mistagogia do banho. Não apenas somos purificados de nossas impurezas mediante o banho, como ainda morremos para o homem velho mediante o sepultamento. É tal como o apóstolo Paulo elabora, escrevendo a Tito:

> Também nós antes éramos insensatos, desobedientes, extraviados, escravos de paixões e prazeres diversos, maliciosos, invejosos, odiosos e odiando-nos mutuamente. Mas, quando apareceu a bondade do nosso Deus e Salvador e seu amor pelo homem, não por méritos que tivéssemos adquirido, mas tão-somente por sua misericórdia, nos salvou com o banho do novo nascimento e a renovação pelo Espírito Santo, que ele nos infundiu com abundância por meio de Jesus Cristo, nosso Salvador (Tt 3,3-6).

O Batismo não é apenas um banho purificador, mas também um banho regenerador, pois faz nascer de novo e para uma vida nova. Como Santo Irineu afirmava, "o Batismo nos concede a graça do novo nascimento em Deus Pai por meio de seu Filho no Espírito Santo"[15].

Como haver um "novo nascimento" se não ocorrer uma morte? Na teologia paulina, o banho batismal consiste então num sepultamento, ou seja, em participar da morte de Cristo, de "ser sepultados com ele no batismo e em ressuscitar com ele pela fé no poder de Deus, que o ressuscitou da morte" (Cl 2,12).

---

dade radical entre o Batismo e a morte de Jesus na cruz: "Desde sempre, a Igreja mantém a firme convicção de que as pessoas que morrem em razão da fé, sem terem recebido o Batismo, são batizadas por sua morte por e com Cristo. Este *Batismo de sangue*, como o *desejo do Batismo*, acarreta os frutos do Batismo, sem ser sacramento" (CIC 1258).

15 Apud CIC 683.

Essa compreensão ganhou larga difusão na Patrística. Da reflexão agostiniana destacamos as tipologias ligadas à *porta*, ao *lado* e à *imersão*. Cada uma a seu modo está associada ao batismo enquanto sepultamento na morte do Senhor.

[i]

Em seus tratados onde comenta o Evangelho segundo João, Santo Agostinho detém-se na passagem de João 19,34: *"um dos soldados abriu com uma lança seu lado e nesse instante saiu sangue e água"*. Ele primeiramente observa que o emprego do verbo "abrir" — em vez de algum outro com sentido mais literal, como "golpear" ou "ferir" — remonta à imagem de uma porta: "a porta da vida se abrira ali de onde fluíram os sacramentos da Igreja, sem os quais não se entra na vida que é a autêntica vida"[16]. Essa porta estaria representada na arca de Noé (Gn 6,16). Sem ela, não se preservaria a vida dos animais nem a dos homens ante o dilúvio, e todos pereceriam.

[ii]

Se do lado de Adão, enquanto dormia, foi constituída a mãe de todos os viventes (Gn 2,21-22), daquilo que saiu do lado do segundo Adão, quando reclinado na cruz, formou-se sua esposa, a Igreja.

De acordo com Santo Agostinho, "esse sangue foi derramado *para remissão dos pecados*; essa água prepara a taça salutar; ela proporciona o banho e a bebida". E conclui: "Ó morte em virtude da qual os mortos revivem! O que há de mais limpo que esse sangue? O que há de mais salutar que essa ferida?"[17].

[iii]

Nem sempre é pastoralmente desenvolvida a percepção de que o Batismo do Senhor é conexo à Transfiguração. O batismo é para o início da vida pública de Jesus o que a transfiguração foi para o início de

---

16 AGOSTINHO. *Tratados sobre el Evangelio de san Juan*, 120,2.
17 AGOSTINHO. *Tratados sobre el Evangelio de san Juan*, 120,2.

sua paixão e morte. "No limiar da vida pública, o Batismo; no limiar da Páscoa, a Transfiguração. Pelo Batismo de Jesus '[...] foi manifestado o mistério da primeira regeneração': o nosso Batismo; a Transfiguração '[...] é o sacramento da segunda regeneração': a nossa própria ressurreição."[18]

No Jordão, Jesus imerge nas águas, marcando o início de um ministério de puro serviço; mas é a partir do Tabor que isso ganha contornos definitivos, conforme a reflexão de Santo Agostinho, retomada pelo *Catecismo*: "Desce para sofrer na terra, para servir na terra, para ser desprezado, crucificado na terra. A Vida desce para fazer-se matar; o Pão desce para ter fome; o Caminho desce para cansar-se da caminhada; a Fonte desce para ter sede; e tu te recusas a sofrer?"[19].

Culminada a crucificação, o coração, órgão do corpo humano de Cristo, pára de bater. Mas é a partir desse episódio que, contrastado pela vitória sobre a morte, manifesta-se um "coração sacratíssimo [que] nunca deixou nem deixará de palpitar com imperturbável e plácida pulsação"[20].

Se nos perguntássemos qual é a imagem privilegiada que contempla a morte na qual fomos batizados, teríamos como resposta mais espontânea: a imagem de Jesus crucificado. *"Olharão para aquele que traspassaram"* (Jo 19,37).

Quem olha para o Cristo erguido no alto do madeiro também encontra o seu Coração traspassado pelo dardo afiado.

Crucificação e batismo, para o *Catecismo*, identificam-se numa fórmula de redenção: "Com efeito, já tinha falado da paixão que iria sofrer em Jerusalém como de um 'batismo' com o qual devia ser batizado [Mc 10,38; Lc 12,50]"[21]. É com evidência que "em sua Páscoa [...] Cristo abriu a todos os homens as fontes do Batismo"[22]; por conseguinte, o Batismo não apenas nos sepulta em seu sepulcro, como também nos hospeda no seio aberto do Coração de Cristo.

---

18 CIC 556.
19 Apud CIC 556.
20 HA 28.
21 CIC 1225.
22 CIC 1225.

Duas imagens estão estreitamente ligadas ao sacramento do Batismo:

a. A primeira, dita há pouco, provém do efeito de lavar os pecados. O Batismo recebe então o nome de "*banho de regeneração*"[23], porque o pecado é sepultado na água, como o catecúmeno, na morte de Cristo. Repercute aqui o convite do Senhor: "— Quem tiver sede venha a mim, e beba quem crer em mim — conforme diz a Escritura: '*De suas entranhas brotarão rios de água viva*'" (Jo 7,37b-38).

b. Por conta da segunda imagem, o Batismo é associado à luz resplandecente, e chamado assim de "*iluminação*"[24]. Isso faz ressonância com as palavras do Evangelho: "Eu sou a luz do mundo, quem me segue não andará nas trevas, mas terá a luz da vida" (Jo 8,12). A mistagogia da celebração batismal comporta o símbolo da "*vela*, acesa no círio pascal, significando que Cristo iluminou o neófito. Em Cristo, os batizados são 'a luz do mundo' (Mt 5,14)"[25], e solicita destes um comportamento ético condizente (Gl 5,17; Cl 3,5; Rm 8,5.9s.12s; 13,14).

Queremos destacar o quanto estas duas imagens sacramentais, água e luz, banho e iluminação, são intensamente articuladas pela devoção ao Sagrado Coração, de modo que cultuá-lo tende a fazer da condição de batizado algo cada vez mais desejável.

Visitamos, para esse fim, duas importantes passagens bíblicas: no Antigo Testamento, a água que brotou da rocha no deserto; no Novo Testamento, a cura de um surdo-mudo.

> Levaram-lhe um homem surdo e tartamudo e lhe suplicavam que impusesse a mão. Tomou-o, afastou-o da multidão e, sozinho, pôs-lhe os dedos nos ouvidos; depois tocou-lhe a língua com saliva; levantou os olhos ao céu, gemeu e lhe disse:
>
> — *Effatá* (que significa abre-te).

---

23 CIC 1216.
24 CIC 1216.
25 CIC 1243.

Imediatamente se lhe abriram os ouvidos, soltou-se-lhe o impedimento da língua e falava normalmente. Mandou-lhes que não contassem a ninguém; mas, quanto mais o mandava, mais o anunciavam. Estavam estupefactos e comentavam: Fez tudo bem: faz ouvir os surdos e falar os mudos (Mc 7,32-37).

"Abre-te" é a ordem de Jesus para a cura do surdo-mudo. De modo análogo, *Effatá* (abre-te!) era também o nome com que a Igreja antiga denominava um rito litúrgico onde o catecúmeno era consignado na boca, ouvidos e narinas. Chamava-se "mistérios da abertura" (*apertio*) e se dava fora do batistério. Como era a prática de Santo Ambrósio, o bispo ungia e insuflava a boca para que se recebesse a voz de Cristo; as narinas, para que se percebessem o fino odor de Cristo e da bondade divina; e os ouvidos, para que se abrissem à palavra de Cristo[26].

Atualmente, tocam-se os ouvidos e a boca da criança ao pronunciar das palavras: "O Senhor Jesus, que fez os surdos ouvir e os mudos falar, te conceda que possas logo ouvir sua Palavra e professar a fé para louvor e glória de Deus Pai"[27]. Faz-se eco à sensibilidade de São Paulo: "A fé entra pelo ouvido, ouvindo a mensagem do Messias" (Rm 10,17; Rm 10,10-15).

"Abre-te" também pode ser a nossa súplica ao Senhor que, em atenção a nossas aspirações, salva-nos da sequidão. Ponhamo-nos, num breve exercício meditativo, na condição dos hebreus peregrinos que, acampando em Rafidim, ficaram sem água potável (Ex 17,6; Nm 20,2-13). Amotinaram-se contra Moisés e Aarão, murmuraram contra o Senhor (Sl 95/94,8-11) num lugar que passou a ser chamado de Massa e Meriba. Junto à rocha, Moisés golpeia-a com o mesmo bastão que feriu o Nilo, e a água brota abundante para todo o povo.

Qual rocha do Horeb é o Coração ferido de Cristo, donde emana a água da salvação, que sacia a sede por redenção. Água e sangue vertem da cruz, a água e o sangue do Coração de Jesus.

---

26 Ambrósio. *Os sacramentos e os mistérios*, Sacr. I,1,2-3.
27 Congregação para o Culto Divino. *Ritual do Batismo*, n. 159.

Capítulo 3

Confirmação

MAIS ÍNTIMO QUE A PRÓPRIA INTIMIDADE

Tendemos a assimilar o sacramento da Confirmação como *maturidade*, ou seja, quando os jovens finalmente põem-se, nas palavras de Trento, a dar "contas de sua fé perante a Igreja"[1]. Para tratar a Confirmação dessa forma, é necessário seguir um modelo pelo qual os sacramentos da iniciação — Batismo, Confirmação e Eucaristia — guardam entre si determinada articulação, o que resulta em consequências quanto à preservação de sua unidade e de sua sequência tradicionalmente exemplar.

Podemos comparar o modelo seguido pelo Oriente e pelo Ocidente, nos primeiros séculos, com aquele que supostamente nos é mais conhecido por sua vigência. Atualmente, a Confirmação é dada pelo bispo quando na ocasião de sua visita pastoral às paróquias de sua diocese. Ele aí encontra os candidatos (confirmandos) tendo já feito a primeira Comunhão, ou pelo menos não sendo eles mais crianças. Se por motivos pastorais essa visita é prorrogada, a idade da confirmação também vai se retardando, para os 12 anos, os 14, os 16 e assim por diante[2].

Esse distanciamento cronológico entre o Batismo (dado a crianças) e a Confirmação (dada a jovens e adultos), com o Batismo sendo ministrado pelo presbítero e não mais pelo bispo (como aliás ocorria até o século IV d.C.), sugere uma descontinuidade entre os sacra-

---
1 Denz. 1628.
2 OÑATIBIA. *Bautismo y Confirmación*, 228.

mentos da iniciação, deixando a entender que, por estarem tão longe um do outro, referem-se a momentos completamente diversos da vida cristã. Isso pode levar à quebra da unidade e, como geralmente acontece, à quebra da sequência Batismo-Confirmação-Eucaristia, com a Comunhão se antecipando à Confirmação. Por ser um modelo de difícil concretização devido à impossibilidade de o bispo atender a um contingente tão numeroso, as Igrejas orientais, bem como as ocidentais de rito não latino, conhecem a opção na qual a Confirmação é realizada pelo presbítero e dada a bebês imediatamente ao batizado, ou no máximo a crianças de 5 a 7 anos. Além de salvaguardar tanto a unidade como a ordem dos sacramentos da iniciação, esse procedimento aproxima o Ocidente dos irmãos orientais[3].

Acontece que as necessidades pastorais experimentadas pela Igreja latina (romana) no segundo milênio levaram, em 1215, o Concílio de Latrão a conceder grande importância à chamada "idade da discrição", elemento que ganhou a preferência do Catecismo Romano e dos Códigos de 1917 e 1983[4]. Tornou-se essa uma valiosa prerrogativa para se fazer da Confirmação o palco para um *"ato pessoal de compromisso"*[5], pelo qual os jovens ratificam, por si mesmos, um com o outro e perante a comunidade, na forma de uma grande celebração e de uma solene profissão de fé, o Batismo que outrora os pais pediram para eles.

Esse plano ritual põe-se em sintonia com uma analogia muito bem acolhida no Ocidente. A fim de se entender a Confirmação em relação ao Batismo, toma-se da biologia a seguinte imagem: o Batismo evoca o nascimento, enquanto a Confirmação, o crescimento. Disso rendeu que a Confirmação se atrelasse à ideia de maturidade, isto é, à idade adulta ou "idade perfeita" (*aetas perfecta*)[6].

Conforme esse panorama, se no Batismo nos alistamos no exército do Senhor, na Confirmação nos equipamos para o combate. Ou

---

3   Oñatibia. *Bautismo y Confirmación*, 227.
4   Oñatibia. *Bautismo y Confirmación*, 228.
5   Oñatibia. *Bautismo y Confirmación*, 228 (tradução nossa).
6   Oñatibia. *Bautismo y Confirmación*, 223.

antes: no Batismo, nascemos para a vida; na Confirmação, nos fortalecemos para a luta. A Confirmação é para o Batismo aquilo que o cozimento é para a massa do pão, ou aquilo que uma assinatura é para um documento[7].

O arcabouço que organiza a relação entre os dois sacramentos dispõe que a Confirmação, em referência ao Batismo, "representa certa progressão, crescimento, fortalecimento, aprofundamento, complemento e aperfeiçoamento"[8]. É dessa base que o Coração de Jesus desvenda-lhe um aspecto até mesmo primigênio: a Confirmação, além da maturidade, é também o sacramento da *intimidade*.

Podemos sublinhar isso nas recomendações do *Catecismo* para uma eficaz preparação daqueles que se candidatam a receber esse sacramento: "A *preparação* para a Confirmação deve visar conduzir o cristão a uma união mais íntima com Cristo, a uma familiaridade mais intensa com o Espírito Santo, sua ação, seus dons e seus chamados, a fim de poder assumir melhor as responsabilidades apostólicas da vida cristã"[9].

Assim como no próprio termo "confirmação" (*confirmatio*), que dá nome ao sacramento, vemos denotado o sentido de fortalecimento e robustez, também nele depuramos a ideia de perfeição e complemento (*teleiôsis*)[10]. Para que a Confirmação seja o sacramento da maturidade, é crucial que ela se estabeleça como sacramento da intimidade.

Quando o enfoque é a maturidade, enfatiza-se a ideia de que um cristão encontra-se finalmente preparado para sua missão, desdobrando/estendendo responsavelmente seu chamado até a consumação natural de sua vida. Importa percebermos que tudo isso é *efeito* não só de um crescimento espiritual, como ainda de um aprofundamento da graça batismal levada a sua plenitude[11]. Toda maturidade é um desdobramento da intimidade.

---

7   Oñatibia. *Bautismo y Confirmación*, 224.
8   Oñatibia. *Bautismo y Confirmación*, 224 (tradução nossa).
9   CIC 1309.
10 Oñatibia. *Bautismo y Confirmación*, 223.
11 Oñatibia. *Bautismo y Confirmación*, 222.

A Confirmação não apenas nos dá uma força especial do Espírito Santo que aumenta em nós os seus dons; é sacramento de maturidade para difundir e defender a fé; é também sacramento de intimidade, pois nos une mais solidamente a Cristo e "enraíza-nos mais profundamente na filiação divina, que nos faz dizer 'Abba, Pai' (Rm 8,15)"[12].

Essa tese se aplica ao significado dos sete dons que, na linha de Isaías 11,1-2, compõem a teologia da Confirmação. O *Catecismo* se reporta a eles mediante as palavras de Santo Ambrósio: "Lembra-te, portanto, de que recebeste o sinal espiritual, o Espírito de sabedoria e de inteligência, o Espírito de conselho e força, o Espírito de conhecimento e de piedade, o Espírito do santo temor, e conserva o que recebeste"[13].

Em face da maturidade, a Confirmação encerra a plena infusão do Espírito, formando a pessoa nas qualidades da nova criatura. Mas sabedoria, inteligência, conselho, força, conhecimento, piedade e temor também expressam, e prioritariamente, um nível mais profundo de intimidade, como nos atestam estas palavras do bispo de Milão: "Deus Pai te marcou com seu sinal, Cristo Senhor te confirmou e colocou em teu coração o penhor do Espírito"[14].

A Confirmação, em termos fundamentais, abre níveis mais profundos de interioridade. Não se refere somente aos dons que são dados, mas principalmente aos acolhidos pelo coração de quem os recebe. Esse sacramento favorece que a pessoa encontre Deus como Aquele que é, de acordo com a expressão de Santo Agostinho, "mais íntimo do que o que há de mais íntimo em mim"[15] — *interior intimo meo*.

Um elemento que nos revela esse sentido de intimidade é o próprio óleo do Crisma, designado *mýron* nas liturgias orientais de rito bizantino[16]. É igualmente significativa a ação de ungir, realizada mediante o uso desse material. "A *unção*, no simbolismo bíblico e antigo, é rica de significados: o óleo é sinal de abundância e de alegria, ele

---

12   CIC 1303; veja-se CIC 683.
13   Apud CIC 1303.
14   Apud CIC 1303.
15   Apud CIC 300.
16   CIC 1297.

purifica (unção antes e depois do banho) e torna ágil (unção dos atletas e dos lutadores), é sinal de cura, pois ameniza as contusões e as feridas, e faz irradiar beleza, saúde e força."[17]

Na essência do rito desse sacramento está a *unção*. Na Igreja latina, ela é conferida na fronte; em Igrejas orientais, é feita nas partes significativas do corpo: a fronte, os olhos, o nariz, os ouvidos, os lábios, o peito, as costas, as mãos e os pés[18]. Em ambos os casos, quer-se representar uma só coisa: "a unção com o santo Crisma depois do Batismo, ou seja, na Confirmação e na Ordenação, é o sinal de uma consagração. Pela Confirmação, os cristãos, isto é, os que são ungidos, participam mais intensamente da missão de Jesus e da plenitude do Espírito Santo, de que Jesus é cumulado, a fim de que toda a vida deles exale 'o bom odor de Cristo' [2Cor 2,15]"[19].

É exatamente por essa razão que somos chamados "cristãos", por referência ao nome "Cristo". Trata-se não de um segundo nome, tampouco um título, e sim de uma profissão de fé, uma declaração pela qual se afirma ser Jesus o *Ungido*, o que indica uma presença sobrenatural junto a sua pessoa. "Jesus é Cristo, 'ungido', porque o Espírito é a unção dele."[20]

Nesse sentido, explicava São Gregório de Nissa: "a noção da unção sugere [...] que não existe nenhuma distância entre o Filho e o Espírito. Com efeito, da mesma forma que entre a superfície do corpo e a unção do óleo nem a razão nem os sentidos conhecem nenhum intermediário, assim é imediato o contato do Filho com o Espírito, tanto que, para aquele que vai tomar contato com o Filho pela fé, é necessário encontrar primeiro o óleo pelo contato"[21].

Unção, contato, intimidade: não há missão em nome de Cristo se antes não houver vida em Cristo, intimidade e participação em seu projeto de vida. Como toda a missão de Jesus foi realizada mediante sua unção no Espírito, assim se desdobra ela em nós, "nos fi-

---

17 CIC 1293.
18 CIC 1300.
19 CIC 1294.
20 CIC 690.
21 Apud CIC 690.

lhos adotados pelo Pai no Corpo de seu Filho: a missão do Espírito de adoção será uni-los a Cristo e fazê-los viver nele"[22].

O *Catecismo* também faz uma breve retomada de como o ato de ungir foi empregado na história bíblica. Os usos da unção indicam que o confirmando recebe uma *marca*, isto é, o *selo* do Espírito Santo.

a. O selo é aquilo que "autentica um ato jurídico ou um documento e o torna eventualmente secreto"[23].

Nesse sentido, o crismado é como uma "carta de Cristo", um documento selado, ou seja, ungido pelo Espírito Santo. "Demonstrais ser carta de Cristo, [...] escrita não com tinta, mas com o Espírito do Deus vivo" (2Cor 3,3).

b. E também funciona como "símbolo da pessoa, sinal de sua autoridade, de sua propriedade sobre um objeto"[24].

Era assim que se dava antigamente, quando um soldado passava a integrar a sua legião ou um escravo era vendido: eles recebiam um selo que mostrava pertencer o soldado ao seu comandante, e o escravo, ao seu proprietário. São Paulo lê nessas situações um sentido espiritual, fazendo notar que "'Aquele que nos fortalece [...] em Cristo e nos dá a unção é Deus, o qual nos marcou com um selo e colocou em nossos corações o penhor do Espírito' (2Cor 1,21-22)"[25].

1. A intimidade na vida de Cristo, o Ungido

A Confirmação sela, marca, consagra, torna-nos íntimos. E não faltam momentos de intimidade nos relatos sobre a vida de Jesus legados pelos evangelhos.

---

22 CIC 690.
23 CIC 1295.
24 CIC 1295.
25 Apud CIC 1296.

[i]

A própria casa de Marta, Maria e Lázaro era um lugar onde Jesus descansava de suas pregações. Ele mesmo, numa ocasião em que esteve aí, dá prioridade à dimensão de intimidade sobre qualquer outra. "Marta, Marta, tu te preocupas e te inquietas com muitas coisas, quando uma só é necessária. Maria escolheu a melhor parte, que não lhe será tirada" (Lc 10,41-42).

O Evangelho nos mostra o quanto a intimidade de vida está associada à fragrância da unção: "Seis dias antes da Páscoa, Jesus foi a Betânia, onde estava Lázaro, que Jesus ressuscitara da morte. Ofereceram-lhe um banquete. Marta servia e Lázaro era um dos comensais. Maria tomou uma libra de perfume de nardo puro, muito caro, ungiu com ele os pés de Jesus e os enxugou com os cabelos. A casa se encheu com o perfume" (Jo 12,1-3).

É de modo comparativo que podemos assim ler o contraste entre o mau cheiro que sai do túmulo de Lázaro, depois de quatro dias sepultado (Jo 11,39), e o perfume que se alastra no banquete seis dias antes da Páscoa, quando Jesus passa em Betânia antes de seguir para Jerusalém. Um, é o mau cheiro da morte e desesperança; outro, o bálsamo da ressurreição, com o qual o óleo da Confirmação mantém nítida correspondência.

Jesus era tão íntimo da casa de Marta e sua irmã Maria, que foi descrito pelo evangelista João como um "amigo" (Jo 11,5), pois desenvolveu aí um relacionamento de acolhida e confiança mútua. Em Betânia, junto a Maria, Marta e Lázaro, Jesus desfrutava de um recanto para se recompor de sua desgastante atividade messiânica (Jo 11,1-44). Esse recanto é tomado por uma fragrância que a hermenêutica aponta estar alinhada à do sepultamento (Jo 19,39) e é sinal da alegria reservada à Ressurreição.

[ii]

Na infância, aliás, junto à família de Nazaré, o menino Deus dispunha de um ambiente de aconchego afetivo, pois tudo o que se passava de não usual com ele tornava-se objeto de cuidadosa atenção da parte de seus pais (Lc 2,19.33.48-52). Jesus se vê fazendo parte de uma família, determinada não tanto pelos laços sanguíneos ou culturais, e sim pelo compromisso comum de honrar a Deus. A seus familiares chama de "irmãos" (Mt 12,46-50), e recebe ao calor de sua comoção aqueles que lhe acorrem à esgueira de dissensões morais. Diz à mulher surpreendida em adultério: "Tampouco eu te condeno" (Jo 8,11); permite que uma pecadora lave, beije e unte seus pés (Lc 7,38); hospeda-se na casa de um publicano pecador (Lc 19,5-7). Num momento inicial, é Jesus quem "não tem onde recostar a cabeça" (Mt 8,20); mas isso se inverte quando suas palavras vão chegando a camadas mais profundas do coração de seus ouvintes, a ponto de Pedro lhe inquirir: "— Senhor, a quem iremos? Tu dizes palavras de vida eterna" (Jo 6,68).

Jesus sempre se dedicou a estreitar laços e criar espaços de intimidade. Diz enfim aos seus apóstolos na última ceia: "— Como desejei comer convosco esta vítima pascal antes de minha paixão!" (Lc 22,15).

[iii]

Durante toda a sua vida, Jesus cultivou uma relação especial de intimidade com o Pai dos céus (Lc 2,49; Mt 6,9; 12,50), a ponto de vir a transmiti-la aos seus seguidores. É significativo atentarmos para este detalhe: Jesus os ensina a dizer "Pai" (Lc 11,2), porque eles lhe pedem que os ensine a orar (Lc 11,1). Essa solicitação é fruto de uma ostensiva percepção, pela qual ia se tornando cada vez mais visível aos apóstolos o quanto Jesus desfrutava de uma intimidade que, a partir de dado momento, eles desejaram-na para si mesmos. Por conseguinte, na oração cristã, para se dirigir a Deus, nosso Pai, não existe outro caminho a não ser o Cristo[26], na via de intimidade que ele pavimentou.

Nisso se vê estabelecida uma diferença com a experiência de Moisés na sarça ardente. "Orar ao Pai é entrar em seu mistério, tal qual Ele é, e tal como o Filho no-lo revelou."[27] Por Moisés, o povo

---

26 CIC 2664.
27 CIC 2779.

eleito recebeu o tetragrama impronunciável; pelo Filho, recebemos o nome novo do Pai, através do qual somos convidados a entrar em seu santuário de vida e amor[28].

Chamar ou invocar a Deus como "Pai" é um dom que emana da graça crismal. Por meio dela reverbera no interior do cristão a inclinação por uma nova economia espiritual. É efeito da Confirmação, enquanto sacramento de intimidade, o fato de o cristão gozar de um novo jeito de viver a espiritualidade. Como seria e no que consistiria esse novo jeito?

Convém perceber que estamos declarando, implicitamente, a intenção de nos tornarmos irmãos uns dos outros. "Aquilo que o homem não pode conceber nem as potências angélicas podem entrever, isto é, a relação pessoal do Filho com o Pai, eis que o Espírito do Filho nos faz participar nela (nessa relação pessoal), nós, que cremos que Jesus é o Cristo e (cremos) que somos nascidos de Deus."[29]

Nada mais formoso do que esta descrição do *Catecismo* a esse respeito: "Um *coração humilde e confiante* que nos faz 'retornar à condição de crianças' (Mt 18,3), porque é aos 'pequeninos' que o Pai se revela (Mt 11,25)"[30]. E continua com São João Cassiano e Santo Agostinho, respectivamente:

a. "É um olhar sobre Deus tão-somente, um grande fogo de amor. A alma nele se dissolve e se abisma na santa dileção, e se entretém com Deus como com seu próprio Pai, bem familiarmente, com ternura de piedade toda particular."[31]

b. "Nosso Pai: este nome suscita em nós, ao mesmo tempo, o amor, a afeição na oração, [...] e também a esperança de al-

---

28 "Quando rezamos ao Pai, *estamos em comunhão com Ele* e com seu Filho, Jesus Cristo. É então que o conhecemos e o reconhecemos num maravilhamento sempre novo. A primeira palavra da Oração do Senhor [Pai-nosso] é uma bênção de adoração, antes de ser uma súplica. Pois a Glória de Deus é que nós o reconheçamos como 'Pai', Deus verdadeiro. Rendemo-lhe graças por nos ter revelado seu Nome, por nos ter concedido crer nele e por sermos habitados por sua Presença" (CIC 2781).
29 CIC 2780.
30 CIC 2785.
31 Apud CIC 2785.

cançar o que vamos pedir... Com efeito, o que poderia Ele recusar ao pedido de seus olhos, quando já antes lhes permitiu ser seus filhos?"[32]

Essas palavras nos descrevem o tipo de intimidade que o sacramento abre à nossa experiência. A razão pela qual se justifica sermos chamados de *cristãos* alcança seu ápice quando nós, participantes do Cristo, tornamo-nos homens novos, e pela graça renascemos e somos restituídos a Deus. O cristão pronuncia "Pai", porque se tornou "filho"[33]. Somos, dessa forma, "revelados a nós *mesmos* ao mesmo tempo que o Pai nos é revelado"[34].

Ao privilégio de tomarmos parte da intimidade da Vida divina soma-se a tarefa de estreitarmos a comunhão da vida entre irmãos. Testemunho e intimidade conjugam-se num mesmo e único projeto sacramental. Santo Agostinho é contundente nessa convicção, aplicando a ela uma interpretação teológica, inclusive jurídica:

> Desprendamo-nos dos liames temporais, se desejamos ardentemente o amor da eternidade. Que o homem ame o seu próximo, como a si mesmo. Ora, nenhuma pessoa é por si mesmo pai, filho, sócio, nem nada de semelhante, mas unicamente um homem. Amar alguém como a si mesmo é, pois, amá-lo no que ele é por si mesmo.
>
> [...] quem quer que ame em seu próximo outra coisa do que ele é em si mesmo, não o ama como deve. [...]
>
> Os que amam a Deus e fazem a sua vontade, formam com ele uma só família, da qual Deus é o Pai. Serão pais uns dos outros, quando deles cuidam; filhos, quando se aceitam mutuamente; mas serão especialmente irmãos. Isso porque o testamento de um único e mesmo Pai os chama à mesma herança[35].

---

32   Apud CIC 2785.
33   CIC 2782.
34   CIC 2783.
35   Agostinho. *A verdadeira religião*, VI,46,89.

Tudo isso nos mostra que o sacramento não foi simplesmente instituído para ficarmos juntos de Deus; na realidade, seria mais correto pensarmos que o sacramento mantém vivo em nós o projeto de vida desenvolvido por Jesus.

[iv]

A Confirmação não existe apenas para nos colocarmos como mais íntimos de Cristo, afinal, não condiz com a vida de Cristo que nos ponhamos afastados dos irmãos. A Confirmação serve para nos trazer não só o Cristo, e sim a vida de Cristo, ou seja, a maneira como ele a pôs em ação e em vista do que trabalhou.

Jesus cultivou a intimidade, dando a seus relacionamentos uma qualidade humana e espiritual ímpar. Recitamos o "Pai-nosso" tendo diretamente em vista essa propriedade. De acordo com o *Catecismo*, se "rezamos verdadeiramente ao 'Nosso Pai', saímos do individualismo, pois o Amor que acolhemos nos liberta (do individualismo). O 'nosso' do início da Oração do Senhor, como o 'nós' dos quatro últimos pedidos, não exclui ninguém. Para que seja dito em verdade, nossas divisões e oposições devem ser superadas"[36].

É o dom da intimidade que se vislumbra, primordialmente, na oração do Pai-nosso. Afirma o *Catecismo* que "este dom gratuito da adoção exige de nossa parte uma conversão contínua e uma vida nova"[37]. Dentre as disposições que precisamos desenvolver estão "*o desejo e a vontade de assemelhar-se a Ele*. Criados à sua imagem, é por graça que a semelhança nos é dada e a ela devemos responder"[38]. É como ensinam, consecutivamente, os doutores patrísticos São Cipriano, São João Crisóstomo e São Gregório de Nissa:

    a. "Quando chamamos a Deus de 'nosso Pai', precisamos lembrarnos de que devemos comportar-nos como filhos de Deus."[39]

---

36   CIC 2792.
37   CIC 2784.
38   CIC 2784.
39   Apud CIC 2784.

b. "Não podeis chamar de vosso Pai ao Deus de toda bondade, se conservais um coração cruel e desumano; pois nesse caso já não tendes mais em vós a marca da bondade do Pai celeste."[40]

c. "É preciso contemplar sem cessar a beleza do Pai e com ela impregnar nossa alma."[41]

O sacramento é uma extensão da vida de Cristo. Logo, é da vida que Jesus viveu que esparge o traço constitutivo da compreensão teológica acerca do mesmo sacramento. Toda a graça que pela Confirmação se infunde em nós é para nos tornarmos íntimos de Jesus e principalmente para sermos tão íntimos dos irmãos como Jesus o foi de seus contemporâneos, e com uma intensidade extraordinária: "Porque tive fome e me destes de comer, tive sede e me destes de beber, era migrante e me acolhestes, estava nu e me vestistes, estava enfermo e me visitastes, estava encarcerado e fostes ver-me" (Mt 25,35-36).

Haveria uma grave omissão se nosso desejo de Deus se arvorasse sob a imprevidência alheia. A Confirmação nos traz a vida de Cristo, e, com ele, tudo o que articulou para estabelecer com o próximo, de concidadãos a estrangeiros, círculos sempre mais abrangentes de envolvimento e intimidade, de partilha e comunhão.

[V]

Será que, de modo equivalente aos relacionamentos de Jesus, estariam na linha de nossos mais diretivos afetos um chefe de sinagoga (Lc 8,41-42.51-52.56a) ou um centurião romano (Lc 7,1-10)? Os nossos mais estreitos laços reservam espaço para uma samaritana e viúva de cinco maridos (Jo 4,3-27), ou uma adúltera resignada (Jo 8,3-11)?

Jesus tinha todos os motivos para não entrar na casa de Jairo, mas rivalizá-lo. Tinha razões para não elogiar a fé do centurião que servia ao domínio romano em Cafarnaum. Não faltavam a Jesus pretextos religiosos e políticos para esquivar-se dos pedidos do fariseu

---

40 Apud CIC 2784.
41 Apud CIC 2784.

e do militar, tampouco de justificativas étnicas e morais para evadir-se do contato com a Samaria e a pecadora.

Ao invés de pautar-se em iniciativas excludentes de aversão, como as sugeridas por seus discípulos em várias ocasiões[42], Jesus realiza gestos em outra direção. Ele vai à Samaria (Jo 4,4), frequenta o templo (Mt 21,12) e a sinagoga (Lc 4,16), e comparece a um lugar (a piscina de Betesda) onde se cultuava o deus pagão Serápis (Jo 5,2), enfim, colhe e come espigas de trigo no sábado (Mt 12,1) e lava os pés dos discípulos (Jo 13,5).

[vi]

A criação de vínculos que produzem comunhão e intimidade é uma marca da espiritualidade do Sagrado Coração, como assim nos mostra o hino do *Ofício das Leituras*:

> Coração, sois o novo Sacrário
> da Aliança do céu com a terra,
> Templo novo, mais santo que o velho,
> véu que o Santo dos Santos encerra.
>
> Vosso lado por nós foi aberto,
> revelando ao olhar dos mortais
> as raízes do amor invisível,
> da ternura com que nos amais.
>
> Sois sinal do amor infinito
> de Jesus, que por nós se entregou,
> e na cruz, sacerdote perfeito,
> a perfeita oblação consumou.
>
> Tal amor, haverá quem não ame?
> Quem lhe possa ficar insensível?
> Quem não busque, na paz deste lado,
> o refúgio, a morada invisível?

---

42 Vejam-se Mt 15,21-28, sobre a mulher cananeia que acorre a Jesus para pedir-lhe a cura de sua filha; Mt 19,13-15, sobre o Reino dos céus comparado às criancinhas; Lc 9,46-50, sobre a prerrogativa dos apóstolos por autoridade e poder; Lc 9,51-56, sobre a ira dos apóstolos contra uma aldeia samaritana.

Esta graça esperamos do Pai
e do Espírito Santo também:
no fiel Coração de Jesus
para sempre habitarmos. Amém[43].

O lado aberto de Cristo é como se fosse uma morada onde repousamos no amor. Anelante de proximidade, quiçá os tesouros do Coração não fossem o que daí jorrou, mas a ferida que, aberta, deu-nos acesso àquele Sagrado claustro. Fonte de todos os tesouros de sabedoria e ciência, vida e santidade, é o Coração de Jesus, conquanto esteja aberta esta porta do Céu e vazio o tabernáculo do Altíssimo[44].

Como o lado de Cristo, rasgou-se também, em duas partes, de cima a baixo, o véu do Santuário (Mc 15,38). Eram os céus que Estêvão via abertos com o Filho do Homem à direita de Deus (At 7,56). Eram os céus donde Nosso Senhor desceu, para onde Nosso Senhor subiu: "Saí do Pai e vim ao mundo; agora deixo o mundo e volto ao Pai" (Jo 16,28). Ressalva-nos Santo Agostinho: "não deixou o céu quando de lá desceu até nós; também não se afastou de nós quando subiu novamente ao céu". "Desceu do céu por sua misericórdia e ninguém mais subiu senão ele; mas nele, pela graça, também nós subimos". "Por sua divindade, por seu poder e por seu amor ele está conosco."[45]

Ao ser pelo hino do *Ofício* cognominado "novo Sacrário", "Templo novo", "refúgio" e "morada invisível" onde se deseja habitar, e ao ser reverenciado como fonte de inesgotável ternura, paz e amor, o Coração de Jesus realça aquilo que é mais distinto ao sacramento da Confirmação: a intimidade.

---

43   LH (Of. L.), Sagrado Coração de Jesus, hino.
44   Frei Salvador. *A grande promessa*, 27-29.
45   Apud LH (Of. L.), Ascensão do Senhor, segunda leitura.

Capítulo 4

Reconciliação

HÁ EM VOSSO PEITO UM CORAÇÃO

Na Solenidade do Sagrado Coração de Jesus, entoam-se os seguintes versos no hino da I Vésperas:

> Ninguém se afaste do amor
> do vosso bom Coração.
> Buscai, nações, nesta fonte
> as graças da remissão.
> Aberto foi pela lança
> e, na paixão transpassado,
> deixou jorrar água e sangue,
> lavando nosso pecado[1].

Com zelosas e diletantes palavras, Pio XII se refere a esse evento que nos libertou de nossa culpa: "Pode-se dizer que Cristo construiu no Calvário uma piscina de purificação e de salvação e a encheu com o sangue por ele derramado; mas se os homens não mergulham nas suas ondas e aí não lavam as manchas de sua iniquidade, não podem certamente ser purificados e salvos"[2].

Implícita a esse comentário está a Penitência, visualizada em sua *fonte* e *profundidade*. O Sagrado Coração desvenda-nos onde ela nasce e aonde ela chega. Por isso tentaremos compreender esse sa-

---

[1] LH, I Vésperas do Sagrado Coração de Jesus, hino.
[2] MD 70.

cramento mais exatamente como *Reconciliação*, concentrando-nos nestes dois polos:

a. um Coração divino misericordioso; e
b. um coração humano contrito.

No sacramento da Reconciliação, outrora compreendido como Penitência e Confissão, Jesus abre seu Coração como origem, para que vejamos nosso próprio coração como destino. A fonte é a misericórdia de Deus; a finalidade, a conversão do homem.

A misericórdia está entre os atributos que João Paulo II mais realçou na espiritualidade do Sagrado Coração. Lemos em sua Encíclica *Dives in Misericordia*:

> A Igreja parece professar de modo particular a misericórdia de Deus e venerá-la, voltando-se para o Coração de Cristo. De fato, a aproximação de Cristo, no mistério do seu Coração, permite-nos deter-nos neste ponto da revelação do amor misericordioso do Pai, que constituiu, em certo sentido, o núcleo central — e, ao mesmo tempo, o mais acessível no plano humano — da missão messiânica do Filho do Homem[3].

O Santo Padre viu nesse expediente a oportunidade para grifar uma propriedade que é cara ao Evangelho de Cristo, não raramente acessada no percurso sócio-histórico onde se desenvolveu o culto ao seu Coração Sacrossanto.

Queremos destacar duas locuções muito apropriadas ao plano desta reflexão.

[i]

João Paulo II apura que fez parte do *programa messiânico de Cristo*, acentuado no Sermão da Montanha (Mt 5,7), mostrar ao homem uma possibilidade de seu "coração humano": o fato de ele ter a capacidade

---

3   DM 80.

de *ser misericordioso*[4]. A abertura para essa dimensão permite reconstituir a justiça de modo mais perfeito: a misericórdia é como que o segundo nome do amor, sua potência[5], especialmente ligada às situações em que é preciso atuar perante a realidade do mal[6].

Voltando a *acreditar na misericórdia*, o homem está apto a se lançar na profundidade imperscrutável do mistério de Deus que, em termos de misericórdia, não é somente pleno, como radical, pois vai até suas últimas consequências[7].

[ii]

João Paulo II ainda chama a atenção para o texto de Lucas 1,72: *"lembrar-se de sua santa aliança"*[8]. A misericórdia, nesse sentido, consiste em reatar uma aliança com base na fidelidade (*hesed*). Mas o Cântico de Zacarias prossegue, atingindo o ponto em que a misericórdia divina é identificada com o amor materno, no trecho onde se lê: "anunciando a seu povo a salvação pelo perdão dos pecados. Pela entranhável misericórdia do nosso Deus" (Lc 1,77-78).

Nesse segundo significado, a "misericórdia" (*rahamim*)[9], associada ao grego *anatolé*, é referida no latim com a expressão *viscera misericordiae*, vísceras ou entranhas de misericórdia. A exigência do "coração"[10] tem origem numa inconfundível referência feminina.

Somos muito fervorosos em honrar a Jesus por todos os méritos alcançados para nossa salvação. Somos apurados em cantar louvores ao Coração donde verte o sangue que nos lava do pecado. Mas esse processo esconde uma grave dificuldade: somos ufanos, alterosos, arrogantes, desatentos em olhar com sinceridade para o nosso próprio coração; glorificamos o Coração de Cristo, mas nos subtraí-

---

4 DM 55.
5 DM 23.
6 DM 50.
7 DM 51-53, 56-57.
8 Apud DM 33.
9 DM 29 (nota).
10 BÍBLIA. *Novo Testamento interlinear*, 214.

mos quando entra na mira o nosso coração, alvo do mistério da criação e da eleição de Deus.

É relativamente dadivoso contemplar tantas belezas no Coração divino; é, porém, aviltante que, com a mesma transparência, não tenhamos como refutar que certo coração, indigno, causador de vergonha e repúdio, seja inevitavelmente o nosso.

Era isso o que justamente pretendia salientar São João Crisóstomo em uma de suas homilias, no século IV. Ele enumerava cinco vias de penitência: "primeira, a reprovação dos pecados; segunda, o perdão das faltas do próximo; terceira, a oração; quarta, a esmola; quinta, a humildade". E dizia que, embora variadas e diferentes, todas levavam ao céu.

Não deveríamos ser preguiçosos, mas determinados a caminhar por essa trilha. Tudo começa com o primeiro passo, nada inferior aos conseguintes, que é o de reconhecer as próprias faltas. Sobre isso, emite esta explicação: *"Sê tu o primeiro a dizer teus pecados para seres justificado* (cf. Is 43,25-26). O profeta também dizia: *Disse, 'confessarei contra mim mesmo minha injustiça ao Senhor', e tu perdoaste a impiedade de meu coração* (Sl 31,5). Reprova também tu aquilo em que pecaste; basta isso ao Senhor para desculpar-te. Quem reprova aquilo em que pecou, custará mais a recair. Excita o acusador interno, tua consciência, não venhas a ter acusador lá, diante do tribunal do Senhor"[11].

O bispo incentivava a arte de acusar-se a si mesmo, ou seja, de sermos os protagonistas na tarefa de reconhecer os próprios pecados. O exercício de nos autorreprovarmos não deveria ficar a cargo de Deus, no dia do Juízo, sendo de nossa responsabilidade enquanto vivemos neste mundo.

Essa mensagem se vê reproduzida e ainda mais elaborada em São João Clímaco (também conhecido como João Sinaíta), que no século VI foi abade do Mosteiro do Monte Sinai, no Egito:

> Penitência é um modo de renovação do santo batismo. Penitência é outro novo concerto de vida com Deus. Penitente é

---

11 Apud LH (Of. L.), terça-feira da 21ª semana do Tempo Comum, segunda leitura.

comprador de humildade. [...] Penitência é um coração descuidado de si mesmo pelo contínuo cuidado de satisfazer a Deus, isto é, um coração que sempre se está acusando e condenando. Penitência é filha da esperança e desterro da desesperação. Penitente é réu livre de confusão pela confiança que tem em Deus. Penitência é reconciliação do Senhor mediante as boas obras contrárias aos pecados. Penitência é uma forte aflição do ventre e uma veemente dor da alma[12].

O monge é criterioso na autenticação da penitência, insistindo que ela:

a. gere virtudes como a humildade;

b. esteja conectada com a esperança teologal;

c. seja fundamento para retomar uma relação de confiança com Deus;

d. promova reconciliação;

e. inspire caridade.

Sem a constatação desses parâmetros, a penitência terá sido inútil. Mas o ponto que São João Clímaco mais enfatiza é que a penitência coloque o próprio penitente em contato com sua humanidade. É nesse lugar que a penitência faz verdadeiro efeito, o lugar onde o penitente sente sua alma afligir, ou como apontou João Paulo II, o lugar onde o penitente sente suas vísceras se contorcerem.

Em vista desse objetivo, uma "invocação de fé muito simples foi desenvolvida na tradição da oração em várias formas no Oriente e no Ocidente. A formulação mais comum, transmitida pelos monges do Sinai, da Síria e do monte Athos é a invocação: 'Jesus Cristo, Filho de Deus, Senhor, tem piedade de nós, pecadores!' Esta associa o hino cristológico de Fl 2,6-11 com o pedido do publicano e dos mendigos da luz [Lc 18,13; Mc 10,46-50]. Por ela, o coração se põe em consonância com a miséria dos homens e com a Misericórdia de seu Salvador"[13].

---

12   João Clímaco. *Climax*, V,I (Da penitência).
13   CIC 2667.

Uma prova de que essa invocação se apoia na espiritualidade do Sagrado Coração está indicada por verso recolhido às páginas do *Liber Usualis*, um livro de canto gregoriano editado por monges beneditinos da Abadia de Solesmes, na França. Nele se entona: *Cor Jésu sacratíssimum, miserére nóbis*[14], Sacratíssimo Coração de Jesus, piedade de nós.

Esse primeiro passo na via da penitência não é algo espontâneo. Trata-se de uma expedição rumo ao nosso próprio interior, e que tem como conjectura descobrirmos algo que provavelmente nos deixaria insatisfeitos. É isso, todavia, o que nos sugere Jesus, ao deixar que seu Coração fosse perfurado pela lança: abrindo-o a nós, ele nos mostra quem somos a nós mesmos; revela-nos nossa miséria, como também nossa altíssima vocação. De acordo com a compreensão conciliar, "o mistério do ser humano só se ilumina de fato à luz do mistério do Verbo encarnado"[15].

1. A História da Salvação como uma odisseia ao coração

A força da Reconciliação está no fato de que Jesus, ao manifestar-se, resgata uma porção de nós que o nosso orgulho nos impedia de acessar. Que parte é essa?

De certo modo, a História da Salvação (*Historia salutis*), que tem no Crucificado a sua consumação, é uma história onde o ser humano é reiteradamente questionado sobre o seu coração, e reconduzido por Deus e seus profetas a reencontrar-se com o verdadeiro estado de interioridade.

O *Catecismo* define o pecado como uma ofensa contra o amor de Deus, a ponto de o homem desviar dele o seu coração[16]. A descoberta íntima e pessoal de que portamos um coração que necessita ser re-

---

14 LU 1853.
15 GS 22.
16 CIC 1850.

dimido só foi obtida gradualmente ao longo da história bíblica. Esse é inclusive o fator que mais pesa no conceito de *expiação*.

Quando o pecado rompeu a comunhão entre o homem e a divindade, não seria um sacrifício expiatório oferecido pelos homens que restabeleceria, de modo quase mágico e automático, a ordem violada. Tal distorção fere a gratuidade da relação religiosa, pois nisso se configura o abuso de se pretender "substituir o coração pelo objeto"[17] da imolação.

Em se pretendendo compensar a Deus por uma transgressão, não será a vítima sacrificada que, supostamente exigida por Deus, aplacará a sua ira. Dá-se justamente o inverso. É Deus quem, mediante as figuras patentes do Servo de Yhwh e do Crucificado, atualiza sua misteriosa oferta de ternura.

O que é restabelecido não é o ordenamento, mas a relação, através de um gesto irrevogável de acolhida e cordialidade. O acento então se desloca do holocausto para o amor (Os 6,6), mais ainda, do ritual sacrificatório para o coração triturado (Sl 51/50,18-19). Por conseguinte, "a expiação do pecado se interioriza e se personaliza mais, pois já não é obtida por meio de uma vítima externa, e sim por todo um ritual penitencial realizado pelo próprio pecador, ritual do qual fazem parte a confissão do pecado e diversas mortificações e ações meritórias"[18].

É justamente ao *coração* que o profeta Joel apela, solicitando a restauração de costumes morais: "Agora — oráculo do Senhor — voltai a mim de todo o vosso coração com jejuns, prantos e lamentações" (Jl 2,12). Essa é também uma típica intervenção de Jonas: "Cobrir-se-ão de panos de saco, invocarão a Deus com vigor e se converterá cada qual de seu caminho perverso e da violência que está em suas mãos" (Jn 3,8).

Uma série de outras exortações é endereçada não ao comportamento externo, ritualístico ou observante, mas a uma disposição pessoal mais radical. O texto de Ezequiel localiza-se a meio caminho da chamada *Nova Lei do Espírito*[19]: não é ainda a plenitude da Lei

---

17 Arregui. *O perdão nas religiões da terra*, 35.
18 Arregui. *O perdão nas religiões da terra*, 35.
19 CIC 1966.

evangélica, mas representa um passo contundente em sua direção. Diz: "Eu lhes darei um coração íntegro e infundirei neles um espírito novo: eu lhes arrancarei o seu coração de pedra e lhes darei um coração de carne, para que sigam minhas leis e ponham em prática minhas ordens; serão meu povo e eu serei seu Deus" (Ez 11,19-20).

O tom dessas palavras parece ser o de um benevolente conselho, modificado, contudo, pela gravidade de tão necessária transformação: deixar o coração de pedra por um coração de carne. Essa renovação do coração dos homens, operada pelo Espírito do Senhor, é a condição para a vigência da Lei Nova[20], que encontra eco nesta incisiva e penetrante súplica: "Cria em mim, ó Deus, um coração puro [...] tu não desprezas, ó Deus, um coração contrito e humilhado" (Sl 51/50,12.19).

2. Sois uma carta do Coração de Cristo: a ética cordiana

Um dos processos mais deslumbrantes e enfáticos das Sagradas Escrituras recebe o nome de *dinamismo da conversão e da penitência*. Por seu caráter extremamente ativo, ele está em constante movimento de renovação.

[i]

É preciso ter o cuidado de não reduzir uma conversão a um jogo superficial de persuasão, como nos sugere este esclarecimento do professor Luis Alves de Lima:

    a. "Pertence [...] ao *anúncio querigmático* o *apelo à conversão*. No Antigo Testamento este conceito de conversão já era bem conhecido; expressava-se com a palavra *shûb* que significa mudança de caminho, deixar o caminho do mal e seguir as vias do Senhor. *Caminho* e *mudança de caminho* (conversão) traduzem algo bem concreto, como era próprio da mentalidade semita.

---

20 CIC 715.

Ao anunciar a *conversão* no mundo helênico, mais intelectualizado, os autores do Novo Testamento usam o termo *metanoia*, que significa uma mudança de mentalidade. Entretanto, mais do que um elemento intelectual e uma adesão da razão a uma verdade demonstrada, o *Kerygma* em sua perspectiva de conversão, atinge profundamente o sentimento e a vontade."[21]

O processo sempre dinâmico da conversão consiste no homem redescobrir-se como homem, em um ser dotado de um coração de carne. Segundo o *Catecismo*, esse dinamismo foi "maravilhosamente descrito por Jesus na parábola do 'filho pródigo', cujo centro é 'o pai misericordioso'"[22]. Observemos sua descrição:

b. "o fascínio de uma liberdade ilusória, o abandono da casa paterna; a extrema miséria em que se encontra o filho depois de esbanjar sua fortuna; a profunda humilhação de ver-se obrigado a cuidar dos porcos e, pior ainda, de querer matar a fome com a sua ração; a reflexão sobre os bens perdidos; o arrependimento e a decisão de declarar-se culpado diante do pai; o caminho de volta; o generoso acolhimento da parte do pai; a alegria do pai: tudo isso são traços específicos do processo de conversão. A bela túnica, o anel e o banquete da festa são símbolos desta nova vida, pura, digna, cheia de alegria, que é a vida do homem que volta a Deus e ao seio de sua família, que é a Igreja. Só o coração de Cristo que conhece as profundezas do amor do Pai pode revelar-nos o abismo de sua misericórdia de uma maneira tão simples e tão bela."[23]

Essa passagem consiste numa das mais belas referências do *Catecismo* ao Sagrado Coração de Jesus.

A parábola de Lucas 15,11-24 é a realização dos múltiplos encontros de Jesus com pecadores[24], como a mulher flagrada em adultério (Jo 8,1-11), Zaqueu (Lc 19,1-10), o bom ladrão (Lc 23,39-43) e mesmo o

---

21 LIMA. *O que é o querigma?*, 6.
22 CIC 1439.
23 CIC 1439.
24 RAMOS-REGIDOR. *Teologia do sacramento da Penitência*, 125.

apóstolo Pedro (Lc 22,54-62; Jo 21,15-17). Ao intuir sobre essa quantidade reiterada de casos, e aproveitando para estreitar uma analogia, Santo Ambrósio dizia que os dois lugares de conversão na Igreja são a água do Batismo e as lágrimas da Penitência[25].

É por um motivo bastante seguro que a pregação de Jesus e dos apóstolos está centrada na proclamação da penitência e conversão. Converter-se significa que o nosso coração está efetivamente sendo reconduzido para Deus[26].

[ii]

Isso nos coloca no âmbito da *Nova Lei*, isto é, da *"graça do Espírito Santo* dada aos fiéis pela fé em Cristo"[27]: "Ela é a obra do Cristo e se exprime particularmente no Sermão da Montanha. É também obra do Espírito Santo e, por ele, vem a ser a lei interior da caridade: 'Concluirei com a casa de Israel uma nova aliança. [...] Colocarei minhas leis em sua mente e as inscreverei em seu coração; e eu serei o seu Deus, e eles serão o meu povo' (Hb 8,8.10) [Jr 31,31-34]"[28].

Essa realidade vivenciou São Paulo em seus empreendimentos missionários:

> Vós sois nossa carta, escrita em nosso coração, reconhecida e lida por todos. Demonstrais ser carta de Cristo, despachada por nós, escrita não com tinta, mas com o Espírito do Deus vivo, não em tábuas de pedra, mas em corações de carne (2Cor 3,2-3).

Ser como uma "carta de Cristo" implica que a palavra de Cristo seja, desta vez, não mais escrita nas páginas de um livro, e sim na carne de nosso próprio coração. É isso o que significa levar a Lei Antiga ao seu pleno cumprimento, pois a Lei evangélica "vai até o ponto

---

25 Apud CIC 1429. Toda essa *ética do perdão* (CIC 2844) se lapidou articulada a um *ministério de reconciliação* (2Cor 5,18) que a Teologia assimilou com a doutrina sobre o "poder das chaves" (CIC 981; vejam-se CIC 1442, 1461).
26 CIC 1432.
27 CIC 1966.
28 CIC 1965.

de reformar a raiz dos atos, o coração, onde o homem faz a opção entre o puro e o impuro, onde se formam a fé, a esperança e a caridade e, com elas, as outras virtudes"[29].

Esse ensinamento é levado por Santo Agostinho a uma consequência audaciosa: "O homem que se apoia na fé, na esperança e na caridade, e que guarda inalteravelmente essas três virtudes, não necessita das Escrituras a não ser para instruir os outros"[30]. A afirmação se justifica com o exemplo dos monges do deserto, que na época de Agostinho foi um fenômeno numeroso e evidente.

O santo doutor argumenta que aqueles homens, ao se retirarem para grutas e lugares isolados, prescindiam dos manuscritos dos Livros santos. Em vez de carregarem consigo o livro enquanto corpo físico, eles desenvolviam as virtudes teologais, motivo maior para que esses livros fossem escritos.

As Escrituras não perdem, obviamente, sua utilidade para a catequese e a evangelização, mas devem ser ultrapassadas enquanto "letra" e "ciência" para serem vividas como virtude e desfrutadas enquanto bem espiritual para a alma. Viver a caridade com o coração puro e uma fé sem hipocrisia é o meio de interpretação por excelência das Sagradas Escrituras[31].

Nesse sentido, elas se comportam como veículo, transporte, meio transitório para aquilo que é a finalidade e a plenitude da vida cristã: o amor a Deus e ao próximo[32]. Tentando explorar ao máximo as construções de São Paulo, Santo Agostinho deduz, com base na emergência da vida eremítica, que o propósito das Escrituras é passar de letra escrita em tinta e papel para ações feitas de virtude e amor.

[iii]

Expressa pelo hebraico *shûb* ou pelo grego *metanoia*, a conversão é a única via de regresso e ingresso no Reino de Deus. Ela consiste numa

---

29   CIC 1968.
30   AGOSTINHO. *A doutrina cristã*, I,39,43.
31   AGOSTINHO. *A doutrina cristã*, I,39,44.
32   AGOSTINHO. *A doutrina cristã*, I,35,39.

profunda, total e definitiva virada na vida do homem: uma absoluta separação do pecado e de tudo aquilo que lhe é conexo, uma radical conversão para Deus e para Cristo através da fé[33]. Por esse apelo se atualiza a proclamação dos profetas, sonora e contundente em reprovar o pecado dos reis e dos povos[34]. Em todos eles, uma similar exigência, ousada e destemida, de volta para o Senhor, de abandono dos descaminhos dominados pelo orgulho e direcionados ao mal.

Não surpreende que todo esse processo esteja sintetizado no reencontro de dois corações: o humano com o divino, este a nos recordar de nossa mais original vocação. Para João Paulo II,

> o coração do Salvador convida a ascender até o amor do Pai, que é a fonte de todo autêntico amor: "Nisto está o amor: não fomos nós que amamos a Deus, mas é ele que nos amou e enviou o seu Filho como vítima de expiação pelos nossos pecados" (1Jo 4,10). Jesus recebe incessantemente do Pai, rico em misericórdia e compaixão, o amor que Ele prega aos homens (Ef 2,4; Tg 5,11). Seu Coração revela particularmente a generosidade de Deus ao pecador. Deus, reagindo ao pecado, não diminui seu amor, mas o alarga em um movimento de misericórdia que se torna iniciativa de redenção[35].

Essa é uma verdadeira condicionante na elaboração dos Padres sobre a penitência. Eles descrevem um estágio indispensável para que a recepção do sacramento dê frutos, isto é, para que o sacramento seja recebido frutuosamente[36].

---

33 RAMOS-REGIDOR. *Teologia do sacramento da Penitência*, 128.

34 A exemplo do que advertem os profetas Natã a Davi (2Sm 12,1-12), Elias a Jorão (2Cr 21,1-20), Oded às tropas de Acaz (2Cr 28,1-11), Jeremias a Sedecias (2Cr 36,11-12), ou como o entende o deuteronomista a respeito da deportação da Samaria pelos assírios (2Rs 17,24-41; 18,9-12), junto ao cronista sobre o desterro de Judá perante os babilônios (2Rs 24; 2Cr 36,1-20).

35 JOÃO PAULO II. *Viaggio apostolico in Polonia*, n. 2 (tradução nossa).

36 A contrição compõe, de acordo com Trento, o primeiro dos três atos do penitente, cada qual constituindo as partes do sacramento (Denz. 1673). Distinguindo entre a contrição perfeita e a imperfeita — esta também cha-

Trata-se de um estágio inicial chamado *animi cruciatus* (aflição do espírito), *compunctio cordis* (compunção/arrependimento do coração) ou simplesmente *penitência interior*: "uma reorientação radical de toda a vida, um retorno, uma conversão para Deus de todo o nosso coração, uma ruptura com o pecado, uma aversão ao mal e repugnância às más obras que cometemos. Ao mesmo tempo, é o desejo e a resolução de mudar de vida com a esperança da misericórdia divina e a confiança na ajuda de sua graça"[37].

[iv]

Essas coordenadas funcionam como referência para divergir de escribas e fariseus.

Consta na narrativa do Evangelho um parâmetro de exame moral que Jesus o ajusta de modo a torná-lo mais inclusivo ao coração. Diz:

a. "O homem bom tira coisas boas do seu bom tesouro interior; o mau tira o mal de seu mau tesouro. A boca fala do que está cheio o coração" (Lc 6,45)[38]; e

b. "Vós passais por justos diante dos homens, más Deus vos conhece por dentro" (Lc 16,15).

Não se deve entender como uma ameaça de condenação isto que, na realidade, é um convite para se experimentar de uma *sabedoria ética*. Jesus torna possível, a quem deseje, um modo de vida

---

mada "atrição" (Denz. 1678) —, aquela é descrita como "uma dor da alma e detestação do pecado cometido, com propósito de não tornar a pecar" (Denz. 1676), à qual se segue a confissão "sincera e humilde", com o esforço de recordar e explicar as circunstâncias em que se cometeram os pecados mortais, principalmente, como também os pecados veniais, pois da mesma forma de que não se deve esconder a ferida do médico, o juiz (sacerdote confessor) precisa fazer a justa apreciação dos pecados que lhes são apresentados, a fim de avaliar sua gravidade e impor uma pena proporcionada (Denz. 1680-1681), donde a necessidade da satisfação (Denz. 1689, 1692-1693)."

37 CIC 1431.
38 Veja-se Mc 7,18-21 em CIC 582.

autêntico. Ele o oferece a fim de compartilhar conosco, seres humanos, sua visão acerca de nós mesmos.

Na verdade, Jesus gozava de um conhecimento profundo do coração do homem, capaz de penetrar divinamente em seus pensamentos mais secretos (Mc 2,8; Jo 2,25; 6,61)[39]. Sua ética trata, portanto, daquilo que é irrefragável, cujo alvo consiste em manifestar uma situação insuscetível de contestação, e perspectivar um estado inapelável. Tais são as condições que a palavra "coração" representa de maneira bastante acurada:

> O coração é a casa em que estou, onde moro (segundo a expressão semítica ou bíblica: aonde eu "desço"). Ele é nosso centro escondido, inatingível pela razão e por outra pessoa; só o Espírito de Deus pode sondá-lo e conhecê-lo. Ele é o lugar da decisão, no mais profundo de nossas tendências psíquicas. É o lugar da verdade, onde escolhemos a vida ou a morte. É o lugar do encontro, pois, à imagem de Deus, vivemos em relação; é o lugar da Aliança[40].

A ética de Jesus ou, mais exatamente, a vivência ética à qual ele convida, é precisamente uma *ética cordiana*, pois o que nela voga pertence à ordem de um registro irreplicável, a incontroversa realidade do *coração*.

Com tamanha serventia se compreende que esta palavra, "coração", indica "o lugar em que se fará essencialmente a abertura do

---

[39] CIC 473. Para exprimir em linguagem rigorosa, tal ciência não se fundamenta na natureza humana do Filho de Deus, e sim na "sua união à Sabedoria divina na pessoa do Verbo encarnado" (CIC 474). O contexto dessa elaboração é o século IV, a difusão da controvérsia apolinarista e sua refutação pelo concílio regional de Alexandria, em 362, e pelo concílio ecumênico de Constantinopla, em 381 (FRANGIOTTI. *História das heresias*, 99-106; Denz. 144-146, 148-149, 151), onde se reflete na fórmula "e se fez homem" (Denz. 150), e pelo cânon 7 da profissão do Papa Dâmaso, em 382: "o mesmo Filho e Verbo de Deus não ocupou no seu corpo o lugar de uma alma racional e intelectiva, mas assumiu, sem o pecado, a nossa alma (a saber, racional e intelectiva) e salvou-a" (Denz. 159).

[40] CIC 2563.

homem para Deus e para os outros"[41], e também a "sede da personalidade moral"[42], onde a prática da temperança luta contra a concupiscência da carne, no esforço de purificar o coração[43].

O empenho de conversão instiga que no uso bíblico se incremente uma questão inevitável, dirigida a nossa liberdade: em relação a Deus e aos homens, qual é a decisão suprema do nosso coração?[44] Qual é a tomada de posição geral que dirige, mesmo sutilmente, o nosso coração em face de Deus e dos semelhantes? Seria uma orientação de abertura e comunhão, ou estaria ela encasquetada no pecado, encerrada em si mesma? O meu coração, isto é, meu íntimo profundo assume fundamentalmente a forma de um "sim" ou de um "não"?[45]

Essas prescrições não solicitam que apenas sejamos moralmente coerentes. Se apreciadas em vista da pedagogia que Deus empreendeu na História da Salvação, elas evocam uma visão muito perspicaz da vida humana. Os acontecimentos passam a ser avaliados em função de um critério mais elevado, a *medida do coração*, a medida do Reino de Deus: "Pois eu vos digo: se vossa justiça não superar a dos letrados e fariseus, não entrareis no reino de Deus" (Mt 5,20).

Em vez da *coerência* de vida, o princípio adotado por Jesus privilegia a *concordância* de corações, numa palavra, a *concórdia*. O pecado faz das aparências um claustro, mantém aí a pessoa alienada quanto ao seu próprio coração, ao que nele se passa e ao estado em que ele se encontra. Cristo liberta-nos desse cativeiro da superficialidade e desobscurece os recôncavos da vida interior. O coração se torna o peso real de nossos projetos, a medida verdadeira de nossas aspirações.

Por força dessas demarcações, providenciar atitudes retas e autênticas ao comportamento é algo de notável valor. Observar os mandamentos do Senhor nos leva ao repouso dos verdes prados e

---

41 POMPEI. *Coração*, 273.
42 CIC 2517.
43 CIC 2517.
44 CIC 368.
45 POMPEI. *Coração*, 273-274.

das fontes tranquilas (Sl 23/22,2), resguarda-nos do grave dolo do escândalo moral (Mc 9,42-50). Quem não quer gozar de uma consciência tranquila (2Pd 3,14)?

3. Reconciliação e cultura de paz

Designar de Reconciliação a esse sacramento nos remete então aos atributos do Sagrado Coração. A Reconciliação reconstitui a máxima amizade com Deus[46] e restaura a comunhão fraterna[47]. O coração convertido não está apenas limpo de pecados, mas vive uma verdadeira "ressurreição espiritual"[48].

Se pensamos estar perdoados depois de confessar os pecados, precisaríamos assumir um critério mais exigente: avaliar o perdão que recebemos de Deus a partir de vínculos regenerados que restabelecemos com os irmãos, tornando-os uma presença mais terna, doce e afável.

A conversão consiste em concordância, concórdia, comunhão. Além do arrependimento, da purificação da alma e da correção dos costumes, recordamos que "córdia" vem de *cor, cordis*, "coração"[49]. Em latim, há tanto a conjunção *con*, que significa "inseparável"[50], como a preposição *cum*, "com, em companhia de"[51]. O significado literal de *concórdia* é estar com o coração de acordo, conciliado, harmonizado, convergente, em paz.

Essa percepção retrata a superação de uma visão parcial e polarizada de um sacramento que não se restringe aos labores de uma "penitência", prevalente nos séculos III-XIII, nem poderia se confinar a um ato de "confissão", nome mais usado nos séculos XIII-XX.

---

46 CIC 1468.
47 CIC 1469.
48 CIC 1468.
49 Quicherat. *Novissimo Diccionario Latino-Portuguez*, 307.
50 Quicherat. *Novissimo Diccionario Latino-Portuguez*, 265.
51 Quicherat. *Novissimo Diccionario Latino-Portuguez*, 324.

No sentido do sacramento se conta que o *mysterium pietas* (mistério da piedade) superabunde sobre o *mysterium inequitatis* (mistério da iniquidade). Esse complexo mistério de misericórdia e conversão tem como objetivo central o perdão e a "reconciliação", nomenclatura que é, aliás, promovida pelo Concílio Vaticano II[52]. Embora apropriados, os outros nomes designam aquilo que correspondem a uma fração da realidade total do sacramento. Quando chamado de "Conversão", esse sacramento é um recurso que se desenrola numa história, ou seja, em um projeto pelo qual Deus pôs em operação um plano/desígnio redentor. Apesar de o perdão dos pecados ser um fruto copioso da "Confissão", esse sacramento só chega a sua máxima finalidade quando, em sintonia com a História da Salvação, o pecador é capaz de enxergar em seu peito um coração transformado de pedra em carne[53].

As dimensões do estado de reconciliado ultrapassam os limites da própria individualidade. Além dos benefícios para o penitente, a *Reconciliação* vai mais longe, visando um projeto eclesial em que os irmãos almejam ser "uma só alma e um só coração" (At 4,32), "sentindo as mesmas coisas, com amor mútuo, concórdia" (Fl 2,2), isto é, num mesmo coração.

Tal é o efeito da graça de Cristo Jesus, que tanto anunciou a paz como a estabeleceu, por meio da cruz, reconciliando a humanidade com Deus e tornando-a nova em seu próprio corpo indiviso (Ef 2,11-22).

Podemos agora apreender que sob o nome de "Reconciliação" o sacramento nos reporta ao amor com que Deus reconcilia o pecador (2Cor 5,20), um amor misericordioso e que apela à reconciliação com o próximo (Mt 5,24)[54]. O sacramento assim se chama, porque ele se torna princípio de uma vida pacífica. Qual é então a paz que o sacramento promove? Para exemplificar, basta acompanharmos um pouco como se desenvolve o conceito bíblico de *paz*.

---

52   BOROBIO. *Compreender, celebrar e viver a Reconciliação e o Perdão*, 123-126.
53   CIC 1423-1424.
54   CIC 1424.

[i]

Embora não seja possível percorrer toda a sua extensão, algumas rápidas sondagens são suficientes para demonstrar que o discípulo de Cristo não só vive em paz, como atua na promoção da paz. O profeta Isaías anunciava que o reino messiânico seria regido pelo "Príncipe da paz", constituindo-se num reino glorioso onde, consolidados o direito e a justiça, a paz não teria fim (Is 9,5-6; 60,17). A paz messiânica é assim descrita:

> Então o lobo e o cordeiro
> andarão juntos, e a pantera
> se deitará com o cabrito,
> o bezerro e o leão engordarão juntos;
> um menino os pastoreia;
> a vaca pastará com o urso,
> suas crias se deitarão juntas,
> o leão comerá palha com o boi.
> A criança brincará na cova da áspide,
> a criatura porá a mão
> no esconderijo da serpente (Is 11,6-8).

Essa paz se torna um signo da mensagem de Jesus, tal como aparece enunciada pelo coro de anjos que cantam seu nascimento — "Glória a Deus no alto, e na terra paz aos homens que ele ama!" (Lc 2,14) —, e na ovação dos que aguardavam sua chegada a Jerusalém (Lc 19,38).

A paz de Cristo também se tornou fórmula de saudação apostólica — "graça e paz da parte de Deus nosso Pai e do Senhor Jesus Cristo" (Fl 1,2; Cl 1,3; 1Ts 1,1; 2Ts 1,2; 1Tm 1,2; 2Tm 1,2; Tt 1,4; Fm 1,3) —, seja a efeito da aparição do Ressuscitado — "A paz esteja convosco" (Lc 24,36) —, como da conduta incorporada à missão dos enviados: "Ao entrardes na casa, saudai-a: se ela merece, nela entrará vossa paz; se não a merece, vossa paz voltará a vós" (Mt 10,12-13; Lc 10,5-6).

Essa instrução não serve para meramente atender a etiquetas de mesura e cordialidade. A "paz" (do grego *eirene*) foi reconhecida como dom do Espírito (Gl 5,22), mais ainda, como aquilo que se manifesta de forma indissociável à vida no Espírito (Rm 8,6). Sem a paz, não há autêntica filiação divina: "Felizes os que procuram a paz, porque serão chamados filhos de Deus" (Mt 5,9). Mas é sob a tutela da paz que a vocação cristã atinge seu escopo: "Reine em vossa mente a paz de Cristo, para a qual fostes chamados a fim de formar um corpo" (Cl 3,15; Fl 4,6-7). Essas palavras sinalizam para um tipo de paz que não se confunde nem se reduz à paz "com a própria consciência". A Reconciliação não deve ser minimizada ao estado de uma alma santificada, ou a um inexpressivo e estéril sentimento de paz consigo mesmo.

É certo que tais parâmetros não devem ser minimizados, pois sua importância é explicitamente reconhecida pelo Concílio de Trento:

> [...] no que se refere à sua força e eficácia, realidade e efeito deste sacramento é a reconciliação com Deus, que às vezes costuma ser acompanhada de paz e serenidade da consciência, com veemente consolação do espírito, nas pessoas piedosas que recebem este sacramento com devoção[55].

A Reconciliação não cria apenas um "estado de espírito", mas principalmente um modo de vida, uma forma de existir e de estar no mundo, pautada evidentemente na reconciliação com Deus. Numa palavra, a Reconciliação dispõe o penitente para testemunhar a presença do Reino de Deus como um reino de paz.

[ii]

Para realçar ao menos uma parcela desse sacramento, tomemos esta recomendação da Carta aos Efésios:

> *Cingi os rins com a verdade, revesti a couraça da justiça,* calçai as sandálias da *prontidão para o evangelho da paz.* Para tudo empunhai o escudo da fé, no qual se apagarão as lanças incendiárias do maligno. *Colocai o capacete da salvação,* empunhai a espada do Espírito, que é a palavra de Deus (Ef 6,14-17).

---

55   Denz. 1674.

Confeccionada com o "evangelho da paz", na armadura do discípulo estão os atributos que o dispõem para combater o bom combate (2Tm 4,7-8), ou como o semeador, para sair a semear (Mt 13,3-8; Mc 4,3-8; Lc 8,5-8).

O evangelista São Marcos expõe claramente como o evangelho, chamado por São Paulo de "evangelho da paz", está ligado à penitência: "Cumpriu-se o prazo e está próximo o reinado de Deus: arrependei-vos e crede na boa notícia" (Mc 1,15). Para o arrependimento ser útil, é preciso que em seguida creiamos na boa notícia, ou seja, que nos aliemos à paz que o evangelho comunica.

Não há sentido algum em fazer penitência e não se comprometer com a paz anunciada por Jesus, a mesma paz associada ao advento do Reino de Deus. Isso é o que nos sugere duas imagens bastante empregadas nos textos sinóticos:

a. O arrependimento é como a "porta estreita" (Mt 7,13-14; Lc 13,24) que dá acesso ao Reino.

b. E quando se trata de entrar no Reino de Deus, os evangelistas São Mateus e São Lucas empregam uma comparação similar: "Um camelo entrará pelo vão de uma agulha mais facilmente que um rico no reino de Deus" (Lc 18,25; Mt 19,24).

Conforme a imagem e a função da porta estreita, não há proveito em fazer penitência, se isso não conduzir àquilo que lhe é mais elevado. O arrependimento está a serviço do Reino e, como tal, deve fomentar a paz que caracteriza esse mesmo Reino.

Para ser consistente, entretanto, a paz deve se conveniar à justiça (Sl 72/71,3; 85/84,11), sem o que não se consegue prover ações de igualdade e equidade, muito menos sanar as desigualdades econômicas estruturalmente inervadas na sociedade.

[iii]

A graça da Reconciliação nos direciona para uma cultura de paz, como assim prevista no texto bíblico:

Deus estava, por meio de Cristo, reconciliando o mundo consigo, não lhe apontando os delitos, e nos confiou a mensagem da reconciliação. [...] Por Cristo vos suplicamos: Deixai-vos reconciliar com Deus (2Cor 5,19.20b).

A Reconciliação é semeadora da solidariedade. Ela só se concretiza culminando no apelo à unidade fraterna e universal. Um coração convertido "não se alegra com a injustiça, mas se alegra com a verdade" (1Cor 13,6). Ele aspira à misericórdia mais do que qualquer outra coisa (Mt 9,13; 5,7), exime-se de julgar e condenar (Mt 7,1-2; Lc 6,37-38), direcionando seu empenho para um amor sempre mais ousado e atuante (Mt 5,43-47; Lc 6,32-35). Intenciona a perfeição do Pai celeste, que é a compaixão (Mt 5,48; Lc 6,36).

À luz da espiritualidade do Sagrado Coração, o sacramento da Reconciliação torna-se, fundamentalmente, um "consentimento dado ao Espírito Santo"[56], uma permissão improrrogável para que ele faça tudo o que quiser fazer em nosso coração, conduzi-lo a Deus, transformá-lo pelo amor, dispô-lo ao perdão[57].

É assim que o Sagrado Coração de Jesus nos posiciona diante da Reconciliação, a fim de nos impelir para uma *decisão do coração*. Essa expressão, que o *Catecismo* infere de Mateus e de Gálatas, traduz o que consideramos o sentido mais notável desse sacramento. Toda Reconciliação é, fundamentalmente, uma decisão do coração, pois "'Onde está o teu tesouro, aí estará também teu coração. [...] Ninguém pode servir a dois senhores' (Mt 6,21.24). 'Se vivemos pelo Espírito, pelo Espírito pautemos também nossa conduta' (Gl 5,25)"[58].

---

56 CIC 2848.
57 CIC 2843.
58 Apud CIC 2848.

Capítulo 5

Unção dos enfermos

O LEVE JUGO DO CORAÇÃO SALVADOR DE JESUS

Fazendo eco ao *Ritual da Unção*[1], é útil começar este capítulo informando o quanto o nome "Unção dos enfermos" é mais apropriado do que "Extrema Unção". Quem o reformou foi o Concílio Vaticano II, na Constituição *Sacrosanctum Concilium*[2], por entender que esse sacramento não se destina exclusivamente a quem está *in extremis*, ou seja, no último transe da vida. Ampliou-se com isso o público apto para bem recebê-lo.

O sacramento pode ser administrado ao fiel que se encontra:

a. às portas da morte (*in extremis*);
b. debilitado por doença grave;
c. fragilizado pela velhice; e
d. antes de uma cirurgia de alto risco[3].

Com esse alargamento das possibilidades, o sacramento chamado "Extrema Unção" passa a ser denominado, mais corretamente, *Unção dos enfermos*, por um motivo simples: é muito maior o número de pessoas enfermas ao daquelas que estão na iminência da morte.

Tendo isso em vista, o próprio doente pode pedir por si mesmo o sacramento, seja solicitando a visita do ministro ordenado, seja di-

---

1   Congregação para o Culto Divino. *Ritual da Unção dos Enfermos*, n. 5-7.
2   SC 73.
3   CIC 1514-1515.

rigindo-se ao atendimento paroquial, caso esteja em condições de se deslocar até esse endereço.

Em homilia no XVIII Dia Mundial do Doente, celebrando na Basílica vaticana a memória de Nossa Senhora de Lourdes, Bento XVI ressaltava "o vínculo entre os doentes e os sacerdotes, uma espécie de aliança, de 'cumplicidade' evangélica. Ambos têm uma tarefa: o enfermo deve 'chamar' os presbíteros, e estes devem responder, para atrair sobre a experiência da doença a presença e a ação do Ressuscitado e do seu Espírito"[4].

É fundamental que se aproximem da Unção "em tempo oportuno, [para que possam] recebê-la com toda a fé e devoção, sem descambar no péssimo costume de protelar o sacramento"[5].

Para fins de esclarecimento, a "Introdução" ao *Ritual da Unção dos Enfermos e sua assistência pastoral* dirige algumas notas de orientação e normatização.

Em primeiro lugar, instrui a comunidade a ser diligente não só com os fiéis doentes por causa de enfermidade grave, mas estar igualmente atenta para os irmãos de idade avançada, que alcançaram a velhice[6]. Mesmo não sofrendo de alguma doença grave, podem receber a Unção pessoas idosas cujas forças estejam visíveis ou sensivelmente debilitadas, frise-se, não porque estejam enfermas, mas simplesmente por causa das consequências irremediáveis da senilidade[7].

Segundo ponto: a Unção não pode ser administrada a qualquer doente, e sim a quem sofre de doença *grave*, seja adulto ou criança. Ninguém deve se precipitar em fazer esse juízo. Basta um conhecimento prudente ou provável acerca do tipo da doença, ou o conselho do médico competente[8].

Conforme essa disciplina, não é preciso determinar se uma patologia é aguda (de rápido desenvolvimento) ou crônica (de lenta

---

4   Bento XVI. *Homilia*, 11 fev. 2010.
5   Congregação para o Culto Divino. *Ritual da Unção dos Enfermos*, n. 13.
6   Congregação para o Culto Divino. *Ritual da Unção dos Enfermos*, n. 8.
7   Congregação para o Culto Divino. *Ritual da Unção dos Enfermos*, n. 11.
8   Congregação para o Culto Divino. *Ritual da Unção dos Enfermos*, n. 8.

evolução). Para receber a Unção depois de diagnosticado um câncer, por exemplo, não é preciso aguardar o crescimento do tumor. Na realidade, diz a "Introdução", pode-se receber o sacramento de novo se o doente convalescer, ou mesmo se o estado agravar[9], ou antes de uma intervenção cirúrgica, quando o motivo da intervenção for uma doença grave[10], independentemente do estágio de sua gravidade. No caso de crianças, é preciso que elas estejam suficientemente dotadas do uso da razão[11]. Para os adultos, não há restrição nos casos que já estejam inconscientes, se se supõe que na posse de suas faculdades teriam pedido a Santa Unção[12].

Devemos entender que, quando se trata de alguém enfermo, prestativo e atento deve ser o acompanhamento por parte não só da família, como da comunidade eclesial, "convidada a cercar de modo especial os doentes com suas orações e atenções fraternas"[13], a efeito do que advertiu Nosso Senhor: "estava enfermo e me visitastes" (Mt 25,36).

O carinho que se dedica ao doente, adulto ou criança, ecoa dos gestos de Cristo. "Seu amor de predileção pelos enfermos não cessou, ao longo dos séculos, de despertar a atenção toda especial dos cristãos para com todos os que sofrem no corpo e na alma. Esse amor está na origem dos incansáveis esforços para aliviá-los."[14] Confirma Bento XVI na homilia supramencionada: "podemos ver toda a importância da pastoral dos enfermos, cujo valor é verdadeiramente incalculável, pelo bem imenso que faz em primeiro lugar ao doente e ao próprio sacerdote, mas inclusive aos familiares, aos conhecidos, à comunidade e, através de percursos desconhecidos e misteriosos, a toda a Igreja e ao mundo"[15].

---

9   CONGREGAÇÃO PARA O CULTO DIVINO. *Ritual da Unção dos Enfermos*, n. 9.
10 CONGREGAÇÃO PARA O CULTO DIVINO. *Ritual da Unção dos Enfermos*, n. 10.
11 CONGREGAÇÃO PARA O CULTO DIVINO. *Ritual da Unção dos Enfermos*, n. 12.
12 CONGREGAÇÃO PARA O CULTO DIVINO. *Ritual da Unção dos Enfermos*, n. 14.
13 CIC 1516.
14 CIC 1503.
15 BENTO XVI. *Homilia*, 11 fev. 2010.

A presença do sacerdote (presbítero e bispo) junto à pessoa a quem se vai impor as mãos e ungir com o óleo consagrado[16] atende a uma passagem da Carta de São Tiago, onde é descrito um rito que, segundo o *Catecismo*[17], a Tradição reconheceu como um dos sete sacramentos: "Um de vós está doente? Chame os anciãos da comunidade para que rezem por ele e o unjam com azeite, invocando o nome do Senhor. A oração feita com fé curará o doente, e o Senhor o fará levantar-se. E se cometeu pecados, serão perdoados" (Tg 5,14-15).

Gostaríamos de pontuar que o sacramento tem por centro essa celebração que compreende:

a. a *epiclese*: imposição das mãos em silêncio; e
b. as demais ações litúrgicas a ela associadas.

A celebração da Unção, sintetiza o *Ritual*, "consiste sobretudo na oração da fé e na unção dos enfermos com o óleo santificado pela bênção de Deus após a imposição das mãos pelos presbíteros; por este rito é significada e conferida a graça do sacramento"[18].

A posse dessas breves instruções leva-nos a repensar todo o sentido da Unção dos enfermos, a saber: que é um sacramento de vida, fidelidade e renovação, e não meramente de consolo e despedida.

a. Afirma-se a vida mesmo quando a morte parece ser soberana;
b. Afirma-se a fidelidade, pois o servo, que "não é mais que o seu senhor" (Jo 15,20), só pode entrever o privilégio de ter as mesmas vicissitudes do mestre;
c. Afirma-se a renovação, a fim de se completar "o que falta aos sofrimentos de Cristo" (Cl 1,24).

São essas as coordenadas gerais que pretendemos desenvolver a seguir, contando com vários elementos que se apoiam na espiritualidade e culto do Sagrado Coração.

---

16   CIC 1519.
17   CIC 1510.
18   Congregação para o Culto Divino. *Ritual da Unção dos Enfermos*, n. 5.

1. A desolação como princípio de sabedoria: a via redentora do sofrimento

A vida, a fidelidade, a renovação, tudo isso está contido na graça do Espírito Santo mediante esse sacramento que "proporciona também, em caso de necessidade, o perdão dos pecados e a consumação da penitência cristã"[19]. O homem é "reanimado pela confiança em Deus e fortalecido contra as tentações do maligno e as aflições da morte, de modo que possa não somente suportar, mas combater o mal, e conseguir, se for conveniente à sua salvação espiritual, a própria cura"[20].

Como nos demais sacramentos, na Unção trata-se efetivamente do Cristo atuando na cura de seu próximo, pedindo-lhe que creia (Mc 5,34-36; 9,23) e usando de vários sinais, como a saliva e a imposição das mãos (Mc 7,32-36; 8,22-25), a lama e a abluição (Jo 9,6-15). "Também nos sacramentos Cristo continua a nos 'tocar' para nos curar."[21]

Em seu ministério público, com ações e palavras Jesus manifesta esse traço central de sua missão, resgatando os pecadores (Lc 7,36-50; 19,1-10; 23,39-43; Jo 8,1-11), curando os doentes, convocando todos a participarem da nova família de Deus. "Os sãos não têm necessidade de médico, mas os doentes sim. Não vim chamar justos, mas pecadores" (Mc 2,17). Observamos com atenção que o sacramento da Unção é para a totalidade do homem, para o *corpo* e a *alma*, tal como também já discerniam os versículos acima de São Tiago.

O serviço pastoral junto à Unção dos enfermos põe-nos não só diante de sofrimentos às vezes desconcertantes, como também soa perturbadora a evidência de que nossas seguranças são falíveis, e nossa existência, findável.

Evoca uma antropologia básica aquele movimento espontâneo de querer livrar-se do sofrimento, seja por vê-lo como ameaça à felicidade ou à realização dos desejos, ou por avaliá-lo como empecilho para gozar a vida. Isso se verifica não só em quem sofre, como também em quem ajuda compassivamente o debilitado. Não é incomum,

---

19 CONGREGAÇÃO PARA O CULTO DIVINO. *Ritual da Unção dos Enfermos*, n. 6.
20 CONGREGAÇÃO PARA O CULTO DIVINO. *Ritual da Unção dos Enfermos*, n. 6.
21 CIC 1504.

e sim primariamente natural, perceber o sofrimento na cifra de destruição e morte, que põe abaixo todas as promessas de alegria[22].

O *Catecismo* registra o exato lugar onde a santa Unção opera uma graça especial no enfermo, conferindo-lhe um dom particular do Espírito Santo, dando-lhe conforto, paz e coragem para vencer as dificuldades próprias do estado em que se encontra[23]:

a. "A enfermidade e o sofrimento sempre estiveram entre os problemas mais graves da vida humana. Na doença, o homem experimenta sua impotência, seus limites e sua finitude. Toda doença pode fazer-nos entrever a morte."[24]

Prossegue:

b. "A enfermidade pode levar a pessoa à angústia, a fechar-se sobre si mesma e, às vezes, ao desespero e à revolta contra Deus. Mas também pode tornar a pessoa mais madura, ajudá-la a discernir em sua vida o que não é essencial, para voltar-se àquilo que é essencial. Não raro, a doença provoca uma busca de Deus, um retorno a Ele."[25]

É plausível estimarmos que a espiritualidade do Coração de Jesus transforma a doença e tantos outros padecimentos em um verbete sobre o *sentido do sofrimento*.

O Coração de Cristo reverte o flagelo da doença em sabedoria de vida. A revelação de um Coração Santo que se derramou de amor no curso do mais auspicioso sofrimento pode ser para muitos a chave de novas descobertas acerca da própria existência, a oportunidade de se examinar a própria história, um contato iluminador com uma nova razão de existir.

Esses são motivos estreitamente associados ao culto do Sagrado Coração. O *Catecismo* nos permite entrevê-los nesta passagem:

---

22 Barrajón. *El sufrimiento cristiano*, 44.
23 CIC 1520.
24 CIC 1500.
25 CIC 501.

A oração da Igreja venera e honra o Coração de Jesus, como invoca o seu Santíssimo nome. Adora o Verbo encarnado e seu Coração, que por nosso amor se deixou traspassar por nossos pecados. A oração cristã gosta de seguir o *caminho da cruz* (Via-Sacra), seguindo o Salvador. As estações, do Pretório ao Gólgota e ao Túmulo, marcam o caminho de Jesus, que resgatou o mundo por sua santa Cruz[26].

O culto ao Sagrado Coração é pela Igreja relacionado, preferencialmente, aos eventos da Cruz. A oração, meditação e contemplação de tudo aquilo que compõe a Paixão do Senhor cinge a alma e o espírito com a ciência necessária para lidar com os infortúnios da dor, da doença e da morte. Mas onde estaria esse ponto de virada? Em que momento, e com que chave, conseguimos reverter a desolação da doença em uma nova compreensão de nossa vida e vocação?

[i]

A história dos debates teológicos nos reserva, quanto a isso, uma disparidade de interpretações entre São Justino e Santo Agostinho, mas que se mostra muito proveitosa e enriquecedora. Os dois se debruçam no Salmo 22/21,15: "Como água me derramei, e todos os meus ossos se desconjuntaram; o meu coração é como cera, derreteu-se no meio das minhas entranhas".

O apologeta comenta esse versículo em interface com a Paixão de Cristo. O Coração do Senhor se liquefez como cera antes mesmo de suar sangue no Getsêmani.

Já Agostinho interpreta a entrega amorosa de Jesus em chave pascal, na qual o Coração do Cordeiro teria sido "aberto" (*apeirut*) e não simplesmente "traspassado" pela lança do soldado[27]. Não foi o Coração que se dissolveu, e sim o sentido espiritual e interior das Escrituras, que se abriu à reflexão e pode ser enfim compreendido.

---

26 CIC 2669.
27 GLOTIN. *O Coração de Jesus*, 88.

A partir de então, o paralelismo das Escrituras e do Coração não tem mais nada de artificial: do mesmo modo que o coração designa o interior do corpo e o lugar mais secreto da pessoa, assim também o *Kerygma* das Escrituras constitui a célula nuclear do desígnio divino e, por conseguinte, o centro escondido do *corpus* veterotestamentário[28].

É do Coração traspassado que provém a graça de dar um encaminhamento àquilo que, de outro modo, não passaria de incertezas. Nessa transformação opera o princípio que reverte a doença, de poço de desolações, em perspectivas de sabedoria.

Esse processo de amadurecimento, no decurso da patologia, só pode estar espiritualmente vinculado ao Coração que, traspassado, abriu-nos o sentido interno, antes escondido, das Sagradas Escrituras:

> Assim como outrora o soldado tinha usado a sua lança para abrir o lado de Jesus e então descobrir seu coração físico, da mesma maneira, utilizando hoje a chave do sentido espiritual para abrir o interior escondido do desígnio divino, resumido no coração do Messias, o olhar contemplativo da Igreja, iluminado pelo dom de inteligência, chega à hermenêutica plena da Revelação divina, que tem seu centro no mistério pascal do Cristo[29].

Tal como o Coração de Cristo proporcionou à Igreja compreender os desígnios da salvação, quanto também/como não propiciará ao enfermo entender a respeito do ato pascal particularizado em seus próprios latejos! "A compaixão de Cristo para com os doentes e as suas numerosas curas de enfermos de todo tipo [Mt 4,24] são um sinal evidente de que 'Deus visitou o seu povo' e de que o Reino de Deus está bem próximo."[30]

---

28 GLOTIN. *O Coração de Jesus*, 89.
29 GLOTIN. *O Coração de Jesus*, 89-90.
30 CIC 503.

[ii]

Por que então Jesus não curou todos os doentes? Por que Deus não extinguiu toda e qualquer doença? Esses e outros questionamentos que uma pessoa adoentada, consideravelmente vulnerável, faz a si mesma valem de oportunidade para se pensar a doença não só como um *fato médico*, mas também como um *sinal teológico*.

Diferentemente dos taumaturgos de sua época, apesar dos milagres que fazia em suas andanças, Jesus evitava ser recompensado e pedia sigilo aos que curava. Enquanto os curandeiros ostentavam-se como canais exclusivos do poder divino, Jesus valorizava que cada pessoa cultivasse seu singular contato com Deus, a fim de chamá-lo de Pai.

É certo que Jesus não curou a todos. É também certo que,

> comovido com tantos sofrimentos, Cristo não apenas se deixa tocar pelos doentes, mas assume suas misérias: "Ele levou nossas enfermidades e carregou nossas doenças" [Mt 8,17; Is 53,4]. Não curou todos os enfermos. Suas curas eram sinais da vinda do Reino de Deus. Anunciavam uma cura mais radical: a vitória sobre o pecado e a morte por sua Páscoa. Na cruz, Cristo tomou sobre si todo o peso do mal e tirou o "pecado do mundo" (Jo 1,29). [...] Por sua paixão e morte na cruz, Cristo deu um novo sentido ao sofrimento, que doravante pode configurar-nos com Ele e unir-nos à sua paixão redentora[31].

Não podemos ficar indiferentes ou permanecer ignorantes quanto à reviravolta que Cristo empreendeu no alto do madeiro, de que o seu Coração é um ponteiro infalível.

Ao discutir, na *Salvifici Doloris*, sobre a busca pelo sentido do sofrimento, João Paulo II comenta como as indagações do personagem bíblico Jó são respondidas pela salvação mediante a Cruz. Há no sofrimento um *sentido salvífico*[32] que supera ou rompe com toda

---

31 CIC 1505.
32 SD 1.

concepção de que ele seja consequência de culpa ou tenha caráter de castigo[33].

A pergunta do livro de Jó acerca do sofrimento de um inocente só alcança uma resposta significativa quando se é iniciado no mistério do Amor. A compreensão expressa no Evangelho segundo João manifesta a emergência de um *amor salvífico* que vence o sofrimento: "Deus amou tanto o mundo que deu o Seu Filho unigênito, para que todo aquele que crê n'Ele não pereça, mas tenha a vida eterna" (Jo 3,16)[34].

Além do valor pedagógico pelo qual a pessoa, penitenciando-se, visa converter-se e a reconstruir-se no bem e na virtude[35], há para o sofrimento um sentido final e definitivo que se encontra na Redenção. Cristo não nos salvou a ponto de extinguir os sofrimentos; na verdade, ele plantou em todo sofrimento o dom da Redenção, que se colhe com o gesto de amor.

Damos sonoridade a essa decifração com a Carta Apostólica:

> Quererá isto dizer, porventura, que a Redenção operada por Cristo não é completa? Não. Isto significa apenas que a Redenção, operada por virtude do amor satisfatório, permanece *constantemente aberta a todo o amor* que se exprime *no sofrimento humano*. Nesta dimensão — na dimensão do amor — a Redenção, já realizada totalmente, realiza-se em certo sentido constantemente. Cristo operou a Redenção completa e cabalmente; ao mesmo tempo, porém, não a fechou: no sofrimento redentor, mediante o qual se operou a Redenção do mundo, Cristo abriu-se desde o princípio, e continua a abrir-se constantemente, a todo sofrimento humano. Sim, é algo que parece fazer parte da *própria essência do sofrimento redentor de Cristo*: o fato de ele solicitar ser incessantemente completado[36].

O sentido de *completar no amor* acena para o invite do Senhor, esculpido em todo sofrimento. Esse convite é assimilado por João

---

33   SD 11.
34   Apud SD 14.
35   SD 12.
36   SD 24.

Paulo II na forma de nos fazermos todos bons samaritanos, haja vista que o personagem da parábola não se limitou à simples comoção, pois foi homem capaz de um dom total de si mesmo[37].

É como ouvir do próprio Cristo: "estava enfermo e me visitastes" (Mt 25,36); fui pregado na cruz, não me abandonastes.

[iii]

A Cruz de Cristo, é importante sublinhar, não sugere uma relação de negação e fuga; pelo contrário, sua perspectiva é altamente realista, pois supõe que os sofrimentos são inseparáveis da existência terrena do homem. E num horizonte de compreensão mais integral, os sofrimentos não se articulam apenas com a dimensão física, médica e objetiva, mas sobretudo com a moral, psíquica e espiritual.

O homem, que experimenta o mal e sofre de diversos modos, é movido a transcender essa condição com iniciativas de comunhão e solidariedade. Onde está o sofrimento não habita o mal como causa, mas sobretudo o amor como superação. É do sofrimento humano que *"promana* [uma] *necessidade* mais profunda *do coração*, bem como [...] um *imperativo da fé"*[38].

No horizonte do amor cristão está o sofrimento como uma oportunidade. Não é uma via só de *remissão* (das culpas e do mal), e sim de *redenção* (do ser pessoal), no mesmo sentido com que se dirigia João Paulo II em mensagem aos internados de um hospital (Policlínico Gemelli), em 1981: "o sofrimento é uma dimensão tal da vida que através dele penetra no coração humano, como de nenhuma outra forma, a graça da Redenção"[39].

Há quem veja no sofrimento uma chance para penitenciar-se dos pecados que cometeu; mas há também quem entenda o próprio sofrimento não como um inconveniente, e sim um acesso para a realização de si, seja em termos de plenitude ou de consumação:

---

37 SD 28.
38 SD 4.
39 João Paulo II. *Mensaje*, 14 ago. 1981, 61 (tradução nossa).

a. de *plenitude*, por se alcançar o máximo possível no desenvolvimento dos talentos; e
b. de *consumação*, por se chegar ao fim desejado.

[iv]

Para se compreender essas distinções, exige-se certo grau de sabedoria. Santo Agostinho procurou delineá-la com base numa famosa proporção. Jesus é o grande médico da humanidade: em vez de apenas prescrever a receita como farmacêutico, confecciona o remédio com o próprio sangue, na oficina de sua Humanidade[40].

Escutamos nisso um eco de uma indagação há muito levantada pela reflexão teológica, de estreitas conexões com o pensamento filosófico antigo. Nela se questiona: se o pecado é a causa de todo flagelo, por que Deus não impediu o primeiro homem de pecar?

Em sua afamada resposta, São Leão Magno dizia: "A graça inefável de Cristo deu-nos bens melhores do que aqueles que a inveja do Demônio nos havia subtraído"[41]. E Santo Tomás de Aquino: "Nada obsta a que a natureza humana tenha sido destinada a um fim mais elevado após o pecado. Com efeito, Deus permite que os males aconteçam para tirar deles um bem maior. Donde a palavra de S. Paulo: 'Onde abundou o pecado superabundou a graça' (Rm 5,20). E o canto do Exultet: 'Ó feliz culpa, que mereceu tal e tão grande Redentor'"[42].

Por mais impreterível que seja, para uma pessoa, buscar respostas para "que sentido têm a dor, o mal e a morte, que resistem, apesar de tantos progressos!"[43], tais reflexões podem se mostrar mais delicadas para uma alma atribulada pela doença. Trata-se, sem dúvida, de "questões fundamentais que caracterizam o percurso da existência humana"[44], pois o teor de um assunto que se for-

---

40 CREMONA. *La atención al enfermo en los Padres de la Iglesia*, n. 6.
41 Apud CIC 412.
42 Apud CIC 412.
43 GS 10.
44 FR 1.

mula em perguntas como "*Quem sou eu? De onde venho e para onde vou? Por que existe o mal? O que é que existirá depois desta vida?*"[45], entre outras, manifesta a busca axial por um sentido que "urge no coração do homem"[46].

Esse é um instrumental primoroso para relembrar ao combalido seu lugar na Aliança, e reabilitá-lo a um papel ativo ante seu ser, suas escolhas e a orientação que imprimiu à sua vida até o presente momento.

[V]

Essas formulações atualizam o conceito de *aliança* no cotidiano da pessoa adoecida, o que pode vir a ser estimulante e encorajador para ela. "A aliança é na Bíblia e na teologia cristã um conceito central que designa a relação entre Deus e seu povo por analogia com as relações privilegiadas que os homens estabelecem entre si por contrato."[47]

Logo é possível e até desejável que seu significado não redunde inócuo. Tal como se conjura nesta oração sálmica, é da maior utilidade que a aliança se faça em realidade positiva, concreta e palpável:

> Socorre-nos, Deus Salvador nosso, pela honra de teu nome.
> Livra-nos e expia nossos pecados, por atenção a teu nome. [...]
> Chegue à tua presença o lamento do cativo.
> Com teu braço poderoso salva os condenados à morte. [...]
> E nós, teu povo, ovelhas de teu rebanho, te daremos graças para sempre, narraremos tuas glórias de geração em geração (Sl 79/78,9.11.13).

O paciente reage ao abatimento e ao desânimo gerados em função de sua enfermidade, e assume uma postura de revigoramento interior, em sintonia com a dupla acepção do latim *contractus*, que versa:

---
45 FR I.
46 FR I.
47 LOHFINK. *Aliança*, 86.

a. tanto para "contraído" (contração, aperto);
b. como para "contrato", no sentido de pacto ou ação de começar um negócio[48].

A pessoa contraída, fraquejada e exaurida devido à doença, torna-se arrojada, resoluta e diligente, em razão da aliança. Essa é a via por onde ecoa e se faz ouvir o incentivo do Senhor: "Não temas, basta que tenhas fé" (Mc 5,36b)[49].

Esse movimento foi experimentado pelos apóstolos, na medida em que se situaram no raio da promessa de Jesus: "Eu estarei convosco sempre, até o fim dos tempos" (Mt 28,20b). De acordo com Pio XI, "esta divina promessa, assim como em um princípio, levantou os ânimos abatidos dos apóstolos e, levantados, incendiou-os e os inflamou para espalhar a semente da doutrina evangélica em todo o mundo"[50].

É essa transformação que está no cerne da devoção ao Sagrado Coração de Jesus, afinal, como indaga Pio XI, "não é verdade que se contém aí o resumo de toda a religião e ainda a norma de vida mais perfeita, e com mais agilidade conduz os ânimos a conhecer intimamente a Cristo Senhor Nosso, e os impulsiona a amá-lo mais veementemente, e a imitá-lo com mais eficácia?"[51].

Situar a doença nesse contexto de aliança e promessa, zelo e entusiasmo, favorece que o adoecido se veja num pacto e mobilize disposição para sustentar sua parte no acordo, incitado para avivar seus sentimentos ao modo de uma vibrante espiritualidade afetiva.

---

48 FERREIRA. *Dicionário de latim-português*, 299.
49 Essa exortação é comum aos Evangelhos, e possui ampla ressonância no Antigo Testamento, seja para estimular a atividade profética (Jr 1,7-8; Ez 2,6-7; Js 1,9), ou mais ainda, para destacar a fidelidade a seu povo (Gn 15,1; Dt 31,6; Sf 3,16-17, Jl 2,21; Is 41,10.13-14). "Não temais" é dito por Jesus antes de operar uma cura, é uma recomendação para a missão dos apóstolos (Mt 10,28) e uma advertência para se preparar contra as adversidades do testemunho (Ap 2,10). Tanto José como Maria a ouviram na saudação do anjo (Mt 1,20; Lc 1,30). Ela marca a transformação de Pedro (Lc 5,8) e o primeiro contato com o espantoso acontecimento de que Jesus havia ressuscitado (Mt 28,5.10).
50 MR 1 (tradução nossa).
51 MR 3 (tradução nossa).

2. A espiritualidade afetiva e a experiência de ser salvo

A experiência de ser salvo implica na moção da afetividade, o que expõe ao enfermo o seu compromisso com a Aliança. Nesse horizonte, a pessoa então insegura sobre seu destino redescobre-se filha de Deus e vê-se novamente diante de sua *sublime vocação*[52].

[i]

Não subestimando os inconvenientes da enfermidade, mas procurando descortinar o mistério de Redenção que Deus aí plantou, "a unção dos enfermos exprime a cura e o reconforto"[53]. O *Catecismo* ensina que "o principal dom deste sacramento é uma graça de reconforto, de paz e de coragem para vencer as dificuldades próprias do estado de doença grave ou da fragilidade da velhice. Esta graça é um dom do Espírito Santo, que renova a confiança e a fé em Deus, e dá força contra as tentações do Maligno, especialmente a tentação do desânimo e da angústia da morte"[54].

Além de gerar disfunções físicas, uma doença acarreta desconfortos psíquicos, alcançando não raramente a envergadura das aflições espirituais. Transparecendo ao homem sua condição frágil, encomendando-lhe a verdade irremediável de sua franca decadência, a doença acaba sendo, paradoxalmente, um antídoto contra o orgulho adâmico, transmitido e enraizado em nossa natureza. Efeito da queda, pela doença o homem compreende que não pode "ser como Deus"[55].

Além das dores inerentes, uma doença pode significar também a cura dolorosa do homem que, orgulhoso, não quer admitir sua própria finitude. Mas como discernir entre uma dor e outra?

A enfermidade impõe condições análogas à da encarnação de Jesus que, "apesar de sua condição divina, não fez alarde de ser igual a

---

52 GS 22.
53 CIC 1294.
54 CIC 1520.
55 CIC 398.

Deus, mas se esvaziou de si e tomou a condição de escravo" (Fl 2,6-7). A sensibilidade dos primeiros cristãos, tal como biblicamente registrada nesse hino cristológico, também trabalhou com a ambiguidade dos eventos da crucificação. Nesse caso, se "a Cruz representou aos olhos dos homens o *despojamento* de Cristo, ela foi, ao mesmo tempo, aos olhos de Deus a sua *elevação*"[56].

O mesmo se passa na doença, aos olhos da fé cristã, como na encarnação e na crucificação: assim como o Senhor "na fraqueza manifestou o seu *poder*; e na humilhação, toda a sua *grandeza messiânica*"[57], todo sofrimento constitui, em tese, "um chamamento a manifestar a grandeza moral do homem, a sua *maturidade espiritual*"[58]. O sofrimento é sempre uma provação que se desenvolve no *paradoxo da fraqueza e da força*.

[ii]

É assim que, em ordem à inteligência cristã, toda doença é princípio de sabedoria, pois apresenta ao homem a miséria de sua condição humana e, com isso, a necessidade de se recorrer ao poder redentor de Deus.

Há nesse processo uma sabedoria existencial que se decodifica com insuperável fineza: o sofrimento é signo de uma "amarga" verdade sobre o homem; sintoma, por assim dizer, de uma contradição inapreensível. Ferido, cindido, dividido, por fim aniquilado pelo pecado de seu arbítrio, a pessoa tornou-se estrangeira em seu próprio ser: "não faço o bem que quero, mas pratico o mal que não quero" (Rm 7,19).

O homem sofre com a sua condição humana de desolação: a *desolatio*. Sendo quem é, não pode se admitir como é. Anelante, como que naturalmente, por felicidade, harmonia, completude e satisfação[59], sua vitalidade incontinente só diminui. Doente, solitário, mí-

---

56   SD 22.
57   SD 22.
58   SD 22.
59   CIC 33, 1718.

sero ser, não é capaz de se autocurar: a pobreza aperta, o luto entristece, a dor corporal atormenta, o desterro oprime, qualquer calamidade angustia[60].

Honrosa façanha, nessas sendas a pessoa descobre nela aquele clamor impetuoso, mórbido, assumido por Jesus no cimo da cruz: "*Deus meu, Deus meu, por que me abandonaste?*" (Mt 27,46). Feito admirável, a pessoa consegue auscultar as palpitações da mais funesta agonia do mundo: "pois sabemos que a criação inteira geme e sofre as dores de parto até o presente. E não somente ela. Mas também nós, que temos as primícias do Espírito, gememos interiormente, suspirando pela redenção do nosso corpo" (Rm 8,22-23).

É seguindo a Cristo que os discípulos adquirem uma nova visão da doença e dos doentes[61]. "*Homo mendicus Dei*", exclamava Santo Agostinho[62], para exprimir o quanto o homem é indigno, necessitado, indigente de Deus.

[iii]

Não é estranho a Jesus, pelo contrário, é condição inerente à encarnação do Verbo a experiência dos afetos sensíveis, a exemplo do amor (Lc 7,44-48), do desejo (Lc 22,15) e da alegria (Mc 2,15-17), como ainda da compaixão (Mc 1,41), da tristeza (Mt 26,37-38) e do abandono (Mt 27,46).

Jesus ensinou a compaixão (Lc 10,33) e também compadeceu-se (Mt 20,34); teve medo, pavor (Mt 26,42)[63], sentiu angústia (Lc 22,44), consolou (Lc 23,27-28) e acalentou (Mc 4,38-41). Indignou-se, caso não tenha ficado mesmo encolerizado com os vendedores do Templo (Mt 21,12)[64]. E também aclamou, admirado, a fé do centurião (Mt 8,10).

60 AGOSTINHO. *Carta a Proba*, II,3.
61 CIC 1506.
62 Expressão de Santo Agostinho encontrada em *Comentário aos Salmos* (29,2,1) e nos *Sermões* (56,9; 61,4).
63 HA 32.
64 HA 31.

Os gestos de Jesus, como seus ensinamentos, tocam esse componente natural ao psiquismo humano que se designa por paixões ou sentimentos, emoções ou afetos. São movimentos da sensibilidade cuja importância não se pode subestimar, pois eles indicam a qualidade da fonte de onde brotam, ou seja, se de um coração humano inclinado a agir para o bem ou para o mal[65].

Segundo Pio XII, foi ao pender na cruz que Jesus sentiu mais veementemente afetos como os "de amor ardente, de consternação, de misericórdia, de desejo inflamado, de paz serena"[66], para citar de um conjunto numeroso de outras sensações[67] que não só dotam a natureza humana de Cristo com as propriedades das "potências afetivas, sensitivas e das suas correspondentes paixões"[68], como ainda são por Cristo integradas à sua ação redentora[69].

Se nada faltou "à natureza humana assumida pelo Verbo de Deus"[70], tudo pode ser em Cristo Jesus redimido[71], incluso "todos os sentimentos"[72] que, repelidos os "afetos viciosos" indignos de sua divindade[73], eram-lhe próprios devido ao fato de possuir um "verdadeiro corpo humano"[74].

Pertinente ao sacramento da Unção, o culto ao Coração de Jesus nos põe em conexão com "os afetos sensíveis de Cristo"[75], que verdadeiros e santos, instigam-nos ao cultivo de uma *espiritualidade afetiva*.

Prova disso é que Pio XII convoca os Santos Padres para atestarem, de modo extremamente positivo, que as angústias, as triste-

---

65 CIC 1763-1764.
66 HA 33.
67 CIC 1765; veja-se HA 26.
68 HA 21.
69 HA 23.
70 HA 21.
71 HA 25.
72 HA 22.
73 HA 25.
74 HA 22.
75 HA 25.

zas etc. não são realidades que devamos lamentar em nossa humanidade, e sim que demarcam uma estreita proximidade com a vida do Filho de Deus.

a. Escreve São Justino: "Amamos e adoramos o Verbo nascido de Deus inefável e que não tem princípio, já que ele se fez homem por nós para que, tornado participante das nossas doenças, proporcionasse-nos o seu remédio"[76].

b. Uma fórmula patrística consensual afirmava, conforme São João Damasceno, que "tomou, pois, tudo para santificar tudo"[77].

c. Antes de padecer na cruz pelos nossos pecados, Cristo experimentou de nossa humanidade, sem pecados. Nas palavras de Santo Agostinho: "O Senhor revestiu-se dos afetos da fragilidade humana, do mesmo modo que aceitou a fragilidade da nossa carne e a morte desta, não por necessária coação, mas sim pelo estímulo da sua misericórdia, para assimilar a si o seu corpo, que é a Igreja, da qual ele se dignou ser a cabeça, ou seja, assimilar seus membros em seus santos e fiéis; de modo que, se por efeito das tentações humanas algum deles se entristecesse e sofresse, nem por isso pensasse estar privado do influxo da sua graça; e, assim como um coro fica alerta à voz que lhe dá o tom, assim também o seu corpo soubesse da sua cabeça que por si mesmos, tais movimentos não são pecado, senão somente indício da humana fragilidade"[78].

A fragilidade que experimentamos em todo adoecimento não é sinônimo de pecado, mas uma via para nos confirmar no seguimento do Cristo total, do Senhor que ressuscitou, o mesmo Jesus que veio a nós.

Os afetos ou sentimentos naturais, também chamados paixões da alma, expõem-nos à vida de Cristo, como uma espécie de atalho que nos leva Àquele que é o Caminho, a Verdade e a Vida (Jo 14,6).

---

76 Apud HA 25.
77 Apud HA 25.
78 Apud HA 25.

[iv]

Em função de tudo o que a piedade ao Sagrado Coração nos suscita a pensar, a assistência sacramental da Unção intervém sobre a doença, desobstruindo acessos que antes não se cogitavam existir, ou pensavam-se impossíveis de alcançar. O Papa Pio XII dizia que "com toda segurança podemos contemplar e venerar no coração do Redentor divino a imagem eloquente da sua caridade e o testemunho da nossa redenção, e como que uma mística escada para subir ao amplexo 'de Deus nosso Salvador' (Tt 3,4)"[79].

A alegoria da *escada* — que em grego se escreve *clímax* —, uma alusão ao sonho de Jacó (Gn 28,10-22; Jo 1,51), foi bastante requisitada pelos monges do Deserto, a fim de se transmitir esta mensagem: a graça divina retira os obstáculos do caminho, mas não inibe o caminhante de custear os seus próprios empreendimentos para percorrê-lo. Sua via está desimpedida, desde que queira subi-la! Assim São João Clímaco entendia o significado de *peregrinar*:

> Peregrinação é desamparar com toda a constância tudo quanto nos impede o propósito e exercício de piedade, que é louvar e buscar a Deus. Peregrinação é um coração vazio de toda a vã confiança, sabedoria não conhecida, prudência secreta, fugida do mundo, vida invisível, propósito não revelado, amor do desprezo, apetite de angústias, desejo do divino amor, abundância de caridade, aborrecimento de passar como sábio ou como santo, e um profundo silêncio da alma[80].

O peregrino é "aquele que, como homem de outra língua e morador em uma nação estrangeira, entre gente desconhecida, vive somente consigo e no conhecimento de si mesmo"[81]. A sós consigo mesmo, o peregrino enfrentará os demônios que colocarão em teste seu temor de Deus. Esse teste consiste, fundamentalmente, em avaliar

---

79 HA 28.
80 João Clímaco. *Climax*, III,I (Da verdadeira peregrinação).
81 João Clímaco. *Climax*, III,I (Da verdadeira peregrinação).

a real natureza de sua liberdade, em face dos apegos que a seduzem para o mundo, em vista da salvação que ela procura em Deus.

Entre um polo e outro está o peregrino, resolvido a inspecionar cada um de seus afetos, fazendo um exame meticuloso para extrair, ao fim do processo, um amor puro e decantado.

Quem tiver perfeito ódio ao mundo, estará livre de tristeza do mundo; mas quem está tocado da afeição das coisas do mundo, não estará de todo livre desta paixão, porém dificilmente deixará de entristecer-se quando se achar privado do que ama. Em todas as coisas temos necessidade de grande temperança e vigilância; mas, sobretudo, nos havemos de extremar em procura desta liberdade e pureza de coração[82].

Um coração puro seria, segundo essa reflexão, um coração suficientemente desapegado, ou seja, que não se entristeceria, muito menos entraria em desespero, ao ver-se separado de tudo o que apreciava, de tudo o que lhe fosse terno, afável, estimável, seja em função da morte ou de quaisquer outras circunstâncias da vida.

Na condição de peregrino, o devoto do Sagrado Coração há de se perguntar pelos bens maiores localizados em algum lugar nas vastas paragens de suas aflições, esses bens equiparados aos tesouros que o homem descobre no campo e vende todas as suas posses para adquiri-lo (Mt 13,44-46).

Subir a escada mística que leva ao céu, bem como depurar os afetos que tolhe um amor mais desembaraçado por Deus, constituiria um ato de fé equiparável ao de Abraão. Não foi este quem saiu de Ur, na Caldeia, sob a promessa de uma terra melhor em Canaã (Gn 12,1-3)?

---

82 João Clímaco. *Climax*, II (Da mortificação das paixões e vitória sobre apetites e afetos). Por isso a advertência: "Conheci no mundo alguns homens, que, vivendo com muitos cuidados, ocupações, aflições e vigílias do mundo, ainda assim escaparam dos movimentos e ardores da própria carne; entretanto, estes mesmos, entrando nos mosteiros, aí vivendo livres de cuidados, caíram torpe e miseravelmente nesses vícios. Observemo-nos muito, olhemo-nos muito para nós mesmos, a fim de que não nos aconteça que, pensando caminhar por caminho estreito e dificultoso, caminhemos por caminho largo e espaçoso, e assim vivamos enganados" (João Clímaco. *Climax*, II).

A moléstia não faz para o homem a função análoga de um deserto que também se deve atravessar pela esperança de um oásis?

[V]

"Quem tiver sede venha a mim, e beba quem crê em mim — assim diz a Escritura: 'De suas entranhas brotarão rios de água viva'" (Jo 7,37-38). Jesus se apresenta como o manancial prometido, como a água da rocha para beber (Ex 17,6; Sl 78/77,20; 105/104,41), a água do templo (Ez 47), que representa a Sabedoria da Lei (Eclo 24,24-27) e de que bebem os profetas (Is 12,3; 43,20; 44,3; 55,1).

As primeiras comunidades, embora se concebam eleitas e herdeiras das promessas do Antigo Israel (Gl 3,6-7), tinham presente as próprias limitações: "aquele que julga estar em pé, tome cuidado para não cair" (1Cor 10,12). É o que se verifica no chamado aos coríntios, o caráter paradoxal da ação de Deus: "o que é fraqueza de Deus é mais forte do que os homens" (1Cor 1,25b). O trocadilho não se ocupa em ludibriosa presunção da salvação garantida; ele mostra, na realidade, uma comunidade que se subtrai à predestinação, aparta-se da soberba e considera tudo como "lixo" (Fl 3,8).

O caminho da salvação não começa com graças excelsas, mas com uma confissão:

a. "Meu alento está pegado ao pó: dá-me vida por tua palavra. [...] Meu alento desfalece de sofrimento: conforta-me com tua palavra" (Sl 119/118,25.28).

À qual o Senhor responde:

b. "Vinde a mim todos os que estais cansados sob o peso do vosso fardo e vos darei descanso [...], pois meu jugo é suave e meu fardo é leve" (Mt 11,28.30).

Santo Agostinho elaborou uma sagaz interpretação desses versículos de Mateus, ao entender que a leveza e suavidade do jugo dão-se quando a alma se vê enfim pacificada: retira-se da *dispersão* do mundo, para se *recolher* única e exclusivamente em Deus. Antes perturbada e perdida na multiplicidade das coisas, ela se reencontra e unifica-se interiormente em Deus, alcançando repouso.

Não se trata do repouso da ociosidade, mas do repouso do pensamento, libertado do espaço e do tempo. O turbilhão das imaginações soltas impede de ver a unidade inalterável. O espaço apresenta-nos objetos a amar. O tempo arrebata o que amamos, não deixando na alma senão multidão de imagens que excitam a cupidez, em todos os sentidos. A alma torna-se então inquieta, atormentada no seu ardente, mas inútil desejo de possuir os objetos que a possuem.

A alma é convidada ao repouso, isto é, a não amar objetos que não poderia amar sem penar. Pois ela poderá se tornar senhora deles. Em vez de ser possuída, ela se possuirá. *"O meu jugo, diz o Senhor, é suave"* (Mt 11,30). Quem se submete a esse jogo, submete tudo o mais a si[83].

É de se supor que quem se regozija com as coisas do mundo dispensa o gozo reservado à comunhão espiritual com Deus. Em contrapartida, a salvação do gozo em Deus é aquela que resgata as almas atoladas nas inúmeras perturbações e frivolidades dos sentidos.

A experiência mais autêntica de "ser salvo" poderia ser aquela da qual fala o salmista: "Volta-te para mim e tem piedade, pois estou sozinho e aflito; alarga meu coração apertado e tira-me de minhas aflições. Atende minha aflição e minha fadiga e perdoa todos os meus pecados" (Sl 25/24,16-18). Sintonizadas nessas palavras, proferimos: "Bendito seja o Deus que nos consola em todas as nossas aflições" (2Cor 1,3.4).

[vi]

Eis, finalmente, o sentido do nome *Jesus* em hebraico, "Deus salva". É Deus "quem, em Jesus, seu Filho eterno feito homem, 'salvará o

---

83 AGOSTINHO. *A verdadeira religião*, V,35,65.

seu povo dos seus pecados' (Mt 1,21)"[84]. E é Jesus quem dirá: "Eu vim para que tenham vida, vida em abundância" (Jo 10,10).

No Coração de Jesus precisamos visualizar aquilo a que aspira o coração de uma pessoa abatida pela doença. Qual é o seu desejo? Do que ela se angustia? Que palavras falam em seu silêncio? Essa vida em abundância precisa ser apresentada ao enfermo, oferecendo-lhe a graça que se levanta sobre quaisquer circunstâncias que, aliás, nunca deixarão de serem transitórias. É tal como se proclamou na sinagoga de Nazaré:

> Entregaram-lhe o rolo do profeta Isaías. Desenrolou-o e encontrou o texto que diz: *O Espírito do Senhor está sobre mim, porque ele me ungiu para que dê a boa notícia aos pobres; enviou-me a anunciar a liberdade aos cativos e a visão aos cegos, para pôr em liberdade os oprimidos, para proclamar o ano de graça do Senhor.* Enrolou-o, entregou-o ao servente e sentou. A sinagoga inteira tinha os olhos fixos nele. Ele começou dizendo-lhes:
>
> — Hoje, em vossa presença, cumpriu-se esta Escritura (Lc 4,17-21).

Levar essa oportunidade a alguém configura um autêntico gesto sacramental. É a chegada improrrogável do ano da graça, do ano aceitável pelo Senhor. É abrir ao cativo, ao cego, ao debilitado, ao aflito, a quem perdeu as esperanças, o horizonte do Coração Sagrado de Jesus. É propor-lhe consolo, alento, fôlego, salvação.

---

[84] CIC 430.

Capítulo 6

Ordem

IN PERSONA CHRISTI CAPITIS,
IN PERSONA CHRISTI CORDIS

Para que seja convenientemente sondado, precisamos considerar esse sacramento no marco de certas perspectivas eclesiológicas que contextualizam o exercício do ministério ordenado. É por isso que, neste capítulo, faremos um breve percurso a fim trazermos à distinção os diferentes palcos históricos nos quais se inscreveram algumas concepções sobre a Ordem. Embora o sacramento seja sempre o mesmo, o modo como atuam os ministros passa por reconfigurações ao longo da história da Igreja, resultando numa compreensão sempre nova e reformada acerca desse instituto.

É justamente quanto à maneira de entendê-lo que a espiritualidade do Coração de Cristo expõe-nos uma novidade. Por ela muito se diz a respeito da *instituição* e da *missão* do ministério apostólico.

1. Poder sagrado e serviço ministerial

Em sua definição mais basilar, "a Ordem é o sacramento graças ao qual a missão confiada por Cristo a seus Apóstolos continua sendo exercida na Igreja até o fim dos tempos; é, portanto, o sacramento do ministério apostólico"[1], em razão do qual prossegue ininterrup-

---
1 CIC 1536.

tamente com suas missões pastorais "o colégio dos bispos, 'assistido pelos presbíteros, em união com o sucessor de Pedro, pastor supremo da Igreja'"[2].

O atributo de a Igreja ser "apostólica" está diretamente ligado ao sentido da Ordem, pois a Igreja "foi e continua sendo construída sobre o 'fundamento dos apóstolos' (Ef 2,20), testemunhas escolhidas e enviadas em missão pelo próprio Cristo"[3]. Todo ministério realizado mediante a Ordem é uma continuação da missão de Jesus, como ele claramente pontuou: "Como o Pai me enviou, eu vos envio" (Jo 20,21); e: "Quem vos recebe, a mim recebe; quem me recebe, recebe aquele que me enviou" (Mt 10,40).

[i]

Se pudéssemos sintetizar em poucas palavras de que é feito o sacramento da Ordem, ficaríamos bem assistidos com estes dois eixos:

a. poder e consagração; e
b. serviço e missão.

Essas são as linhas fundamentais do discurso teológico acerca da Ordem. Na via do *serviço* e da *missão*, o Evangelho mostra que Jesus era um pregador itinerante que percorria os povoados anunciando a Boa-Nova do Reino de Deus (Mt 4,23-25; 9,35). Mas também, na vertente do *poder* e *consagração*, era um homem cheio de autoridade (Lc 4,21-22; Mt 7,28-29), de quem saía uma força misteriosa (Lc 6,17-19; Mc 5,30).

O desejo de ser-lhes um pastor e de instituir o pastoreio como um ministério para o serviço do povo advém da experiência adquirida com essas andanças:

> Vendo a multidão, comoveu-se por eles, porque andavam maltratados e prostrados, como ovelhas sem pastor. Então disse

---

2 CIC 857.
3 CIC 857.

aos discípulos: — A messe é abundante, os trabalhadores são poucos. Rogai ao dono da messe que envie trabalhadores à sua messe (Mt 9,36-38).

Em vista desse princípio, Jesus:

a. Concede seu poder: "Curai os enfermos que houver, e dizei-lhes: O reinado de Deus chegou até vós" (Lc 10,9); e

b. Instrui que esse poder não é para oprimir nem dominar (Lc 9,51-56), e sim para outro propósito: "— Sabeis que, entre os pagãos, os que são tidos como chefes submetem os súditos e os poderosos impõem sua autoridade. Não será assim entre vós; ao contrário, quem quiser entre vós ser grande, que se faça vosso servidor, e quem quiser ser o primeiro, que se faça vosso escravo" (Mc 10,42-44).

No fato de Jesus ser um enviado do Pai está o aspecto da missão e serviço; e no fato de Jesus ter a autoridade de Deus, reside o de poder e consagração. Seus discípulos, por conseguinte, recebem dele "o mandato da missão e o poder de exercê-lo"[4].

A Ordem é assim constituída por mandato e dignidade, serviço e autoridade; não apenas com um, nem somente com o outro, mas sempre com os dois.

Jesus *transmite* um poder no mesmo ato em que *envia* para a missão. "Os Apóstolos de Cristo sabem, portanto, que são qualificados por Deus como 'ministros de uma aliança nova' (2Cor 3,6), 'ministros de Deus' (2Cor 6,4), 'embaixadores de Cristo' (2Cor 5,20), 'servidores de Cristo e administradores dos mistérios de Deus' (1Cor 4,1)."[5]

Precisamos cuidar de que não nos escape essa dupla composição do sacramento da Ordem, justamente para que o poder (*potestas, exousía*) e o serviço (*munus, servitium, ministerium, diaconia*) não sejam confundidos com mando e prestígio, *status*, privilégio, domínio ou mera ocupação.

---

4   CIC 859.
5   CIC 859.

[ii]

Conforme o cenário sócio-histórico onde nos encontramos, nossa percepção acaba sendo sutilmente influenciada por certas acomodações que nos induzem a priorizar uma ou outra dimensão, às vezes por razões pastorais evidentes, outras vezes por gosto de ideologias.

É útil que um esquema simples nos auxilie numa autocrítica de nossas próprias percepções, haja vista uma busca sempre renovada pela assimilação o mais justa possível das mensagens e instituições de Cristo. Será de grande auxílio uma breve recapitulação da história da consciência eclesial, isto é, dos discursos que se apresentam como compreensões mais hegemônicas de "Igreja" numa determinada época.

Na Eclesiologia (clássica) da *Cristandade medieval*, por exemplo, prevalecia a dimensão do jurídico e do direito. Naquele contexto, fazia-se necessário defender e legitimar o poder eclesiástico ante o poder temporal de reis e príncipes.

Já no período *pós-Tridentino*, a Eclesiologia desenvolveu-se proeminentemente apologética, em razão da defesa da *Vera ecclesia* (Verdadeira Igreja) diante do protestantismo (séc. XVI) e, depois, do modernismo/racionalismo (séc. XIX).

Nesses dois paradigmas vigorou a noção de "Igreja" como *Societas perfecta* (Sociedade perfeita), que portava dupla dimensão: uma confessional, para afrontar aos protestantes, e outra sócio-assistencial, para fazer frente ao surgimento das propostas humanistas dos Estados laicos liberais.

Uma terceira e mais recente fase é a que se sustenta com o Concílio Vaticano II, onde o próprio da Eclesiologia é a perspectiva eminentemente teológica. A Igreja é revista em sua relação com Cristo e o Mistério Trinitário, numa dimensão tanto sacramental quanto missionária.

O Concílio Vaticano II terá sido o marco para o surgimento de uma nova autocompreensão de Igreja, não apenas distinta daqueles dois eixos (medieval e moderno), mas sobretudo concebendo-se como "servidora da humanidade", como "lugar teológico" ou da "autocomunicação de Deus"[6].

---

6   CALIMAN. *A Eclesiologia do Concílio Vaticano II*, 229-248.

Não incorre dessas demarcações um juízo comparativo. Nos dois primeiros períodos, o padrão era o de uma "eclesiologia jurídica" na qual o sentido de ser e pertencer à Igreja se exprimia pela submissão ao poder administrativo e intervencionista do Papa (junto à Cúria romana). A Igreja é pensada como instituição fortemente montada numa "hierarcologia", e por isso mesmo identificada exclusivamente com o clero ou a hierarquia.

Vivemos agora no ambiente de uma "eclesiologia de comunhão", divulgada pelo Vaticano II em seu notório trabalho de considerar a Igreja como "Povo de Deus". Nessa atmosfera, respira-se o acontecimento da graça salvífica. A Igreja se configura numa comunhão de caridade, com diversidade de vocações, carismas e ministérios suscitados num plano de diferenciação não mais jurídico, e sim pneumatológico, proveniente do Espírito que atua tanto no Magistério como no "senso comum" (*sensus fidei*) dos fiéis[7].

[iii]

Como alertamos, o cenário eclesiológico influi consideravelmente no prisma com o qual se observa o sacramento da Ordem. Em face desses três quadros históricos, o que responderíamos se perguntássemos qual módulo valoriza mais o *poder sagrado* e em qual se destaca o *serviço ministerial*? Que aspecto da Ordem sobressai numa Igreja às voltas com a sua organização jurídico-institucional, e a mesma Igreja, só que empenhada na ampla promoção de seus dons ministeriais?

O *Catecismo*, fazendo eco a Trento, afirma que o sacramento da Ordem confere um "sinal", ou seja, assinala um "caráter" (*character*) espiritual e indelével ao ministro então ordenado, que "não pode ser reiterado nem conferido temporariamente"[8]. Com isso, "os bispos e os presbíteros recebem a missão e a faculdade (o 'poder sagrado') de agir 'na pessoa de Cristo-Cabeça', os diáconos, a força de servir o Povo de Deus na 'diaconia' da liturgia, da palavra e da caridade"[9].

---

7   CALIMAN. *A Eclesiologia do Concílio Vaticano II*, 233-234.
8   CIC 1582.
9   CIC 875.

Trata-se sempre de um *caráter pessoal*, pelo qual é transmitido a uma pessoa um poder sagrado, e de um *caráter colegial*, pois tal poder não é independentemente exercido, nem isoladamente, mas junto a uma comunidade eclesial, constituindo um serviço qualificado[10].

Além desse duplo significado de "caráter", precisamos também estar atentos para o uso da palavra "sacerdote", que ora pode estar situado na linha da *consagração-santificação*, ora conectado à *missão*, ou seja, a uma missionariedade empreendida nos termos de evangelização ou pastoreio.

"Sacerdote" aponta para a relação do presbítero com o seu ofício ritual e cultual. Com efeito, nisso se encontra o risco de se ofuscarem as outras duas dimensões de seu múnus, ou mesmo em não relacionar tão vivamente o presbítero com o mundo e o Povo de Deus peregrino, principalmente.

Seria então impreciso designar como "sacerdote" ao ministro do sacramento, se isso turvasse o conjunto maior de suas funções como um "presbítero", aliás, o termo preferido pelo Vaticano II para se referir a esse ministro[11].

[iv]

São nessas condições que percebemos como poder e serviço estão envolvidos um com o outro. O poder efetivo da Ordem está no múnus que faz a comunidade cristã crescer por meio:

a. do ensino e pregação (*munus docendi*);

b. da santidade pela celebração dos sacramentos (*munus sanctificandi*); e

c. do pastoreio régio (*munus regendi*).

O *Catecismo* elenca três múnus do ministério ordenado: os múnus de *ensinar*, de *santificar* e de *reger*[12]. Não se trata de funções mais

---

10   CIC 876-879.
11   ALMEIDA. *Por uma Igreja ministerial*, 351. (Esse capítulo pode ser encontrado em forma de artigo na revista "Ciberteologia", ano I, n. 0, abr./jun. 2005).
12   CIC 888-897.

independentes do que interrelacionadas, pois uma está na outra a ponto de mutuamente se qualificarem[13].

Seria incompleto e fragmentário se não as vinculássemos, além do que é próprio a bispos, presbíteros e diáconos, às características de todo o Povo de Deus que realiza sua missão de ser sal da terra e luz do mundo[14], assumindo igualmente sua vocação *sacerdotal* e participando da função *profética* e *régia* de Cristo[15].

[V]

Em vista desses parâmetros, é ressoante uma correção que Pio XII fez na *Mediator Dei*, contra a tese de que o sacerdócio hierárquico fosse um instituto secundário ou diluído no sacerdócio pertencente a todos os batizados, este sim primeiro, fundamental e digno do termo "concelebração".

A tese que Pio XII avalia como um erro capcioso[16] sustenta que "só o povo goza de verdadeiro poder sacerdotal, enquanto o sacerdote age unicamente por ofício a ele confiado pela comunidade"[17]. Em réplica, o pontífice confirma a veracidade do sacerdócio comum, destacando não só que os fiéis oferecem a si mesmos como vítimas[18], como ainda o fazem junto com o sacerdote[19].

Quinze anos antes do Concílio que empreenderia uma extraordinária reforma litúrgica, Pio XII já concluía pela promoção da participação dos fiéis[20], tendo por base a doutrina do sacerdócio batismal. Nem por isso cedeu aos identificados enganos, como assim se deduz nesta passagem ancorada na obra de São Roberto Belarmino, cardeal no século XVII:

---

13   CONGAR. *Sur la trilogie: prophète – roi – prêtre*, 112.
14   CIC 782.
15   CIC 784-786, 901-913.
16   MD 76.
17   MD 75.
18   MD 88-94.
19   MD 77-87.
20   MD 95-99.

Recordemos apenas que o sacerdote faz as vezes do povo porque representa a pessoa de nosso Senhor Jesus Cristo enquanto é Cabeça de todos os membros e se oferece a si mesmo por eles: por isso vai ao altar como ministro de Cristo, inferior a ele, mas superior ao povo. O povo, ao invés, não representando por nenhum motivo a pessoa do divino Redentor, nem sendo mediador entre si próprio e Deus, não pode de nenhum modo gozar dos poderes sacerdotais[21].

Com essa explicação tão elucidativa, Pio XII confirma que o sacerdócio ordenado guarda uma prerrogativa que não é compartilhada com o sacerdócio batismal dos fiéis, embora ambos os sacerdócios tenham a mesma fonte e princípio. O sacerdócio ordenado está a serviço do sacerdócio dos fiéis, de modo que este não pode dispensar aquele. O bispo e o padre, então, representam Cristo na modalidade de mediador entre Deus e o povo; essa função seria impossível de ser realizada pelo próprio povo sacerdotal, sob pena de ele ser mediador de si mesmo, o que seria um contrassenso.

[vi]

Foi a teologia conciliar, principalmente com a Constituição *Lumen Gentium*[22], que explicitou a dupla participação no sacerdócio único de Cristo:

a. "o sacerdócio ministerial ou hierárquico dos bispos e dos presbíteros [...]"
b. "e o sacerdócio comum de todos os fiéis."[23]

Quanto aos fiéis, é importante ressalvar que a condição sacerdotal de todo cristão responde por muitos sacrifícios e intercessões que podem ser oferecidos espiritualmente a Deus, mormente na Liturgia.

---

21 MD 76.
22 LG 10.
23 CIC 1547.

Os conselhos espirituais de Tomás de Kempis, em *Imitação de Cristo*, destacam que os fiéis devem exercer seu sacerdócio batismal.

> Assim como Eu [Jesus Cristo] me ofereci voluntariamente por teus pecados a meu Pai, com as mãos estendidas na cruz, e o corpo nu, de modo que nada me ficou que não oferecesse em sacrifício para reconciliar-te com Deus; assim deves tu também cada dia, no sacrifício da missa, oferecer-te a mim, como uma hóstia pura e santa, com todas as tuas forças e afetos e quanto mais intimamente puderes. Que outra coisa quero de ti, senão que te entregues a mim sem reserva? O que fora de ti me deres, para mim não tem valor; porque não quero os teus dons, senão a ti mesmo. [...] Oferece-te a mim e entrega-te todo por amor de Deus, e a tua oblação me será aceita. Olha como eu me ofereci todo a meu Pai por ti; e também te dei todo o meu corpo e o meu sangue em alimento, para ser todo teu, e tu seres todo meu. Porém, se estás apegado a ti mesmo, e não te entregas espontaneamente à minha vontade, não é inteira a oferenda nem será perfeita a união entre nós[24].

Na Missa, o sacerdote recebe ao altar o pão e o vinho[25], oferendas que representam o fruto da terra, da videira e do trabalho humano[26]. Consagradas em Corpo e Sangue de Cristo[27], são oferecidas a Deus na doxologia da Oração Eucarística[28], na oração em que o sacerdote diz: "Por Cristo, com Cristo, em Cristo"[29]. Essa ação, que compete ao ministro ordenado, não substitui a tarefa que cada batizado, participante do ministério comum do povo sacerdotal, tem para consigo mesmo e os seus, conforme os conselhos de Tomás de Kempis.

---

24 KEMPIS. *Imitação de Cristo*, IV,8,1-2.
25 IGMR 73, 140.
26 MISSAL ROMANO. *Missal dominical*, 568; IGMR 141-142.
27 IGMR 79d; MISSAL ROMANO. *Missal dominical*, 595.
28 IGMR 79h.
29 MISSAL ROMANO. *Missal dominical*, 596.

[vii]

Para consolidarmos essas reflexões, este parágrafo do *Catecismo* compendia que o sacerdócio ministerial "refere-se inteiramente a Cristo e aos homens"[30], ou seja, "depende inteiramente de Cristo e de seu sacerdócio único, e foi instituído em favor dos homens e da comunidade da Igreja"[31]. Em outras palavras,

> O sacramento da ordem comunica "um poder sagrado" que é o próprio poder de Cristo. O exercício dessa autoridade deve, pois, ser medido pelo modelo de Cristo que, por amor, se fez o último e servo de todos [cf. Mc 10,43-45][32].

Em síntese, na Ordem há de forma constitutiva e estrutural:

a. Amor e serviço: "O Senhor disse claramente que cuidar de seu rebanho é uma prova de amor para com Ele [Jo 21,15-17]"[33].

b. Poder e autoridade: "Hoje a palavra '*ordinatio*' é reservada ao ato sacramental que integra na ordem dos bispos, presbíteros e diáconos e que transcende uma simples *eleição, designação, delegação* ou *instituição* pela comunidade, pois confere um dom do Espírito Santo que permite exercer um 'poder sagrado' ('*sacra potestas*') que só pode vir do próprio Cristo, por meio de sua Igreja. A ordenação também é chamada 'consecratio' por ser um pôr à parte, uma investidura, pelo próprio Cristo, para sua Igreja. A *imposição das mãos* do bispo, com a oração consecratória, constitui o sinal visível dessa consagração"[34].

c. Múnus e missão: na plenitude deste Sacramento está "a graça de guiar e de defender com força e prudência sua Igreja como pai e pastor, com um amor gratuito por todos e uma predileção pelos pobres, doentes e necessitados. Esta graça o impele a

---

30 CIC 1551.
31 CIC 1551.
32 CIC 1551.
33 CIC 1551.
34 CIC 1538.

anunciar o Evangelho a todos, a ser o modelo de seu rebanho, a precedê-lo no caminho da santificação, identificando-se na Eucaristia com Cristo sacerdote e vítima, sem medo de entregar a vida por suas ovelhas"[35].

Essas observações permitem-nos conceber a figura do padre, não na imagem de um "homem sagrado" ávido por ser reconhecido por sua santidade e retidão de costumes, e sim como um homem orientado vocacionalmente para o serviço da comunidade, sintonizado com a ministerialidade de toda a Igreja. São sonoras, a esse respeito, as palavras de Yves Congar:

> O sacerdócio dos ministros não é um *degrau* superior àquele dos batizados, o sacerdote não é um supercristão; ele participa do único sacerdócio de Cristo segundo uma outra linha, a do ministério, não da simples existência cristã que ele compartilha entretanto com todos os batizados[36].

Isso pode ainda ser esmiuçado dizendo que "o chamado sacerdócio ministerial não é uma intensificação do sacerdócio comum, mas um meio para a realização deste, pois, enquanto o sacerdócio comum pertence à ordem dos fins (a realização do batismo e da vida cristã na caridade), o ministerial enquadra-se na ordem dos meios (justamente um 'ministério', um 'serviço'), sendo um instrumento a serviço do sacerdócio comum"[37].

2. Por uma Teologia do coração

A recomposição que fizemos da Eclesiologia, num breve recorte histórico, sugere o quanto o sacramento da Ordem tem sua compreensão influenciada pela *teologia do Espírito*, sendo indispensável assumi-la não em seus traços marginais, mas no máximo de sua potência.

---
35 CIC 1586.
36 Apud ALMEIDA. *Por uma Igreja ministerial*, 365.
37 ALMEIDA. *Por uma Igreja ministerial*, 356-357.

[i]

Conforme a expressão de Yves Congar, a Pneumatologia — ou uma "Cristologia Pneumática" — dá margem para explorarmos novas facetas do discurso eclesiológico. Em tese, o que está em vias de redescoberta é uma *eclesiologia de comunhão* que patrocine a superação do chamado *cristomonismo eclesial*[38]. Por "cristomonismo" prescreve-se uma Igreja constituída "exclusivamente" por Cristo, em detrimento de uma forma de ser igreja "definida pela comunhão"[39]. Devemos considerar parcial ou mesmo segmentário afirmar que a Igreja é um prolongamento de Cristo, ou que ela é santificada pelo Espírito. Na realidade, tal discurso não põe em relevo o papel da Trindade, quanto menos a ação do Espírito de constituir uma comunidade histórica à qual denominamos propriamente "Igreja", que é permanentemente "constituída pela Trindade ou pela missão do Verbo e do Espírito"[40].

Enfim, "é preciso, então, reconhecer na realidade da comunhão eclesial, o papel apropriado ao Espírito em articulação com o papel desempenhado na história por Jesus e apropriado ao Verbo glorificado junto do Pai"[41]. Como consequência dessas discrições, afirma o professor Francisco Catão:

> O referencial primeiro, pelo qual a Igreja se vincula a Deus, não são mais os poderes de Cristo, de profeta, sacerdote e rei, conferidos a seus representantes, mas o Amor, o Espírito Santo, nascido no coração do Pai e outorgado por Jesus que se assentou à sua direita como homem, a todos os que o recebem como salvador e lhe reconhecem a autêntica autoridade espiritual. Os poderes e seu exercício, embora em si mesmo legítimos, quando devidamente constituídos e exercidos, não têm sentido senão quando fundados no amor e orientados para o amor[42].

---

38   CONGAR. *Pour une Christologie pneumatologique*, 435-442.
39   CATÃO. *A teologia do Espírito Santo*, 96.
40   CATÃO. *A teologia do Espírito Santo*, 96.
41   CATÃO. *A teologia do Espírito Santo*, 96.
42   CATÃO. *A teologia do Espírito Santo*, 97.

Vemos assim que é preciso ter presente uma nova perspectiva na teologia do Espírito, para se repensar a Ordem não apenas como *exercício de poder*, conforme as prerrogativas do cristomonismo eclesial, mas sobretudo um *serviço de amor*, tal como estimado numa eclesiologia de comunhão. Esse deslocamento é enormemente significativo, pois infere do Sagrado Coração um traço paradigmático no qual se compenetram *theologia mentis* (teologia da mente) e *theologia cordis* (teologia do coração). A vitalidade da fé estaria sendo surrupiada se suas referências fossem unicamente categoriais. Não basta que a inteligência defina conceitos, ou que a razão sistematize os espaços seguros e controláveis da linguagem: caso a vida de fé não disponha de elementos vivenciais, e se nela não ressoar as pulsações de um afeto que manifeste um "coração humano", ela estará fadada a ruir.

[ii]

Do Coração de Cristo fibrila, naturalmente, uma *teologia do coração*, indispensável à compreensão da Igreja como *comunhão*. Mas isso não se faz possível sem uma percepção renovada do Espírito Santo e da graça, requisitos para uma apreensão mais profunda do sentido e finalidade da Ordem.

A autoridade magisterial, bem como tudo o que a ela aflui por força das práticas sacramentais, não poderia ser repensada sem uma real *experiência do Espírito*. Tal experiência não é secundária, marginal ou sucedânea, nem pode ser dada a mortificações de quaisquer tipos.

Conforme a crítica de Frei Luiz Carlos Susin, "na Teologia em geral e na prática da Igreja, o 'cristomonismo' e o 'eclesiocentrismo' de corte hierárquico, de caráter sacramental, visível e controlável, 'bellarminiano', tenderam a se referir à graça como algo 'objetivo', algo ou uma 'coisa' disponível e até quantificável nos sacramentos, aplicável pela Igreja"[43]. Ocorre que tratar a graça dessa forma rigidamente

---

43 Susin. *Espírito Santo e a graça santificante*, 43-44.

objetiva, como se fosse uma realidade exclusivamente entitativa, traz sérias distrações para o que mais importa à constituição de uma comunidade cristã: nutrir uma espiritualidade numa relação vital e mística com o Espírito de Jesus.

Esse intento foi inúmeras vezes empreendido na história da Igreja. A espiritualidade do Sagrado Coração traduz, junto a uma Teologia do coração, os influxos de uma aspiração que elege a alma como lugar para um intimíssimo encontro sagrado. "São Paulo da Cruz ou São Francisco de Sales, com a centralidade do amor, e desde Santa Margarida, com a figura do Sagrado Coração, evidenciaram o caráter cristológico da experiência mística."[44]

Esse horizonte experiencial é absolutamente pertinente ao estudo da Ordem. Geralmente não suspeitamos o quanto uma atuação discricionária de clérigos esteja associada à penúria espiritual, seja pessoal ou comunitária. Assim como a vida no Espírito dispensa seus frutos para a transformação das relações humanas, não é improvável que por inanição dê-se o contrário.

São Paulo era muito ciente dessas condições, e via na tensão entre frutos do Espírito e frutos da carne a confecção de tessituras sociais radicalmente contrapostas (Gl 5,13-26); afinal, um ambiente amistoso e amável, onde há paz e bondade, orienta-se na contramão de grupos marcados por rixas e invejas, ciúmes, discórdias e inimizades. "Se vos mordeis e devorais mutuamente", advertia o "apóstolo da graça"[45], "acabareis consumindo-vos todos" (Gl 5,15).

Como dizia o apóstolo, a presença do "Espírito vivificante do ressuscitado" (*Pneûma zôopoioun*) era passível de ser reconhecida "pelos frutos corporais, sociais, políticos, de alegria, paz, paciência, benevolência, bondade, fidelidade, suavidade, domínio de si, e sobretudo capacidade de amar verdadeiramente e de edificar a comunidade (cf. Gl 5,19-26; 5,14; Rm 13,8; 1Cor 13-14)"[46].

---

44   SUSIN. *Espírito Santo e a graça santificante*, 61.
45   SUSIN. *Espírito Santo e a graça santificante*, 41.
46   SUSIN. *Espírito Santo e a graça santificante*, 54.

[iii]

Não é comum estudar a Ordem, sacramento instituído por Nosso Senhor, pelo ângulo de uma avaliação ética. Certas urgências, em contrapartida, inibem-nos de suspender esse modo de análise, pois estamos diante de uma valiosa consideração: todo ofício que emana desse sacramento será passível de deturpação, desvio e corrupção, caso se obstrua o canal de comunicação essencial com o Espírito.

Sem o Espírito, nada resta a uma comunidade cristã, tampouco a um sacramento instituído para abastecer essa mesma comunidade com dons sobrenaturais. Sem o Espírito, tudo é liquidado, ou como afirma São Paulo: "a esperança não engana, porque o amor de Deus se infunde em nosso coração pelo dom do Espírito Santo" (Rm 5,5). Se esse Dom, que é o Espírito em Pessoa, fosse exposto ao óbice, nada escaparia de, mais cedo ou mais tarde, definhar.

A invocação do Espírito é constitutiva dos sacramentos. O Batismo e a Confirmação conferem o *status* de filhos do Pai em Jesus Cristo, além de membros do sacerdócio comum. Mas em se tratando do sacramento da Ordem, esse fundamento pneumatológico faz-se determinante, pois enquanto aqueles suscitam uma variedade de ministérios, este compreende um ministério decisivo.

É apanágio da Ordem ser o principal dos sacramentos, segundo Congar, devido ao mandato de "estender a todos os que acreditarem o benefício da encarnação e a promessa da ressurreição"[47]. Por

---

47 Apud KIZHAKKEPARAMPIL. *The invocation of the Holy Spirit as constitutive of the Sacraments*, 67 (tradução nossa). Para não pensarmos que se trata de privilégio, e sim de serviço, uma elucidação pode ser encontrada nestas palavras: "O papel específico do ministério ordenado é essencial para o ministério mais amplo da Igreja, mesmo que muitas vezes as pessoas ordenadas não atuem na linha de frente do ministério da Igreja para o mundo. O ministério ordenado é preeminente no sentido de que fala direta e explicitamente sobre o cerne da fé e age de acordo com ele. É subordinado no sentido de que sua tarefa consiste em servir a Igreja toda e assegurar que as pessoas leigas sejam informadas sobre seu próprio ministério e fortalecidas para ele. O ministério ordenado está em contato mais íntimo com o centro teológico e cúltico da Igreja, o que explica sua autoridade e dignidade. Ele também é responsável pela manutenção da Igreja, pelo trabalho custodial que é

esse sacramento, o ministro junta sua humanidade ao "trabalho do Verbo encarnado na promoção da unidade da Igreja e a perpetuação da missão dos Doze"[48].

[iv]

O Coração Sagrado alcança-nos, nesse ponto de vista, o mérito de atualizar uma questão da mais alta gravidade. Com o despontar de um Coração extrusivo de bondade, enternecido e brando, recupera-se para o ministério ordenado o que, por diferentes motivos de falta e excesso, desvaneceu-se para várias direções.

Tamanho era o volume de preocupações que a Teologia foi se tornando "mais antropocêntrica do que teocêntrica, mais voltada para a redenção do homem do que para a glorificação de Deus, mais jurídica e doutrinal do que mística e experiencial"[49].

Uma constelação de palavras se reagrupa para constituir, na origem da Teologia da graça, uma nova fisionomia dos ministérios, uma vez mais orientados por significações como:

a. *Cháris*: benevolência, graciosidade, amabilidade;
b. *Éleos*: bondade, amizade, piedade, fidelidade;
c. *Oiktirmós*: compaixão, misericórdia, paciência;
d. *Dikaiosýne*: ser justo, fiel e íntegro[50].

---

necessário para que ela seja fiel à sua tarefa de *nunca* deixar de dar um testemunho claro do que é a Igreja em essência" (HEFNER. *A Igreja*, 233).

48 KIZHAKKEPARAMPIL. *The invocation of the Holy Spirit as constitutive of the Sacraments*, 67 (tradução nossa).

49 SUSIN. *Espírito Santo e a graça santificante*, 43.

50 SUSIN. *Espírito Santo e a graça santificante*, 52. "Para resumir, com São Paulo: a *agápe* (amor) do Pai e a *cháris* (graça) do Filho se verificam na *koinonía* (comunhão) do Espírito Santo (cf. 1Cor 1,3). Qualquer das três palavras-chaves se aplica bem a qualquer das três Pessoas, mas o Espírito Santo *re-une* (*koinonía*), no sentido da etimologia: sai de Deus para unificar o mundo com Deus. Nele e com ele in-habita a Trindade, o Pai, o Filho e o próprio Espírito com toda graça. No Espírito se reúnem Deus e a criação, os céus e a terra, como na Trindade se reúnem no Espírito o Pai e o Filho" (SUSIN. *Espírito Santo e a graça santificante*, 53).

Não estaremos longe de falar da *graça* como uma experiência de relação, de criação e de redenção[51], se nos aplicamos nesse autêntico exercício de transferir da cabeça ao coração nosso conhecimento de Deus, ou de buscarmos uma espécie de "inteligência espiritual" que se deixe marcar pelos sinais (*charismata*), pelo dom (*chárisma*), enfim, pela graça (*cháris*) que nos habilite como pessoas capazes de Deus (*capax Dei*), capazes do Espírito (*capax Spiritus*), capazes da graça (*capax gratiae*)[52].

O Coração de Cristo inflama e conduz para uma *mística*. Trata-se, em *lato sensu*, da descoberta da *via interior, espiritual* e *transcendente*, do impulso de amor que nos põe num permanente e habitual encontro com a pessoa de Jesus Cristo.

"A experiência do Espírito e da graça se dá como experiência da verdade, da liberdade, da glorificação, ou seja, da vida em abundância, vitalidade"[53], pois no Coração, por antonomásia, como nos fazem recordar as palavras da ladainha, acha-se tudo o que é seiva e fonte[54], substância e plenitude[55], tesouros, delícias[56] e luz.

3. Na pessoa de Cristo-Cabeça e de Cristo-Coração

Quão pertinente é a conjugação das noções de "poder sagrado" e "serviço ministerial". Elas perfazem o sacramento da Ordem. O poder é para o serviço, e não há ministério que não seja também sagrado. A mais ligeira dissociação de poder e serviço é suficiente para desconfigurar o correto sentido da Ordem, sujeitando sua teologia a equívocos e desvios.

---

51   SUSIN. *Espírito Santo e a graça santificante*, 53.
52   SUSIN. *Espírito Santo e a graça santificante*, 55-56.
53   SUSIN. *Espírito Santo e a graça santificante*, 57.
54   ALMEIDA. *A ladainha do Coração de Jesus*, 97-100 (fonte de vida e santidade), 121-125 (fonte de toda a consolação).
55   ALMEIDA. *A ladainha do Coração de Jesus*, 73-75 (no qual habita toda a plenitude da divindade), p. 81-83 (de cuja plenitude todos nós recebemos).
56   ALMEIDA. *A ladainha do Coração de Jesus*, 145-147 (delícias de todos os santos).

No entender de alguns estudiosos, com as perspectivas abertas pelo Concílio Vaticano II, o presbítero é desalojado de uma aura sacral, e o sentido de sua identidade e ofício é reinserido numa eclesiologia mais dinâmica e missionária.

O sacerdote, melhor, o *presbítero*, cujo sacerdócio lhe assinala um *caráter* especial que o configura a Cristo-sacerdote, é identificado com o próprio Cristo pela fórmula *sacerdos alter Christus*; ele age e atua *in persona Christi* não apenas na presidência eucarística, ou seja, *dentro* da comunidade, mas em todo o seu ministério, isto é, *diante* da comunidade, pois tanto na presidência como no anúncio e no pastoreio, tudo é serviço[57].

a. O poder (*potestas*) funda o sacramento na autoridade, ou melhor, na pessoa de Cristo Senhor, aquele de quem saía uma força (Mc 5,21-42; Lc 8,40-56a).

b. O serviço (*ministerium*) conecta a Ordem à missão de Jesus, que segundo a Declaração *Dei Verbum* se articulou mediante palavras e ações: "Por sua presença, por suas palavras e ações, por seus sinais e milagres e, especialmente por sua morte, gloriosa ressurreição e missão do Espírito Santo da verdade, Jesus Cristo completa a revelação e a confirma com testemunho divino"[58].

O Sagrado Coração de Jesus evidencia para nós essa unidade profunda e indesatável do sacramento. A espiritualidade do Sagrado Coração procede a um discernimento integral da Ordem, donde cunharmos uma expressão suplementar à que é comumente empregada pela Teologia dos Sacramentos.

[i]

No ofício da Santa Missa, por exemplo, o "sacerdote celebrante"[59], conforme a expressão da *Instrução Geral sobre o Missal Romano*, não

---

57 ALMEIDA. *Por uma Igreja ministerial*, 358-359.
58 DV 4.
59 IGMR 24, 59, 66, 71, 116, 162.

se atém ao múnus de governar, pois o memorial sacrifical de Cristo e de seu corpo, a Igreja, exige da parte de quem preside um gesto oblativo *in persona Christi Capitis*, na pessoa de Cristo-Cabeça.

O Papa Pio XII já articulava uma brilhante explicação desse apelo, recorrendo a Santo Tomás de Aquino e a São João Crisóstomo:

> Idêntico, pois, é o sacerdote, Jesus Cristo, cuja sagrada pessoa é representada pelo seu ministro. Este, pela consagração sacerdotal recebida, assemelha-se ao sumo Sacerdote e tem o poder de agir em virtude e na pessoa do próprio Cristo; por isso, com sua ação sacerdotal, de certo modo, "empresta a Cristo a sua língua, e lhe oferece a sua mão"[60].

A chamada *narrativa da instituição*, em toda Oração Eucarística, manifesta essa mesma realidade teológica: "Na última ceia, Cristo institui o sacrifício e as ceias pascais, que tornam continuamente presente na Igreja o sacrifício da cruz, quando o sacerdote, representante do Cristo Senhor, realiza aquilo mesmo que o Senhor fez e entregou aos discípulos para que o fizessem em sua memória"[61].

Devemos frisar o quanto é eclesiologicamente importante tratar esse vínculo entre o sacerdote e *Cristo-Cabeça*. Na verdade, de acordo com Santo Tomás, "Cristo é a origem de todo sacerdócio: pois o sacerdote da [Antiga] Lei era figura dele, ao passo que o sacerdote da nova lei age em sua pessoa"[62].

O *Catecismo* ressalta a convicção que o Vaticano II exprimiu em diversos documentos:

> No serviço eclesial do ministro ordenado, é o próprio Cristo que está presente à sua Igreja enquanto Cabeça de seu Corpo, Pastor de seu rebanho, Sumo Sacerdote do sacrifício redentor, Mestre da Verdade. A Igreja o expressa dizendo que o sacerdote, em virtude do sacramento da Ordem, age *"in persona Christi Capitis"* (na pessoa de Cristo Cabeça)[63].

---

60 MD 62.
61 IGMR 72.
62 Apud CIC 1548; vejam-se LG 10, 28; SC 33; PO 2, 6.
63 CIC 1548.

O uso da expressão *Cristo-Cabeça*, que tanto nos ajuda a compreender as raízes fundamentais do sacerdócio, versa mais por um dos seus aspectos acima discriminados. O que se evoca peremptoriamente, de acordo com as palavras de Pio XII na *Mediator Dei*, subscritas pelo *Catecismo*, é que "o ministro faz as vezes do próprio Sacerdote, Cristo Jesus. Se, na verdade, o ministro é assimilado ao Sumo Sacerdote por causa da consagração sacerdotal que recebeu, goza do poder de agir pela força do próprio Cristo que representa (*'virtute ac persona ipsius Christi'*)"[64].

Quando em questão está a definição do sacerdócio ancorada na categoria *Cristo-Cabeça*, são os elementos "consagração" e "poder" que figuram de modo mais categórico. É como reitera o *Catecismo*: a Ordem "torna a pessoa semelhante a Cristo por meio de uma graça especial do Espírito Santo, para servir de instrumento de Cristo em favor de sua Igreja. Pela ordenação, a pessoa se habilita a agir como representante de Cristo, Cabeça da Igreja, em sua tríplice função de sacerdote, profeta e rei"[65].

E quando a tarefa do sacerdócio ministerial não é apenas representar Cristo como Cabeça da Igreja diante da assembleia dos fiéis, surge exponente o outro direcionamento dessa mesma via: o ministro sacerdote "age também em nome de toda a Igreja quando apresenta a Deus a oração da Igreja e sobretudo quando oferece o sacrifício eucarístico"[66].

Em torno das janelas abertas pela expressão *Cristo-Cabeça* para se compreender o sacerdócio, deparamo-nos com uma via de mão dupla. O sacerdote:

a. representa o Cristo-Cabeça para os fiéis; e como tal,

b. representa o Corpo-Igreja no sacrifício de Cristo-Cordeiro oferecido a Deus Pai.

Nessa que é a égide da concepção simbólico-jurídica, os sacerdotes "ocupam o lugar de Cristo", "carregam o rosto de Cristo", "per-

---

64 Apud CIC 1548.
65 CIC 1581.
66 CIC 1552.

sonificam a Cristo", "agem em nome de Cristo", emprestam-lhe seus lábios e suas mãos, são seus "vigários"[67], dispensadores das palavras e dos sacramentos[68].

Essa visão traz à conveniência o entendimento de que Cristo "habita" em seu ministro, ou que o sacerdote, *alter Christus*, "participa" da sua mediação única e exclusiva para a instauração da Nova Aliança[69]. Afinal, "o caráter impresso pela ordenação permanece para sempre. A vocação e a missão recebidas no dia de sua ordenação marcam a pessoa de modo permanente"[70].

[ii]

Por todos esses aspectos que definem a teologia da Ordem, vemos um ministro extremamente associado a *Cristo-Cabeça*. Parece-nos que seja adequado também evidenciarmos essa relação nos termos que contemplem o sacramento em sua totalidade.

Com esse propósito, olhamos para o Sagrado Coração de Jesus. Ele nos mostra que o sacerdote enceta uma relação vital com o *Cristo-Coração*, harmonizando o poder santo com a entrega de si. No primeiro, um dom recebido imerecidamente[71], porém eficaz, seguro, jamais pretexto de honrarias e orgulho; no segundo, o dom de si, o amor. Ambos unidos nos gestos que elevam o Santíssimo Sacramento, curam os enfermos e santificam os pecadores.

De alguma forma, essa dupla constituição do sacramento da Ordem exprime-se nos vários termos que popularmente se alude ao ministro ordenado. Este é chamado de *padre*, pois "o presbítero recebe as potencialidades da paternidade espiritual e quando o bispo lhe confere jurisdição designa-lhe um povo, a fim de que venha a ser dele o pai espiritual, com a função de gerar, nutrir, educar, organizar e levar à plenitude uma comunidade do Povo de Deus"[72].

---

67   OÑATIBIA. *Ministérios eclesiais*, 521-522.
68   OÑATIBIA. *Ministérios eclesiais*, 531.
69   OÑATIBIA. *Ministérios eclesiais*, 520.
70   CIC 1583.
71   CIC 1578.
72   CONFERÊNCIA EPISCOPAL. *Diretrizes para a formação dos presbíteros*, n. 61.

Ele é um *homem de oração*, porque se torna como que um "especialista das coisas divinas, um místico e pedagogo"[73]. É um *servo*, na medida em que "participa da autoridade de Jesus que coincide com seu serviço, seu dom, sua entrega total"[74], ao mesmo tempo que *pastor*, "a quem cabe estar à frente do povo, para serem seus guias religiosos"[75]. É também um *profeta*, "porque anuncia e testemunha a Palavra de Deus [...] mensageiro da palavra viva de Jesus"[76]; e, enfim, um *sacerdote*, o liturgo por excelência da comunidade, que a "reúne para o momento mais alto e importante de sua existência, a celebração litúrgica"[77].

Levando essa consciência às últimas consequências, São João Maria Vianey exclamava:

> "É o sacerdote que continua a obra de redenção na terra" [...] "Se soubéssemos o que é o sacerdote na terra, morreríamos não de espanto, mas de amor" [...] "O sacerdócio é o amor do coração de Jesus"[78].

O Santo Cura d'Ars, patrono universal dos sacerdotes, assim percebia qual a índole do trabalhador digno da messe do Senhor, aquele pelo qual Jesus nos exorta a pedir, e que de fato o fazemos nas Horas Santas vocacionais, como em várias outras ocasiões: "Dai-nos sacerdotes segundo o Vosso Coração".

---

[73] Conferência Episcopal. *Diretrizes para a formação dos presbíteros*, n. 64.
[74] Conferência Episcopal. *Diretrizes para a formação dos presbíteros*, n. 65.
[75] Conferência Episcopal. *Diretrizes para a formação dos presbíteros*, n. 67.
[76] Conferência Episcopal. *Diretrizes para a formação dos presbíteros*, n. 66.
[77] Conferência Episcopal. *Diretrizes para a formação dos presbíteros*, n. 63.
[78] Apud CIC 1589.

Capítulo 7

Matrimônio

UMA SÓ CARNE, UMA SÓ ALMA, UM SÓ CORAÇÃO

Nossa reflexão sobre o Matrimônio é regida pela pergunta: *Com que amor amais?* Evidentemente, é a espiritualidade do Sagrado Coração que nos inspira abrir essa interrogação. O Coração humano-divino, à mostra no peito de Jesus aberto pela lança, revela a *verdade do amor*.

Neste capítulo, apresentaremos o Matrimônio como um sacramento não só relacionado com o espaço conjugal, mas também com o contexto nuclear de um casal e seus filhos. O Matrimônio é categorizado pelo *Catecismo* como um sacramento de serviço; e o serviço que vamos tematizar, a propósito da relação com o Coração de Cristo, consiste em dizer ao mundo a verdade do amor, do amor que encontra sua verdade na forma matrimonial.

Para esse argumento, são indispensáveis as razões que provem a abrangência global do Matrimônio. Tais razões se constatam:

a. na Teologia do corpo, a partir dos relatos da criação;

b. na leitura tipológica do evento da crucificação; e

c. na experiência mística.

A consulta ao *Catecismo* nos faz atinar para a grandeza da realidade esponsal. Deve-se a essa realidade o sustento de toda uma percepção teológica acerca da relação dos homens com Deus.

Equivale dizer que o matrimônio em muito transpõe a afilada relação dual de um homem e uma mulher, pois nos desvenda a vocação sobrenatural da pessoa humana. Assim não há como pensar o matrimônio fora dessa perspectiva maior, sem aliená-lo de suas características ou reduzi-lo drasticamente em amplitude e profundidade.

1. O matrimônio como espiritualidade abrangente

1.1. No Coração do Verbo encarnado estão as prerrogativas para uma Teologia do corpo

O chamado de Deus para a vida eterna em Deus[1] é uma aliança de tipo matrimonial. Isso se anuncia já no momento em que Adão se descobre só, na cena da criação em que é confrontado pela diferença corporal e sexual com Eva.

Na verdade, tudo o que se refere aos assuntos decisivos na relação entre Deus e os homens é expresso em linguagem nupcial, inclusive a instituição da Eucaristia: "Esta taça é a nova aliança selada com o meu sangue" (1Cor 11,25; Lc 22,19-20). Aliás, a Bíblia é aberta e se fecha com enlaces conjugais[2].

Para este nosso estudo do sacramento do matrimônio, seria então proveitoso que nos dedicássemos em perceber algumas distinções na forma de como ele é retratado nos dois relatos sobre a criação, no livro do Gênesis.

De início, ressaltamos que ambos os textos da criação são um testemunho, ante a tradição exegética, de que foi Deus, e nenhum legislador humano, quem instituiu o matrimônio como uma realidade jurídica e institucional, cultural e antropológica[3]. Tal convicção, já expressa por Santo Agostinho e Santo Tomás de Aquino, é avalizada pelo *Catecismo* a partir do texto conciliar: "Deus é o autor do matrimônio, de seus bens e de seus fins"[4].

---

1   GS 19; vejam-se GS 18, 21, 22, 24.
2   CIC 1602.
3   Apesar de haver inúmeras variações em sua forma, e de em muitos lugares não transparecer sua grandeza e dignidade (CIC 1603); veja-se CIC 1645-1651.
4   GS 48; CIC 1603.

a. Na fonte sacerdotal-eloísta de Gênesis 1 (Gn 1,1–2,4a), o homem e a mulher são criados simultaneamente, ficando indicada as seguintes dimensões: passando-se no sexto dia, o casal representa o píncaro do cosmos, o momento mais grandioso de tudo o que Deus fez, sendo por fim incumbido de dominar o universo.

Eles também exprimem a imanência divina, ou seja, que Deus é em sua essência uma comunidade de amor: "E Deus criou o homem à sua imagem; à imagem de Deus o criou; homem e mulher os criou" (Gn 1,27). A realidade de Deus como Trindade tem como imagem a união de amor do casal, como nota Santo Ambrósio ao perceber que a narrativa do Gênesis emprega o verbo conjugado na primeira pessoa do plural — "Façamos" (Gn 1,26) —, deixando subentendida a pluralidade de Deus[5].

b. No âmbito da fonte javista de Gênesis 2 (Gn 2,4b–3,24) lemos: "Da costela que tinha tirado do homem, o Senhor Deus formou uma mulher e a apresentou ao homem. O homem exclamou: — Esta, sim, é osso de meus ossos e carne de minha carne! Seu nome será Mulher, porque a tiraram do Homem. Por isso, um homem abandona pai e mãe, junta-se à sua mulher, e se tornam uma só carne" (Gn 2,22-24).

Enquanto que na primeira narrativa, cronologicamente mais recente[6], encontramos uma definição objetiva do homem segundo uma

---

5 FLÓREZ. *Matrimonio y Familia*, 89.
6 A segunda narrativa, de fonte javista (J), é pré-exílica e datada dos séculos X-IX a.C., período do "humanismo salomônico", entre 950-900 a.C. Ela compõe a "teologia do Sião" junto a outros textos como os Salmos 24, 74, 77, 89, 93, 97, 99, 104, mostrando que o Deus (Javé) atua na história, desde a criação até o momento presente do reino unificado, de modo a legitimar a monarquia (HEFNER. *A criação*, 287-288). O primeiro relato situa-se no contexto pós-exílico (séculos VI ou V a.C.), junto ao projeto sacerdotal (fonte P) de restauração do culto sob a influência de Esdras-Neemias. Deus é distante, majestoso, e planeja os acontecimentos a fim de estabelecer um estado eclesiástico (KIDNER. *Gênesis*, 17). "O objetivo final deste relato é explicar a origem do mal que

visão mais teológica e metafísica, a segunda narrativa da criação apresenta uma definição subjetiva, de índole mais psico-antropológica.

Os relatos se complementam: no eloísta, a união do casal é a coroação de um processo cósmico[7]; no javista, é uma realidade que responde aos sentimentos íntimos do homem e da mulher enquanto associados ao projeto do Autor da criação.

Através da união matrimonial, Deus dá tanto ao varão como à mulher a possibilidade de "ser" em plenitude, de viver em relação com outro ser semelhante e diverso, com quem pode realizar uma comunhão de vida, uma existência compartilhada em reciprocidade de entendimento, de amor e de ação[8].

A partir da criação da primeira mulher, o primeiro homem não é mais simplesmente *ha'adam*; começa a ser chamado "macho" (*ish*), em relação com *ishsha*, "fêmea", descobrindo-se pessoa, sujeito de uma subjetividade e, como tal, de uma "solidão" que se projeta num corpo sexuado e intrinsecamente aberto à alteridade.

Essas observações são feitas por João Paulo II no percurso de sucessivas reflexões nas Audiências Gerais das quartas-feiras[9], em que procurou destrinchar nessas passagens uma mensagem para além de seu explícito significado legal e normativo.

Naquilo que é hoje conhecido como *catequeses sobre o amor humano*[10], a união conjugal é trazida à luz nos termos de uma visão in-

---

se introduz na vida do homem por causa de sua desobediência ao mandado de Yahveh" (FLÓREZ. *Matrimonio y Familia*, p. 88, tradução nossa).

7   FLÓREZ. *Matrimonio y Familia*, 87-92.

8   FLÓREZ. *Matrimonio y Familia*, 89-90 (tradução nossa).

9   Elas tiveram seu início com a audiência de 5 de setembro de 1979, e só se encerraram em 28 de novembro de 1984. Organizadas em duas partes, a primeira (I-LXXXVI) versa sobre o fundamento bíblico e a análise das palavras de Cristo, como as de Mt 19,8 e Mt 5,28; na segunda (LXXXVII-CXXXIII) empreende-se uma análise do sacramento com base em Ef 5,22-23 e por referência a Gn 2,24. Na última audiência dessas catequeses, João Paulo II intitula-as "O amor humano no plano divino" ou "A redenção do corpo e a sacramentalidade do matrimônio".

10 PETRINI; SILVA. *Homem e Mulher o criou*.

tegral da pessoa humana, no intuito de mostrar o significado pleno da unidade matrimonial original. Somente quando o homem é capaz de dizer "Esta é realmente o osso dos meus ossos e a carne da minha carne (Gn 2,23)" é que ele manifesta a alegria e a exaltação pelo encontro de um ser semelhante a si. Mas nada disso teria ocorrido se não fosse por alguns requisitos.

O texto javista retrata o momento em que emerge, na consciência humana, a percepção de seu corpo sexuado. Em tese, o primeiro homem 'adam acorda do torpor, ressurgindo na sua dupla unidade de *ish-ishsha*. Quebra-se assim a clausura da solidão na qual estava mantido o homem-pessoa, justamente porque o primeiro "homem" desperta do sono como "macho e fêmea"[11].

Salta-lhe aos olhos uma novidade à qual não poderá ser indiferente: é tão evidente a diversidade da constituição ligada à diferença sexual, que os dizeres e as reações à vista da presença da mulher revelam-lhe que ele não é mais um entre os seres vivos (*animalia*).

O homem se separa deles, ascendendo à condição de pessoa que descobre uma espécie de segundo "eu", na realidade, um "gênero próximo" (*genus proximum*), uma auxiliar semelhante a ele (Gn 2,18.20), pela qual expõe-se em toda a peculiaridade de seu ser[12].

---

11 O "torpor" (Gn 2,21) no qual o primeiro homem se encontrava, qual "sono profundo" que o grego *ekstasis* (êxtase) dos Setenta traduziu do hebraico *tardemah*, implica certo sentimento de carência e solidão que parece se dissipar no bálsamo do canto nupcial entonado em modo superlativo (Gn 2,23).

12 Na audiência de 10 de outubro de 1979, João Paulo II lançava mão da teoria aristotélica dos gêneros para inteligir na solidão (negativa) do primeiro homem o elemento de busca (positiva) pelo ente que representará uma "diferença específica" em relação a todos os demais seres vivos. Já na audiência de 7 de novembro de 1979, João Paulo II esclarecia que "é difícil traduzir exatamente a expressão hebraica *cezes kenedô*, que é traduzida de maneiras diversas nas línguas europeias". "Como o termo '*auxiliar*' parece sugerir o conceito de 'complementaridade' ou melhor de 'correspondência exata', o termo 'semelhante' relaciona-se sobretudo com o de 'semelhança', mas em sentido diverso da semelhança do homem com Deus". O *Catecismo* providencia que "Cabe a cada um, homem e mulher, reconhecer e aceitar sua *identidade* sexual. A *diferença* e a *complementaridade* físicas, morais e espirituais estão orientadas para os bens do casamento e para o desabrochar da vida familiar" (CIC 2333).

A diferença corporal e sexual não apenas rompe com a homogeneidade somática. Na realidade, ela reconduz ao significado mais profundo do amor humano, atrelando a união conjugal a uma expressão mais justa e original da sexualidade. "Cada um dos dois sexos é, com igual dignidade, embora de maneira diferente, imagem do poder e da ternura de Deus. *A união do homem e da mulher* no casamento é uma maneira de imitar na carne a generosidade e a fecundidade do Criador."[13]

Ao sinalizar para um dado antropológico inaugural e constitutivo da pessoa humana, a corporeidade fornece-nos as bases para uma *teologia do corpo*. A dignidade da pessoa, bem como sua capacidade ética de doar-se, supõe essa inclinação registrada no próprio corpo pela alteridade sexual, em que se diversificam masculinidade e feminilidade.

Promovendo essa leitura do texto bíblico, falava João Paulo II:

> O corpo humano orientado interiormente pelo "dom sincero" da pessoa, revela não só a sua masculinidade e feminilidade no plano físico, mas revela também tal *valor* e tal *beleza que ultrapassam a dimensão simplesmente física da "sexualidade"*. Deste modo completa-se em certo sentido a consciência do significado esponsal do corpo, ligado à masculinidade-feminilidade do homem. Por um lado, este significado indica especial capacidade de exprimir o amor, em que o homem se torna dom; e, por outro, corresponde-lhe a capacidade e a profunda disponibilidade para a "afirmação da pessoa", isto é, literalmente, a capacidade de viver o fato de o outro — a mulher para o homem e o homem para a mulher — ser, por meio do corpo, alguém querido pelo Criador "por si mesmo", isto é, único e irrepetível: alguém escolhido pelo eterno Amor[14].

É certo que a dignidade, estabilidade e prosperidade da própria família, bem como a geração e educação da prole, são funções

---

13   CIC 2335.
14   João Paulo II. *Audiência geral*, 16 jan. 1980, n. 4.

da maior importância para a continuação do gênero humano e a paz social. Tais elementos são constitutivos tanto da instituição matrimonial como do amor conjugal, de modo que eles podem ser tomados como "vocação fundamental e inata de todo ser humano"[15].

Na forma de igual importância, o pontífice apreciava o fato de uma pessoa trazer impressa em seu corpo a abertura para o outro, donde uma aptidão originalmente constitutiva para a doação de si no amor. O corpo está assim propenso a exprimir a comunhão íntima entre o homem e a mulher: eis uma condição imprescindível para que o casal se tornasse, desde as origens, partícipe da criação divina[16].

Em relação ao Coração Sagrado só podemos então nos remontar ao vínculo conjugal cuja verdade esteja radicada na corporeidade. O Coração de Cristo, qual órgão físico e corpóreo, dá relevo a uma verdade que é própria do corpo, que tem no corpo sua comprovação.

1.2. O amor esponsal de Deus no matrimônio celebrado como bodas nas origens, na cruz e nos céus

Depois de tratarmos do matrimônio nas origens (míticas) da criação, segue naturalmente a sua abordagem no âmbito que se enquadra numa escatologia. Mas isso só se faz possível com aquilo que se pode captar junto ao evento da crucificação. A "inteligência da fé" soube muito bem relacioná-la às núpcias de Caná.

Antes de qualquer coisa, pontuamos que o livro do Apocalipse descreve um evento sublime: a realização das bodas no final dos tempos, entre o Cordeiro e a noiva, como insígnia da consumação e transformação de toda a criação (Ap 19,7-9). São convivas dessa celebração os bem-aventurados chamados para o banquete do Reino (Lc 14,15-24), quando o rei enviou seus servos às ruas, convocando para o casamento de seu filho (Mt 22,1-14).

---

15 CIC 1604.
16 CIC 1604; veja-se CIC 1652-1654.

Uma série de outras passagens intermedeia os preparativos desse matrimônio reservado para os céus no fim dos tempos, como quer entrever o *Catecismo*:

> Examinando a aliança de Deus com Israel sob a imagem de um amor conjugal exclusivo e fiel [Os 1-3; Is 54; 62; Jr 2-3; 31; Ez 16; 23], os profetas prepararam a consciência do povo eleito para uma compreensão mais profunda da unicidade e indissolubilidade do Matrimônio [Ml 2,13-17]. Os livros de Rute e de Tobias dão testemunhos comoventes do elevado sentido do casamento, da fidelidade e da ternura dos esposos. A Tradição sempre viu no Cântico dos Cânticos uma expressão única do amor humano, visto que é reflexo do amor de Deus, amor "forte como a morte", que "as águas da torrente jamais poderão apagar" (Ct 8,6-7)[17].

A Bíblia celebra o casamento como um evento da maior magnitude, ora relacionando o Senhor *Yahweh* e a comunidade de Jerusalém[18], ora Jesus e a *ekklésia* (igreja). Além disso, enquanto o Gênesis tecia as noções de *igualdade* e *reciprocidade* na relação conjugal, a Carta aos Efésios talha a percepção quanto a uma *unidade indefectível*[19], isto é, sem defeito, no modo em que marido e mulher formam um único corpo como Cristo e a Igreja.

Com isso, as imperfeições individuais seriam suplantadas por uma união performática, união que conta com todos os dons provenientes de um amor generoso e oblativo:

> Homens, amai vossas mulheres, como Cristo amou a Igreja e se entregou por ela, para limpá-la com o banho de água e com a palavra, e consagrá-la, para apresentar uma Igreja gloriosa, sem mancha nem ruga nem coisa semelhante, mas santa e irrepreensível (Ef 5,25-27).

---

17 CIC 1611.
18 Os profetas (Oseias 1,3; Jeremias 2,2-3,1; 31,3; Ezequiel 16; 23; Isaías 50,1; 54,5-7; 62,1-5) vão comparar com o casamento a aliança que une Deus e o povo de Israel.
19 CIC 1605.

De fato, um dos bens do casamento consiste em ajudar "a vencer a centralização em si mesmo, o egoísmo, a busca do próprio prazer, e a abrir-se ao outro, à ajuda mútua, ao dom de si"[20]. Esse testemunho, que tanto se espera dos casados para manifestarem como é o amor de Deus pela humanidade, compõe os pilares da noção de *sacramento*, pois é dignificado a ser sinal (= sacramento) de uma realidade misteriosa e transcendente, ou como disse São Paulo, "esse símbolo é magnífico, e eu o aplico a Cristo e à Igreja" (Ef 5,32).

Desse mistério de amor é o Coração de Jesus um símbolo vivo, no entender de Pio XII, pois foi essa imensa caridade que "moveu o nosso Salvador a celebrar, com o derramamento do seu sangue, o seu místico matrimônio com a Igreja"[21].

[i]

A sacramentalidade do matrimônio também é vislumbrada quando da atuação de Jesus nas bodas de Caná (Jo 2,1-11). O *Catecismo* a interpreta assim:

> No limiar de sua vida pública, Jesus opera seu primeiro sinal — a pedido de sua Mãe — por ocasião de uma festa de casamento. A Igreja atribui grande importância à presença de Jesus nas núpcias de Caná. Vê nela a confirmação de que o casamento é uma realidade boa e o anúncio de que, daí em diante, será ele um sinal eficaz da presença de Cristo[22].

Com o intuito de angariar prestígios à instituição do matrimônio, os Padres da Igreja[23] insistiram em variados planos de análise das *Bodas de Caná*, em que não raro se intercruzam o aspecto *sacramental* e a dimensão *espiritual*.

Nessa linha, Eusébio de Cesareia foi vigoroso ao estimar a passagem do físico para o espiritual. Para ele, o milagre simboliza uma

---

20 CIC 1609.
21 HA 39.
22 CIC 1613.
23 RODRÍGUEZ. *La Biblia comentada por los Padres de la Iglesia*, 154-157.

"miscelânea mística", em que a bebida corporal é substituída pela "bebida da fé" e a alegria que dela se deriva[24]. O referido esponsal, observam Teodoro de Mopsuéstia e Teodoro de Heracleia, está cardinalmente localizado no terceiro dia depois do batismo público de Jesus, constituindo-se então como uma necessária referência à Ressurreição, como também à Trindade, segundo Cesário de Arles.

Numa ótica mais *eclesiológica*, Cirilo de Alexandria e Eusébio de Cesareia decifram nessas bodas ocorrida na Galileia a composição de uma comunidade cristã formada majoritariamente por gentios (pagãos) conversos. Isso demonstra que, seja pelos componentes históricos, seja pelas ressonâncias espirituais, aquele dia festivo é não só catalisado pelo milagre que aí aconteceu, como ainda representa o anúncio de um *gozo celestial* certamente mais elevado e misterioso.

Para Orígenes, é significativo o fato de Jesus, Criador do homem, não ter recusado o convite. Sua aceitação estaria abonando a união matrimonial, bem como reafirmando seu ordenamento original, o que é rechaçado e até ridicularizado pelos hereges. É nesse sentido que, além de confirmar a *instituição do matrimônio*, Cristo também a abençoa e a santifica em seu próprio exemplo, como entrevê Máximo de Turim. "Com sua presença" — acrescenta Cirilo de Alexandria — "honrou o matrimônio, que é alegria e regozijo de todos, e assim [o Salvador] cancelou a antiga tristeza do parto"[25].

As bodas de Caná serviram, pois, de valioso anteparo para a *interpretação alegórica* das Escrituras. Cesário de Arles entendeu que o vinho era como um aperitivo da cruz onde Jesus derramaria seu sangue, qual esposo a pagar o dote da esposa. Máximo de Turim afirmou, não sem certa ousadia, que o Filho de Deus "vai por certo às bodas não para gozar do banquete, senão para dar-se a conhecer com o milagre. Vai às bodas, não para beber, senão para dar-se como bebida"[26].

---

24 Apud Rodríguez. *La Biblia comentada por los Padres de la Iglesia*, 155 (tradução nossa).

25 Apud Rodríguez. *La Biblia comentada por los Padres de la Iglesia*, 156 (tradução nossa).

26 Apud Rodríguez. *La Biblia comentada por los Padres de la Iglesia*, 156 (tradução nossa).

A falta de vinho foi uma ocorrência que também chamou muito a atenção. Ela foi o ensejo para que Romano, o Melodista, cantasse, do ponto de vista do testemunho mariano, as maravilhas realizadas por Deus no tocante à salvação, dentre as quais se listam, junto à concepção virginal, a transformação da água.

Decerto numa esplêndida elaboração, Santo Agostinho fez do casamento de Caná uma figura da Encarnação: no seio da Virgem Maria, qual leito nupcial, dão-se um ao outro o Esposo, que é o Verbo, e a Esposa, que é a carne humana, e ambos "são um só e o mesmo, que é o Filho de Deus e o Filho do homem"[27]. Ao tomar a natureza humana por sua esposa, e fecundá-la com suas sementes espirituais de sabedoria, dizia Teodoro, o Estratelata, o Verbo de Deus assumiu a carne de todos os homens para ressuscitá-la em si mesmo, contraindo, portanto, matrimônio com a própria natureza humana.

Essas moções retomam o colorido com o qual o Novo Testamento faz uso da imagem das bodas para tratar da vinda e da missão do Messias Salvador, Jesus de Nazaré. Em não raras passagens[28], destaca-se o fato mesmo "da celebração das bodas, da chegada do noivo e do esposo para encontrar-se com aqueles que esperam sua vinda"[29].

É claro que se tem em conta o amor de Deus, a confiança para com suas promessas etc.; porém, o mais importante está em "celebrar com alegria o banquete do reino"[30]. Essa é a ótica pela qual o matrimônio é situado "no novo contexto de liberdade e de graça criado para a vinda de Jesus"[31]. Sob o foco desses eventos, "a realidade humana do matrimônio passa a um segundo plano e aparece uma nova forma de vida que busca o seguimento de Cristo através do amor consagrado aos valores do Reino"[32].

27 Apud RODRÍGUEZ. *La Biblia comentada por los Padres de la Iglesia*, 156 (tradução nossa).
28 Vejam-se Mt 9,15; 22,2-14; 25,1-13; 26,28; Mc 2,19-20; Jo 3,29; Rm 5,18-21; 1Pd 2,4-10; Ef 2; Ap 19,7-9; 21,2.9; 22,17; Hb 6,13-20; 7,20-28; 8,6-9.28.
29 FLÓREZ. *Matrimonio y Familia*, 102 (tradução nossa).
30 FLÓREZ. *Matrimonio y Familia*, 102 (tradução nossa).
31 FLÓREZ. *Matrimonio y Familia*, 103 (tradução nossa).
32 FLÓREZ. *Matrimonio y Familia*, 103 (tradução nossa).

As bodas, na lente de uma leitura espiritual, revelam a abrangência mística e cosmológica do liame matrimonial que, em seu aspecto institucional, é por Jesus revitalizado por conta de sua elevação à ordem do sacramento.

Assim como a Teologia visualizou, no Coração traspassado, os sacramentos do Batismo e da Eucaristia, fica confirmado que, de igual modo, a natureza integral do amor matrimonial nunca esteve distante da sensibilidade patrística sobre a crucificação.

[ii]

O matrimônio também desponta na seara da tradição mística. Apoiada no Cântico dos Cânticos (Ct 8,6-7), essa tradição poetizou a união amorosa entre Deus e a alma que se dispõe espiritualmente a ser pelo Amado desposada.

São João da Cruz explora largamente o recurso simbólico do matrimônio, trabalhando-o precisamente na relação da alma com Deus, segundo a intensidade de um sublime grau de amor.

No *Cântico Espiritual*, o místico espanhol diz que essa relação é como um "voo espiritual" onde se revela "um alto estado e união de amor, ao qual Deus costuma elevar a alma, após muito exercício espiritual, e que chamam de desposório espiritual com o Verbo, Filho de Deus"[33].

Em outra obra, a *Subida do Monte Carmelo*, ele se refere à bênção prometida a Tobias na terceira noite (*Tb* 6,18-22), onde "logo se segue a união com a esposa, que é a Sabedoria de Deus. O anjo disse a Tobias que após a terceira noite se unisse com a esposa no temor do Senhor, para significar que quando o temor é perfeito o amor divino também o é, e a transformação da alma em Deus por amor logo se opera"[34].

E no poema *Noite Escura*, versa:

---

33 João da Cruz. *Cântico Espiritual*, XIX,2.
34 João da Cruz. *Subida do Monte Carmelo*, I,2,4.

> Oh! noite que me guiaste,
> Oh! noite mais amável que a alvorada;
> Oh! noite que juntaste
> Amado com amada,
> Amada já no amado transformada![35]

O matrimônio espiritual é figura bíblica e tradicional na Espiritualidade. Exprime, como no consórcio conjugal, a natureza de uma união especialíssima, ou que se pretende a uma "doação recíproca definitiva"[36]. O investimento literário nesse aspecto do matrimônio foi a matéria-prima não só para tão esplêndidos versos, como ainda para experiências inefáveis e uma consagrada declaração de amor. São João Crisóstomo recomendava que os homens recém-casados dissessem certas palavras às esposas. O *Catecismo* as recapitula, dando-nos a conhecer a profundidade de uma união que possui a missão sacramental de ser sinal do amor de Cristo-esposo pela Igreja-esposa:

> Tomei-te em meus braços, amo-te, prefiro-te à minha própria vida. Porque a vida presente não é nada, e o meu sonho mais ardente é passá-la contigo, de maneira que estejamos certos de não sermos separados na vida futura que nos está reservada... Ponho teu amor acima de tudo, e nada me seria mais penoso que não ter os mesmos pensamentos que tu tens[37].

Não basta conhecermos o que diz respeito ao matrimônio enquanto sacramento, pois é crucial indagarmos se um casamento concreto realiza efetivamente sua função sacramental. Antes de ser um sacramento, o matrimônio se configura como *espiritualidade*. É sob a condição de uma vivência espiritual que podemos conceber o Matrimônio como uma realização sacramental.

Com vistas a isso, o critério que vemos ter sido laboriosamente talhado na Tradição cristã foi a *análise do amor*.

---

35 João da Cruz. *Noite escura*, 36-37.
36 CIC 1643.
37 Apud CIC 2365.

"Com que amor amais?" exprime um questionamento profundo sobre o amor, uma busca determinada por um amor à altura da dignidade de uma relação esponsal. Na trilha dessa pergunta nos surge a concepção de casamento como uma só carne, uma só alma e um só coração. E é nessa perspectiva que melhor observamos a relação entre o Matrimônio e o Sagrado Coração de Jesus.

2. Com que amor amais?
A função sacramental do amor casto

2.1. A verdade do amor

A teologia, o direito, a doutrina, a ética, a espiritualidade e, enfim, a mística do matrimônio agrupam-se em torno de uma só questão: a *verdade do amor*. Para sermos exatos, é o *amor nupcial* que, com todas as suas prerrogativas, define a autenticidade da vida e, por conseguinte, a legitimidade de uma existência ancorada no auxílio da união sacramental.

Na sua 25ª. sessão, o Concílio de Trento se externava a respeito da amplitude do matrimônio, numa clara amostra de que ele não se restringe ao consórcio entre um homem e uma mulher:

> Toda a vida cristã traz a marca do amor esponsal de Cristo e da Igreja. Já o Batismo, entrada no Povo de Deus, é um mistério nupcial: é, por assim dizer, o banho das núpcias que precede o banquete de núpcias, a Eucaristia. O Matrimônio cristão se torna, por sua vez, sinal eficaz, sacramento da aliança de Cristo e da Igreja[38].

[i]

O Matrimônio exerce uma função global que cobre toda a dinâmica eclesial. Torna-se imprescindível que nos municiemos com algum

---
38 Apud CIC 1617.

critério para discernir o que seja o *amor de tipo nupcial*, diferenciando-o de outros tipos de "amores".

Para essa tarefa, contamos com a proveitosa meditação de Santo Agostinho nas *Confissões*:

> Vim para Cartago e logo fui cercado pelo ruidoso fervilhar dos amores ilícitos. Ainda não amava, e já gostava de ser amado, e, na minha profunda miséria, eu me odiava por não ser bastante miserável.
>
> Desejando amar, procurava um objeto para esse amor, e detestava a segurança, as situações isentas de risco. Tinha dentro de mim uma fome de alimento interior — fome de ti, ó meu Deus. Mas, não sentia essa fome, porque não me apeteciam os alimentos incorruptíveis, não por estar saciado, mas porque, quanto mais vazio, mais enfastiado eu me sentia.
>
> Minha alma estava doente, coberta de chagas, ávida de contato com as coisas sensíveis. [...] Era para mim mais doce amar e ser amado, se eu pudesse gozar do corpo da pessoa amada, assim, eu manchava as fontes da amizade com a sordidez da concupiscência e turbava a pureza delas com a espuma infernal das paixões. Não obstante eu ser feio e indigno, apresentava-me, num excesso de vaidade, como pessoa elegante e refinada. Mergulhei então no amor em que desejava ser envolvido[39].

O santo bispo de Hipona faz uma profusa análise do amor, dedicando-se a um compenetrante exercício de convalidação do amor com que outrora convencera-se ingenuamente estar amando. Estava equivocado. Agostinho nutria suas paixões na sórdida concupiscência; ele pensava se tratar de amor isso que, na verdade, corrompia as oportunidades de um relacionamento mais digno e elevado, a exemplo da amizade.

Fazer essa espécie de depuração é uma antiga recomendação espiritual, há muito solicitada por São Paulo: "com a sinceridade do amor, cresçamos até alcançar inteiramente aquele que é a cabeça,

---

39 AGOSTINHO. *Confissões*, III,I,I.

Cristo" (Ef 4,15). A tradução literal desse trecho — "falando/seguindo a verdade em amor"[40] — transfere todo o peso e densidade à ação[41]; para que algo seja verdadeiro, terá de ser provado pela prática do amor. Cresçamos então como corpo de Cristo, como esposa por cujo amor Cristo virá nos desposar, não com qualquer amor, mas a verdade do amor, o amor verdadeiramente nupcial. *Veritas in caritate, caritas in veritate*, assim articulava Bento XVI:

> A verdade há de ser procurada, encontrada e expressa na "economia" da caridade, mas esta por sua vez há de ser compreendida, avaliada e praticada sob a luz da verdade. Desse modo teremos não apenas prestado um serviço à caridade, iluminada pela verdade, mas também contribuído para acreditar na verdade, mostrando o seu poder de autenticação e persuasão na vida social concreta[42].

[ii]

Contra que "amor" devemos nos precaver? Qual "amor" não resiste ao amor verdadeiro? Tal como se empreendem a respeito do sacramento da Reconciliação, essas perguntas são aqui endereçadas ao mesmo lugar: ao coração. A luz do Espírito incide em nosso interior e desvela os mais secretos movimentos, pois "é 'no fundo do coração' que tudo se faz e se desfaz"[43].

O Novo Testamento se dedica a esse tema, amadurecendo-o de forma muito perspicaz:

a. "De onde nascem as brigas e contendas, senão de vosso afã de prazeres que batalha em vossos membros? Cobiçais, e não tendes; assassinais e invejais, e não o conseguis; brigais e lutais, e não obtendes, porque não pedis" (Tg 4,1-2).

---

40 Bíblia. *Novo Testamento interlinear*, 720.
41 Rienecker; Rogers. *Chave linguística do Novo Testamento*, 394.
42 CV 2.
43 CIC 2843.

O Espírito da Verdade (Jo 15,26), que é o Amor (1Jo 4,8.16), acusa-nos as intenções, confronta-nos os interesses, em último grau, questiona-nos o amor:

b. "O que sai do homem é o que contamina o homem. De dentro, do coração do homem, saem os maus pensamentos, fornicação, roubos, assassinatos, adultérios, cobiça, malícia, fraude, devassidão, inveja, calúnia, arrogância, desatino. Todas essas maldades saem de dentro e contaminam o homem" (Mc 7,20-23).

Fornicações, adultérios, cobiças etc., tudo isso sai do coração do homem; tudo isso brota de um coração impotente para amar, e por isso volúvel a outros elementos que, não sendo amor, contaminam e usurpam todo o amor que pudera sobreviver nas condições inóspitas de um coração dividido.

[iii]

Já o amor nupcial, este que responde pela verdade do amor, é fundamentalmente um amor casto (*amor castus*), a cujo significado Jesus recorre para replicar o argumento dos fariseus. Observemos cuidadosamente a perícope evangélica:

> Aproximaram-se alguns fariseus e, para o porem à prova, lhe perguntaram: — Pode alguém repudiar sua mulher por qualquer motivo?
> Ele respondeu: — Não lestes que no princípio o Criador *os fez homem e mulher*? E disse: *por isso, um homem deixa seus pais, junta-se à sua mulher e os dois se tornam uma só carne*. De modo que já não são dois, mas uma só carne. Portanto, o que Deus uniu, o homem não separe.
> Replicaram-lhe: — Então, por que Moisés mandou *dar-lhe ato de divórcio ao repudiá-la*?
> Respondeu-lhes: — Por vosso caráter inflexível, Moisés vos permitiu repudiar vossas mulheres. Mas no princípio não era assim. Eu vos digo que quem repudia sua mulher — se não for em caso de concubinato — e se casa com outra, comete

adultério, e aquele que se casa com a divorciada comete adultério (Mt 19,3-9).

Esse texto é uma eficiente exegese do *amor castus*. "Deus criou-os homem e mulher para levarem uma vida em comum. É isto que significa 'uma só carne'."[44] Inexoráveis são as palavras de Jesus sobre a indissolubilidade matrimonial, mas sem impedir sua aplicação a todos os estados de vida cristã, ainda que mais própria ao circuito conjugal.

O que é amor casto? O que é a castidade? Que tem ela que ver com o amor?

Em termos legais, Jesus contesta a validade do divórcio cuja finalidade seja despedir uma mulher para contrair matrimônio com outra. A separação com vista a um novo matrimônio viola a natureza mesma da união matrimonial tal como originalmente querida por Deus no princípio da criação.

A razão para isso é-nos apresentada de modo sutil, porém de um jeito vigoroso: o divórcio contradiz o matrimônio na medida em que o adultério impugna a verdade do amor no qual Deus instituiu o mesmo matrimônio. Isso se faz sentir em todo o arco de definição do termo "adultério":

a. Na acepção mais comum, "designa a infidelidade conjugal. Quando dois parceiros, dos quais ao menos um é casado, estabelecem entre si uma relação sexual, mesmo efêmera, cometem adultério. Cristo condena o adultério mesmo de simples desejo [Mt 5,27-28]. O sexto mandamento e o Novo Testamento proscrevem absolutamente o adultério [Mt 5,32; 19,6; Mc 10,11-12; 1Cor 6,9-10]. Os profetas denunciam sua gravidade. Veem no adultério a figura do pecado de idolatria [Os 2,7; Jr 5,7; 13,27]"[45].

b. No significado denotativo, adulterar quer dizer "alterar", "falsificar" ou "corromper". No âmbito do relacionamento conjugal, é como se o amor, próprio à vida matrimonial, estivesse

---

44   Ramos. *Casamento e celibato*, 894.
45   CIC 2380.

sendo falsificado ou corrompido, adulterado, caindo em degenerescência, entrando em falência. Em suma: o adultério é quando *ágape*, o amor-doação, é degradado pela *porneia*, o amor-devorador, exclusivamente consumista e voluptuoso, instalando a dominação no interior do casamento e eivando-o de fornicação e ultraje, desonra e indignidade.

O adultério se define, em última análise, como um artifício para "adulterar" o verdadeiro amor, o amor que funda um matrimônio. De acordo com essa leitura, não é preciso que um dos cônjuges traia o outro para "cair" em adultério. Na realidade, o adultério começa a infiltrar-se muito antes, quando o amor, que funda o matrimônio, passa a ceder a outro tipo de "amor", o pseudoamor denominado *porneia*.

O que embasa a prostituição é também aquilo que nega o amor casto, representando uma grave ameaça *à saúde e à vitalidade da relação conjugal*.

No texto do Evangelho segundo São Mateus, Jesus se vale da expressão "dureza de coração" (Mt 19,8)[46]. Trata-se de uma expressão semítica que nos permite entender como a humanidade se encontrava sob o jugo imperioso da *porneia*. Jesus desvenda a real motivação para a legalização mosaica do divórcio: ela não se deu por razões jurídicas, e sim afetivas, já que os homens, em sua vontade, inteligência e sentimentos, numa palavra, em seus "corações", tornaram-se "duros" e "inflexíveis".

Jesus via em seus conterrâneos a mesma realidade que Moisés presenciou na sua época: era por causa da *porneia* que se condescendia ao divórcio; era por causa desse pseudoamor, cujos domínios se estendiam ao centro do coração humano, que se admitia o fim de um matrimônio. Contrário a esse regime, declara: "no princípio não era assim" (Mt 19,8). "Jesus veio restaurar a criação à pureza de sua origem"[47], reconstituindo o matrimônio em sua cristalina imagem primigênia.

No princípio, como recorda Jesus, Deus uniu o homem e a mulher, e os fez "uma só carne". Deus institui assim o matrimônio, a

---
46   CIC 614; veja-se CIC 1610.
47   CIC 2336.

união nupcial da qual é a *porneia* o verdugo. Contra seus assédios pode-se invocar, como medicina infalível, a primeira palavra do Decálogo: "Amarás o Senhor teu Deus com todo o coração, com toda a alma, com todas as forças" (Dt 6,5). Geralmente, não associamos quão próximos estão o primeiro e o último mandamentos. Todo o amor direcionado a Deus não poderia deixar de ser um excelente beneficiário da instituição do matrimônio de que o próprio Deus é o autor[48].

Estamos em plenas condições agora de entender toda a correspondência entre amar a Deus de todo o coração e não cobiçar a mulher alheia (Dt 5,21). O coração que se põe a amar a Deus está mais seguro ou menos vulnerável às investidas da *porneia*, que entre outras consequências atormenta a relação matrimonial, semeando, no coração dos cônjuges e no interior dos lares, um "amor" adulterado; diga-se, um falso amor, isto é, uma cobiça[49].

---

48 Congregação para o Culto Divino. *Ritual do Matrimônio*, n. 4.
49 É preciso sempre trazer o amor ao eixo de discernimento espiritual e crescimento humano-afetivo. Em seu estudo antropológico, Jean-Yves Leloup apresenta uma "escada dos níveis de amor", mostrando como cada tipo é apropriado a determinada fase do desenvolvimento individual e se adequa a uma precisa significação moral e social. Essa escada, de no mínimo oito graus em ordem crescente, começa justamente com a *Porneia* e tem seu coroamento com *Ágape*, não sem antes conhecer outras "formas de amor" como *Pathé* (paixão), *Éros* (amor da beleza), *Storgué* (harmonia), as diferentes faces da *Philia* (parentalidade, hospitalidade, amizade), *Énnoia* (generosidade) e *Kháris* (gratidão). Assim, a palavra "amor" comporta sentidos bem diferentes, que não é preciso opô-los entre si. *Ágape* é a "gratuidade do amor em que se ama por nada, por causa de nada", uma experiência que o Evangelho propõe aos homens fazerem, estando muito acima da primeira etapa, a do "amor voraz e devorador" típico do vínculo do bebê com sua mãe. A *Porneia*, em seu aspecto consumidor, tanto quanto a possessão da fase adjunta, precisa ser respeitada no momento em que lhe é próprio. Para Leloup, "somos convidados a introduzir em nossa libido, em nossas experiências sexuais, em nossas paixões devoradoras, em nossos ciúmes possessivos, a *compaixão*. Introduzir a graça e *Ágape*" (Leloup. *O corpo e seus símbolos*, 78-84), sendo esta a palavra que se lê da boca de Jesus chamando-nos a exercitar a capacidade de graça e gratuidade. Esse desenvolvimento do amor também poderia obedecer à integração de três esferas (ou áreas do ser), ou seja, quando os sentidos (esfera da sensorialidade) e os sentimentos e emoções (esfera da sensibilidade) finalmente alcançam o nível da vontade

O mandamento novo do amor é citado por Jesus em várias ocasiões (Mt 22,37; Mc 12,30.33; Lc 10,27). Foi devido à pertinácia de quem se obstina no regime de injustiça que Moisés transigiu com o divórcio, mesmo sabendo não ser condizente com o pensamento original de Deus[50]. Moisés não distorceu a Lei, mas deparou com enormes dificuldades para implementá-la jurídica e pedagogicamente. Jesus, que não veio revogar a Torah, mas cumpri-la (Mt 5,17-18) — bem como à vontade do Pai que o enviou (Jo 5,30; 6,38) —, dá a ela um novo vigor, seja recordando o pensamento de Deus nas origens, seja endereçando uma admoestação cortante, aguda e anti-machista à consciência de seus ouvintes: "quem repudia sua mulher [...] e se casa com outra, comete adultério" (Mt 19,9)[51].

2.2. Uma fidelidade coroada pela castidade

Percorremos esse sucinto estudo para mostrar que a *porneia* é sempre um "amor" corrupto, ávido, que contrasta com a castidade, o *amor castus*. Essa perspectiva nos é aberta também pelas cartas paulinas:

> A noite está avançada, o dia se aproxima: despojemo-nos, pois, das ações tenebrosas e revistamos a armadura luminosa. Pro-

---

(esfera moral), a ela se subordinando para finalmente constituir um "amor integral" (KALINOWSKI. *Karol Wojtyla: Amour et responsabilité*, 725-726).

50   MATEOS; CAMACHO. *O Evangelho de Mateus*, 216.

51   Para efeito de análise, convém registrar, brevemente, o debate em torno da restritiva "por motivo de prostituição". Trata-se de uma exceção à proibição do divórcio? A cláusula não possui paralelos, e dá margens a algumas interpretações devido às dificuldades de se traduzir literalmente a palavra grega *porneia*. Ela pode significar a imoralidade em geral, a prostituição, a frequentação de prostitutas (1Cor 6,18) ou a fornicação, o adultério, ou mesmo uma união ilegal que seja considerada incestuosa pela Lei (Lv 18,6-8; 1Cor 5,1) (MATEOS; CAMACHO. *O Evangelho de Mateus*, 69). Essa exceção ao divórcio, admitida em Mateus, possivelmente se refere ao caso de uniões entre parentes, contraídas entre pagãos, cuja separação era permitida pelo fato de, em última análise, tratarem-se não mais do que falsos casamentos, então chamados de "prostituição" ou *porneia*.

cedamos com decência, como de dia: não em comilanças e bebedeiras, não em orgias e libertinagem, não em brigas e contendas. Revesti-vos do Senhor Jesus Cristo e não satisfaçais os desejos do instinto (Rm 13,12-14).

A *porneia* não apenas destrói casamentos; também está na raiz de tantos outros "desejos da carne". Rechaçá-la pressupõe o perfil cristão traçado na *Carta a Diogneto*, a fim de contrastá-lo com a prática pagã: "[Os cristãos] põem a mesa em comum, mas não o leito"[52].

A Igreja ainda lê no texto acima comentado de Mateus (Mt 19,1-9) a confirmação do *vínculo matrimonial indissolúvel*[53], de modo que, como disse Jesus, "já não são dois, mas uma só carne. Portanto, o que Deus uniu, o homem não separe" (Mt 19,6).

A expressão que caracteriza a união matrimonial é "uma só carne". O que ela significa?

[i]

A unidade da "carne", expressa pelo hebraico *basar*, refere-se aos laços consanguíneos, ou seja, de parentesco. Em se tratando do casal, alude à "ideia de complementariedade e pacto entre o homem e a mulher"[54]. É certo que o sentido de "carne" se reporta à extração da "costela" (Gn 2,21), termo que sublinha "a singularidade de uma companhia que responde ao que o homem necessita desde a radicalidade de sua condição humana heterossexual"[55].

Em que pese serem cruciais os aportes da Teologia do corpo, um grau de compreensão a seu respeito pode ser acessado no tocante à palavra "fidelidade". Nela procuramos um sentido mais à altura do sacramento cujo liame, afirma o *Catecismo*, "é uma realidade irrevogável e dá origem a uma aliança garantida pela fidelidade de Deus"[56].

---

52 *Carta a Diogneto*, 5,7.
53 CIC 1614.
54 Flórez. *Matrimonio y Familia*, 89 (tradução nossa).
55 Flórez. *Matrimonio y Familia*, 89 (tradução nossa).
56 CIC 1640.

A fidelidade de Deus, um tema que na Bíblia é largamente explorado[57], garante a fidelidade intraconjugal. Para entendermos em que consiste essa fidelidade, auxilia-nos o culto ao Sagrado Coração, que nos põe diante das exigências do amor conjugal. Em decorrência, na teologia do matrimônio urge uma visão mais apurada do que seja *fidelidade*. As orientações que estão no *Catecismo* apontam para essa coordenada. O "motivo mais profundo [do matrimônio] se encontra na fidelidade de Deus à sua aliança, de Cristo à sua Igreja. Pelo sacramento do Matrimônio, os esposos se habilitam a representar essa fidelidade e a testemunhá-la"[58].

Portanto, não basta que os cônjuges sejam fiéis um ao outro; a fidelidade não é um fim em si mesma, mas o resultado necessário do amor. Se o sacramento espelha a fidelidade de Cristo para com sua esposa-Igreja, tal fidelidade é oriunda, antes, do amor com que Cristo ama a Igreja como a seu próprio Corpo.

[ii]

Seria muito pouco achar que fidelidade significa apenas "não trair o(a) consorte". A fidelidade matrimonial não se define pelo oposto negativo da infidelidade. Ao contrário, sua medida se estabelece pelo valor da *castidade*. Mantendo-se constantes na palavra dada[59], os cônjuges demonstram que Deus é fiel. Vivendo do mesmo amor com que Cristo ama sua Igreja, o casal apresenta uma fidelidade enriquecida de castidade.

Essa alegação tem respaldo nos atributos que são reverenciados na natureza divina. Ao mesmo tempo em que Deus é fiel (Dt 7,9; 32,4) e justo (Sl 145/144,17; Is 53,11), ele também manifesta o caráter de sua misericórdia, clemência e compaixão (Dt 34,5-7; Sl 86,15). Deus é amor (1Jo 4,8) e bom para com todos (Sl 145/144,9). De igual modo, a

---

57 Há uma sugestiva continuidade entre a fidelidade de Deus (Os 2,21-22; Sl 89/88,1-9.25s; Rm 3,20; 1Cor 1,9; 10,13; 2Cor 1,18; 1Ts 5,24; 2Ts 3,3; 2Tm 2,13; Hb 10,23; 11,11) e a fidelidade conjugal (Pr 5,15-23).
58 CIC 1647.
59 CIC 2365.

um casal fiel incumbe a completude da função sacramental, ou seja, de também ser sinal do amor de Deus.

É possível então um casal ser "casto"? Essa indagação exige que o conceito de castidade seja desembaraçado do uso corrente. Foi a tradição dos manuais de moral que, passando a vigorar a partir do século XVII, deixou uma impressão negativa ao associar a castidade à renúncia e à repressão. Pelo contrário, "a castidade não é nem menosprezo, nem recusa da sexualidade e do prazer sexual, e sim uma força interior e espiritual que liberta a sexualidade dos elementos negativos (egoísmo, agressividade, violência), orientando-a para a plenitude do amor autêntico"[60].

Há uma castidade propriamente conjugal. Com tranquilidade podemos responder: é em função da castidade que um matrimônio se mantém em seu conteúdo sacramental. Pela castidade conjugal, o casal testemunha perante o mundo este mistério[61] onde "o autêntico amor conjugal é assumido no amor divino"[62].

---

60   Cappelli. *Castidade*, 96. A definição compilada nos manuais teológico-morais desconectou-se do conceito tomista de "castidade", este mais clássico e integral. Em Santo Tomás, a castidade vem inserida na virtude da temperança, e por isso deve ser entendida em uma perspectiva global de valores, entre os quais, a busca do equilíbrio em meio às tensões. No caso da castidade, trata-se da "virtude por meio da qual o homem domina e regula o desejo sexual de acordo com as exigências da razão. Seu objeto verdadeiro é o prazer sexual, que deve ser colocado, desejado, usufruído e regulado de acordo com uma justa ordem" (*S. Th.* II-II, q. 151, a. 1-2)" (Cappelli. *Castidade*, 96). Portanto a castidade não se refere à abstinência sexual, e não pode ser categorizada — como outrora sucedia — em continência "perfeita" (de clérigos e religiosos) e "imperfeita" (de casados). O seu conteúdo formal é o mesmo para qualquer estado de vida. A castidade é a "autoeducação do amor" (Cappelli. *Castidade*, 97), em outras palavras, "a disposição habitual para valorizar e exercer no modo justo a sexualidade, de acordo com as exigências do amor autêntico" (Cappelli. *Castidade*, 97). É apenas no aspecto material que ela se diversifica. Assim, são diferentes as normas materiais relativas a pessoas casadas e não-casadas (noivos, viúvos, consagrados etc.), mas sendo a todas elas indispensável, como ideal de perfeição cristã, a busca do equilíbrio psicossexual, do domínio de si, da formação do caráter e do espírito de sacrifício.

61   CIC 2365.
62   CIC 1639.

No âmbito cristão do pacto matrimonial, a fidelidade diz respeito a uma propriedade essencial do amor, expressão de sua veracidade, de perseverança e duração ao longo do tempo. Trata-se de um ínsito valor humano, que desempenha central função no plano conjugal[63].

Ela se encadeia naturalmente com a castidade, virtude pela qual os esposos cultivam entre si a sinceridade de intenções, a moralidade na conduta, a reta apreciação dos motivos, a harmonia do amor[64]. Em tese, é possível haver fidelidade sem castidade, mas não há chances de se chegar à vida casta sem a experiência de os cônjuges serem fiéis um ao outro.

Pontuamos um sentido apuradíssimo para o substantivo/adjetivo "casto". Se perguntássemos "quem é casto?" aos dicionários, veríamos que em sentido próprio a palavra significa:

a. piedoso, que se conforma às regras ou ritos religiosos;

Em sentido figurado...

b. quem é isento de culpa ou impureza, virtuoso, íntegro, puro, correto[65], "o que se abstém dos prazeres ilícitos"[66], recatado e pudico.

Na verdade, por "castidade" queremos apontar a dimensão mais profunda dos desejos, pois a castidade é definida no *coração*, antes de nos *comportamentos*.

É no coração que uma pessoa se descobrirá casta ou concupiscente. Foi essa a investigação que Santo Agostinho fez no interior de sua alma, e é nesse nível que devemos avaliar se um casal vive ou não um amor casto, pois é esse, e somente esse, o amor que eleva o casamento a uma função sacramental.

---

63 CAPPELLI. *Fidelidade*, 296.
64 CIC 2368.
65 FARIA. *Dicionário escolar latino-português*, 167.
66 FERREIRA. *Dicionário de português-latim*, 141.

[iii]

Compreendido no índice da castidade, o matrimônio se constitui como uma *bem-aventurança*. A razão disso repousa na condição de os esposos serem castos, ou seja, puros de coração, pois a estes é prometido que "verão a Deus" (Mt 5,8) face a face, entrarão em seu repouso (Hb 4,7-11)[67] e serão semelhantes a Ele (1Cor 13,12; 1Jo 3,2)[68].

É pertinente assinalar as três dimensões que, para o *Catecismo*, são indispensáveis à constituição da *santidade*.

Ser santo, em breves palavras, consistiria em manifestar "um laço de união entre a pureza do coração, do corpo e da fé"[69]. A santidade, portanto, é o que se compõe, uma vez integrados os campos:

a. da caridade (1Ts 4,9; 2Tm 2,22);

b. da castidade ou retidão sexual (Cl 3,5; Ef 4,19); e

c. do amor à verdade e à ortodoxia da fé (Tt 1,15; 1Tm 1,3-4; 2Tm 2,23-26).

Propondo aos homens a prática da bem-aventurança, Deus lhes concede uma visão de si que é reservada à santidade de vida, a uma vida pura, isto é, desimpedida para o amor. Se "todos os fiéis cristãos, de qualquer estado ou ordem, são chamados à plenitude da vida cristã e à perfeição da caridade"[70], o matrimônio é o sacramento que custodia essa progressão.

O casal não é apenas chamado à santidade mediante o matrimônio. Com a vida no amor casto, os cônjuges explanam, elucidam e desvelam-nos a natureza dessa plenitude, que não é feita de um amor diferente ao que alicerça o mesmo sacramento.

Na realidade, o matrimônio realiza sua função sacramental desvendando o amor que é a "alma da santidade à qual todos são chamados"[71], esse amor de que se diz desobstruído, desatravancado, ou

---

67 CIC 1720.
68 CIC 2519.
69 CIC 2518.
70 LG 40 apud CIC 2013.
71 CIC 826.

nas palavras de Santo Agostinho, amor sem fim: "Aí descansaremos e veremos, veremos e amaremos, amaremos e louvaremos. Eis a essência do fim sem fim"[72].

A santidade é o gozo do amor casto, o amor do qual o matrimônio é o sacramento, o sacramento do qual os cônjuges são os ministros.

[iv]

Com que amor amais? É o próprio Coração de Jesus quem gera a indagação, pois o amor que ele manifestou à humanidade é critério para o amor que os cônjuges dedicam-se entre si. A forma é incondicional, como assim determinam as palavras do sacramento: "Eu, [N.], te recebo, [N.], por minha esposa [meu esposo] e te prometo ser fiel, amar-te e respeitar-te na alegria e na tristeza, na saúde e na doença, todos os dias da nossa vida"[73].

De acordo com esse consentimento nupcial, a castidade manifesta um casal que se dedica um *respeito profundo*, por mais singelo que seja um beijo, um abraço, uma carícia ou qualquer outro gesto de ternura, cuidado e atenção. Trata-se de um respeito pela pessoa do outro, pela dignidade do outro, pela vida do outro, pelos sentimentos e desejos, pensamentos, opiniões e conhecimentos do outro; um respeito que nasce da *evidência* quanto à presença de Deus na alma do(a) amado(a).

É imprescindível conceber, na fórmula, um sentido de "doença" (e "saúde") em *lato sensu*: não apenas os males físicos que acamam um dos cônjuges, mas justamente os "males" do amor, sendo o mais grave a *porneia*. Os noivos declaram a mútua fidelidade não meramente no aspecto legalista de "não trair", mas sobretudo no sentido construtivo de "viver o amor", mesmo que tendo de resistir aos assédios dos falsos amores.

O *contrato de fidelidade*, concebido como um ente ou realidade objetiva e indestrutível, não terá a primazia sobre o *laço de confiança* que

---

72 Apud CIC 1720.
73 CONGREGAÇÃO PARA O CULTO DIVINO. *Ritual do Matrimônio*, n. 96.

se constrói na importância intersubjetiva que cada um dá ao outro, espontânea e gratuitamente. Não é necessário lembrar ao marido e à esposa apaixonados de serem fiéis. Se a fidelidade torna-se uma exigência externa à maneira de uma lei cuja transgressão é vedada, deve-se voltar urgentemente a atenção para o combate à *porneia*.

Para que o Matrimônio realize sua vocação sacramental, mostrando-se digno de sua inclusão entre os Sacramentos da Igreja, é preciso manifestar o amor, ou melhor, a verdade pelo amor, o que não seria possível numa relação constantemente desestabilizada pela *porneia*. Recomendaríamos aos casais um pequeno exame, pois a fidelidade nasce como um dom gratuito do amor.

[v]

O *Ritual do Matrimônio* ensina que além de o pacto conjugal fundar-se no consentimento mútuo e irrevogável, "a própria união do homem e da mulher e o bem dos filhos exigem a perfeita fidelidade dos cônjuges e sua indissolúvel unidade"[74]. A essa meta não se chega se a aliança matrimonial não se constituir como uma "comunhão para toda a vida"[75], se a instituição do Matrimônio não se estabelecer numa "íntima comunhão de vida e amor"[76], enfim, se a união do homem e da mulher não estiver propensa ao "cultivo verdadeiro do amor conjugal"[77].

Falar em termos de "cultivo" não é uma mera casualidade. Quando se insuflam dos méritos do Coração de Jesus, deve-se pensar o *estado de vida matrimonial* no contexto de uma sociedade de tipo aberta e plural. O Coração que tanto amou é o Coração que permaneceu amando mesmo quando eram colossais os motivos para não mais amar. O Coração de onde transborda amor é o mesmo que alvitra uma *arte de amar*, de modo a indexar em toda relação conjugal a *perspectiva do cuidado e da cura*.

---

[74] Congregação para o Culto Divino. *Ritual do Matrimônio*, n. 2.
[75] Congregação para o Culto Divino. *Ritual do Matrimônio*, n. 1.
[76] Congregação para o Culto Divino. *Ritual do Matrimônio*, n. 4.
[77] Congregação para o Culto Divino. *Ritual do Matrimônio*, n. 10.

O laço matrimonial "é uma realidade viva, ativa, histórica, que pode florescer ou murchar, que pode estourar de saúde ou adoecer, ou até mesmo morrer"[78]. Isso significa que é inerente e constitutivo ao vínculo que os cônjuges estabelecem entre si uma *história de liberdade* que não cessa, nem se interrompe quando ambos exprimem um ao outro o consentimento sacramental: "*o vínculo, que não está na disponibilidade dos sujeitos, não existe como um 'objeto inquebrável e impassível', mas, ao contrário, embora sendo radicalmente abençoado por Deus, não é subtraído da história 'passível' dos homens, das suas culpas e das suas doenças*"[79].

Logo, a saúde, a fisionomia, ou mesmo a permanência do liame conjugal não se reduz ao arbítrio dos sujeitos, mas tampouco é uma realidade absolutamente alheia à capacidade de cada pessoa em dedicar-se para a construção de uma relação autêntica, nutrida de amor verdadeiro.

No matrimônio não há nada de mais natural que não possa ser endossado pelo fato de duas pessoas saberem, quererem e poderem se lançar numa convivência que se configure numa relação de amor autêntico.

O Coração de Cristo desvela um amor favorável ao casal, que influi diretamente na saúde e vitalidade de sua relação. Emana dessa Fonte um *amor terapêutico*, qual medicina que remedia as enfermidades de que um casamento venha a padecer.

[vi]

Com que amor amais? É, portanto, uma pergunta que nos faz atinar para a modalidade de amor que está em voga na vida marital. Trata-se de uma *indagação sapiencial e existencial*.

Pode ser decisivo ao futuro de um casamento saber discriminar manifestações da *porneia* ainda em seu início, quiçá no namoro e/ou noivado. O amor casto (ou simplesmente castidade) dá-se quando a

---

78 GRILLO. *O vínculo conjugal na sociedade aberta*, 11.
79 GRILLO. *O vínculo conjugal na sociedade aberta*, 10.

comunhão de um casal chega ao coração, ou quando ambos olham entre si sem recear qualquer vestígio de dominação nem instrumentalização alheia, consequência que se apontam imediatas ao pecado original[80].

Muito atento a essa leitura, o *Catecismo* a consolida num gracioso comentário onde nos mostra como é privilegiado e eficaz o apoio do Sagrado Coração para colocar o "amor" à prova:

> Jesus conheceu-nos e amou-nos a todos durante sua Vida, sua Agonia e Paixão e entregou-se por todos e cada um de nós [...]. Amou-nos a todos com um coração humano. Por essa razão, o sagrado Coração de Jesus, traspassado por nossos pecados e para a nossa salvação [Jo 19,34], "[...] é considerado o principal sinal e símbolo daquele amor com o qual o divino Redentor ama ininterruptamente o Pai Eterno e todos os homens" [HA 27][81].

A castidade não é outra coisa senão o amor casto. É a compreensão desse amor que significa, para os tempos atuais, o conteúdo da expressão "uma só carne", ao qual suplementaremos, na continuidade, com "um só coração". Esse amor alça a relação conjugal a um nível de convivência livre de enganos e dissimulações, promovendo a família à categoria de "Igreja doméstica".

3. Do casal à comunidade, do matrimônio à comunhão universal de amor

3.1. O Coração entronizado na Igreja doméstica

O fundamento do Matrimônio como sacramento é legítimo enquanto efetivamente realize seu propósito sacramental: traduzir para o concreto da vida conjugal a condição ideal e não menos real que se dá em mistério. "Na família amadurece a primeira experiên-

---

80 CIC 1606-1607.
81 CIC 478.

cia eclesial da comunhão entre pessoas, na qual pela graça se reflete o mistério da Santíssima Trindade."[82]

[i]

É para atender a essa venerável missão que Cristo Senhor elevou a aliança matrimonial à dignidade de sacramento[83], mas não só isso. O Salvador dos homens e Esposo da Igreja permanece com os cônjuges, "concede-lhes a força de segui-lo levando sua cruz e de levantar-se depois da queda, perdoar-se mutuamente, carregar o fardo um do outro, [...] e amar-se com um amor sobrenatural, delicado e fecundo"[84].

Na configuração do matrimônio em sacramento também se ressalta "a radicação dos esposos em Cristo: Cristo Senhor 'vem ao encontro dos esposos cristãos mediante o sacramento do matrimônio' (GS, 48) e com eles permanece (*sacramentum permanens*). Ele assume o amor humano, purifica-o, leva-o à plenitude e, com o seu Espírito, confere aos esposos a capacidade de o viver, impregnando a sua vida inteira de fé, esperança e caridade. Desse modo, os esposos são como que consagrados e, mediante uma graça própria, edificam o Corpo de Cristo, constituindo uma igreja doméstica (cf. LG, 11), de tal forma que a Igreja, para compreender plenamente o seu mistério, olha para a família cristã, que o manifesta de modo genuíno"[85].

Portanto, a vocação, dignificação e elevação sacramental do matrimônio confere aos esposos a missão de se amarem com um *tipo de amor* à altura de tal incumbência, uma vez que Cristo "elevou o matrimônio como sinal sacramental do seu amor pela Igreja (cf. Mt 19,1-12; Mc 10,1-12; Ef 5,21-32). Na família humana, reunida por Cristo, é restituída a 'imagem e semelhança' da Santíssima Trindade (cf. Gn 1,26), mistério do qual brota todo amor verdadeiro"[86].

Essa condição faz precisamente com que os esposos sejam "sinais sacramentais vivos, nascentes de vida para a comunidade cristã

---

82 Sínodo dos Bispos. *XIV Assembleia Geral Ordinária*, n. 51.
83 CIC 1601.
84 CIC 1642.
85 Sínodo dos Bispos. *XIV Assembleia Geral Ordinária*, n. 42.
86 Sínodo dos Bispos. *XIV Assembleia Geral Ordinária*, n. 38.

e para o mundo"⁸⁷. O homem e a mulher, individualmente e como casal, sobretudo em sua *união de amor*, "experimentam a beleza da paternidade e da maternidade; compartilham os projetos e as dificuldades, os desejos e as preocupações; aprendem a cura recíproca e o perdão mútuo. Nesse amor eles celebram os seus momentos felizes e ajudam-se nas passagens difíceis da sua história de vida"⁸⁸.

É a *dinâmica de amor* que qualifica sacramentalmente a família, habilitando-a aos diversos aspectos encontrados na Igreja, principalmente no fato — visualizava Paulo VI na *Evangelii Nuntiandi* — de '"ser um espaço onde o Evangelho é transmitido e onde o Evangelho se irradia' (EN, 71)"⁸⁹.

[ii]

Ao abrigo do Coração de Cristo pode-se então afirmar que o matrimônio não faz do casal apenas *uma só carne*, como também *uma só alma e um só coração*. Todo amor verdadeiro, o *amor castus*, advém da realidade matrimonial, pela qual o casal é uma só carne, uma só alma e um só coração.

De acordo com estas palavras selecionadas pelo *Catecismo*, vemos que Tertuliano supunha um pensamento na mesma direção: "O casal ideal não é o de dois cristãos unidos por uma única esperança, um único desejo, uma única disciplina, o mesmo serviço? Ambos filhos de um mesmo Pai, servos de um mesmo Senhor. Nada pode separá-los, nem no espírito nem na carne; ao contrário, eles são verdadeiramente dois numa só carne. Onde a carne é uma só, um também é o espírito"⁹⁰.

São João Crisóstomo não se cansava de repetir, a esse respeito, que o homem e a mulher, cada qual uma metade, tornam-se um só ser pelo laço do matrimônio que faz deles imagem de Deus mesmo⁹¹.

---

87 Sínodo dos Bispos. *XIV Assembleia Geral Ordinária*, n. 50.
88 Sínodo dos Bispos. *XIV Assembleia Geral Ordinária*, n. 49.
89 Apud Sínodo dos Bispos. *XIV Assembleia Geral Ordinária*, n. 43.
90 Apud CIC 1642.
91 Flórez. *Matrimonio y Familia*, 88.

João Paulo II exprimia-se literalmente acerca dessa verdade, concebendo-a como efeito da natureza sacramental de uma união matrimonial:

> Como cada um dos sete sacramentos, também o matrimônio é um símbolo real do acontecimento da salvação, mas de um modo próprio. "Os esposos participam nele enquanto esposos, a dois como casal, a tal ponto que o efeito primeiro e imediato do matrimônio (*res et sacramentum*) não é a graça sacramental propriamente, mas o vínculo conjugal cristão, uma comunhão a dois tipicamente cristã porque representa o mistério da Encarnação de Cristo e o seu Mistério de Aliança. E o conteúdo da participação na vida de Cristo é também específico: o amor conjugal comporta uma totalidade na qual entram todos os componentes da pessoa — chamada do corpo e do instinto, força do sentimento e da afetividade, aspiração do espírito e da vontade —; o amor conjugal dirige-se a uma unidade profundamente pessoal, aquela que, para além da união numa só carne, não conduz senão a um só coração e a uma só alma; [...] Numa palavra, trata-se de características normais do amor conjugal natural, mas com um significado novo que não só as purifica e as consolida, mas eleva-as a ponto de as tornar a expressão dos valores propriamente cristãos;"[92]

O matrimônio, conforme o rigor desse termo, manifesta ao mundo não apenas um casal, e sim uma comunidade nas dimensões de um casal, nos moldes de como os Atos dos Apóstolos qualificavam a comunidade cristã primitiva: "a multidão dos fiéis tinha uma só alma e um só coração" (At 4,32).

Eis o vínculo íntimo que se forma entre Igreja e família[93], pelo qual ambos se correspondem como um bem mútuo e recíproco.

Não é inapropriado que se apliquem ao relacionamento conjugal as mesmas palavras de Tertuliano a respeito das dissensões que feriram o corpo eclesial com ódios e divisões ao longo dos séculos:

---

92 FC 13.
93 Sínodo dos Bispos. *XIV Assembleia Geral Ordinária*, n. 52.

"Onde estão os pecados, aí está a multiplicidade (das crenças), aí o cisma, aí as heresias, aí as controvérsias. Onde, porém, está a virtude, aí está a unidade, aí a comunhão. Em força disso, os crentes eram um só coração e uma só alma"[94].

Se os esposos vivem num mesmo amor, o amor casto, não adulterado pela *porneia*, concluiremos, referente ao casal, da mesma forma que a Epístola aos Filipenses o faz quanto a uma comunidade de maiores dimensões: "que vos conservais unidos em espírito e coração, lutando juntos pela fé na Boa Notícia" (Fl 1,27).

[iii]

Toda a sacramentalidade da vida matrimonial se destina a transformar espiritualmente um casal. Numa perspectiva mais ampla, toda a "estrutura da vida familiar"[95] é pela via do sacramento orientada a constituir uma Igreja doméstica, afinal, "a Igreja não é outra coisa senão a 'família de Deus'"[96].

Esse entendimento, além de afirmar uma verdade elementar sobre a Igreja, representa uma pujante estratégia evangelizadora.

É na configuração de uma *domus ecclesiae* que a instituição familiar recebe da Igreja valor e importância, indicam-nos documentos que situam o lar como fonte e destino de ações pastorais e missionárias[97].

Expressando-se pela *Familiaris Consortio*, considerada a *Magna Carta* da doutrina e do ensinamento pastoral da Igreja referente à família, João Paulo II dizia: vivemos um "tempo de prova e de graça"[98], e por isso um tempo em que os filhos da Igreja devem *"amar particularmente a família"*[99], "saber estimar os seus valores e possibi-

---

94 Apud CIC 817.
95 Congregação para o Culto Divino. *Ritual do Matrimônio*, n. 10.
96 CIC 1655; vejam-se CIC 759, 764, 959, 2232-2233.
97 CIC 2685, 2205; veja-se CIC 2204 com as indicações de Ef 5,21–6,6; Cl 3,18-21 e 1Pd 3,1-7.
98 FC 85.
99 FC 85.

lidades, promovendo-os sempre"¹⁰⁰, "descobrir os perigos e os males que a ameaçam, para poder superá-los"¹⁰¹, "empenhar-se em criar um ambiente favorável ao seu desenvolvimento"¹⁰² e, de forma eminente, "dar-lhe novamente razões de confiança em si mesma, nas riquezas próprias que lhe advém da natureza e da graça e na missão que Deus lhe confiou"¹⁰³.

Rastreamos no projeto conciliar uma competente afinidade entre a função social da família e a missão da Igreja.

a. A *Gaudium et Spes* zela por um plano global: "a família humana se reconhece, no mundo inteiro, como sendo uma única comunidade"¹⁰⁴.

Para versar em *família humana* ou em *comunidade mundial*, João Paulo II parte do ponto em que "no matrimônio e na família constitui-se um complexo de relações interpessoais — vida conjugal, paternidade-maternidade, filiação, fraternidade — mediante as quais cada pessoa humana é introduzida na 'família humana' e na 'família de Deus', que é a Igreja"¹⁰⁵.

O Sagrado Coração de Jesus é a "divina fonte da caridade"¹⁰⁶, donde brota para os cônjuges um amor inquebrantável, reconduzindo-os à "forma e santidade primitivas"¹⁰⁷ do Matrimônio. Nesse direcionamento,

b. o Decreto conciliar *Apostolicam Actuositatem* deixa entender que a sociedade conjugal foi estabelecida pelo Criador do mundo como princípio e fundamento da sociedade humana, rece-

---

100 FC 85.
101 FC 85.
102 FC 85.
103 FC 85.
104 GS 33.
105 FC 15.
106 Congregação para o Culto Divino. *Ritual do Matrimônio*, n. 9.
107 Congregação para o Culto Divino. *Ritual do Matrimônio*, n. 5.

bendo de Deus a missão de ser a célula primeira e vital da sociedade, uma "espécie de santuário doméstico da Igreja"[108].

Importou que fosse impreterível o patrocínio do Sagrado Coração para que também...

c. a *Lumem Gentium* designasse a família como "igreja doméstica"[109], tendo feito o mesmo os papas João Paulo II[110] e Bento XVI, que a considerou um "âmbito primário da vida da Igreja"[111], principalmente por seu papel decisivo na educação cristã dos filhos.

Para Francisco, sem se esquecer dessa convicção central[112], a Igreja realiza em proporções mais amplas aquilo que ocorre na unidade familiar: "Como sucede em cada família, a Igreja transmite aos seus filhos o conteúdo da sua memória"[113].

Tocante à transmissão da fé, há entre a Igreja e a família uma *sinergia*[114]: "A Igreja é família de famílias, constantemente enriquecida pela vida de todas as igrejas domésticas"[115]. E assim se dá que "o amor vivido nas famílias é uma força permanente para a vida da Igreja"[116].

Nessas passagens está depositado um insistente convite para refletirmos sobre uma qualidade de vínculos múltiplos e profundos que ligam entre si a Igreja e a família cristã. Elas justificam o epíteto "Igreja em miniatura (*Ecclesia domestica*)"[117] e a concepção do

---

108 AA 11.
109 LG 11.
110 FC 21.
111 SCa 27.
112 AL 86.
113 LF 40.
114 LF 43; veja-se LF 52-53.
115 AL 87.
116 AL 88.
117 FC 49; veja-se CIC 1656.

matrimônio, fundamento da família, como uma "comunhão de pessoas"[118] e uma "íntima comunidade de vida e de amor"[119].

Nada tão mais alusivo ao Coração de Jesus do que tratar a família com tão nobres conceitos! O Coração de Cristo não deve oferecer outro amor a não ser aquele que vivenciou na *domus ecclesiae* de Nazaré. Nas palavras conclusivas da *Familiaris Consortio*:

> Por misterioso desígnio de Deus, nela viveu o Filho de Deus escondido por muitos anos: é, pois, protótipo e exemplo de todas as famílias cristãs. E aquela Família, única no mundo, que passou uma existência anônima e silenciosa numa pequena localidade da Palestina; que foi provada pela pobreza, pela perseguição, pelo exílio; que glorificou a Deus de modo incomparavelmente alto e puro, não deixará de ajudar as famílias cristãs, ou melhor, todas as famílias do mundo, na fidelidade aos deveres quotidianos, no suportar as ânsias e as tribulações da vida, na generosa abertura às necessidades dos outros, no feliz cumprimento do plano de Deus a seu respeito[120].

3.2. O dom da amizade e a união de corações

Tanta atenção dada à família se justifica pelo fato (teológico) de ela *subsistir no amor*. É capital que se desenvolva esse discernimento, a fim de que algum pseudoamor não adultere a autenticidade do sagrado laço matrimonial. Tal é a perspectiva da *Amoris Laetitia*, na qual o Papa Francisco se põe a destrinchar cada verso do "Hino ao Amor", encontrado em 1Coríntios 13,4-7[121].

Lido com vistas à relação conjugal[122], é fulcral que o *amor próprio ao Matrimônio* esteja precavido contra "um amor frágil ou enfer-

---

118 FC 21; veja-se FC 43.
119 GS 48 apud FC 17; vejam-se FC 61, 64.
120 FC 85.
121 AL 89-119.
122 AL 120-141.

miço, incapaz de aceitar o matrimônio como um desafio que exige lutar, renascer, reinventar-se e recomeçar sempre de novo"[123]. Não pode sustentar um nível de compromisso digno do matrimônio um suposto "amor" que ceda à "cultura do provisório"[124]. Tampouco estaria apto para "a modalidade da instituição matrimonial"[125] certas "fantasias sobre um amor idílico e perfeito"[126], que nega a via do crescimento contínuo ou do amadurecimento constante[127].

[i]

Não distante de reafirmar sobre o casamento — como em outros documentos pontifícios — a preeminência de valores significados em palavras como indissolubilidade, fidelidade, doação, fecundidade e procriação[128], a Exortação pós-Sinodal principia pela arguta inclusão da *amizade* no seio da união conjugal.

O matrimônio não poderia ser privado da experiência, tão específica dos amigos, pela qual um se compraz com a alegria do outro[129]. Uma experiência estética e contemplativa conjuga-se no fato de amigos se tratarem como fins em si mesmos, e não objetos de uso e subordinação[130].

Tal relação é perfeitamente apropriada para a vida conjugal. Pode-se assim chamar de *caridade* ao *amor de amizade* que "capta e aprecia o 'valor sublime' que tem o outro"[131]. Na realidade, o matrimônio se dá quando "essa amizade peculiar entre um homem e

---

123   AL 124.
124   AL 124.
125   AL 131.
126   AL 135.
127   AL 134.
128   AL 62, 77, 86; vejam-se FC 13, 20, 68; Sínodo dos Bispos. *XIV Assembleia Geral Ordinária*, n. 48-50, 56.
129   AL 129.
130   AL 128.
131   AL 127.

uma mulher adquire um carácter totalizante, que só se verifica na união conjugal"[132].

Mencionar a amizade a propósito do matrimônio não poderia soar como algo estranho nem incomum. A amizade está entre os conceitos selecionados pelo Novo Testamento para compor o vocabulário do amor. Ao lado de *agapân-agapê* (amar-amor), o verbo *phileîn* presta considerável auxílio para a formação do arco semântico do mandamento do amor. O fundamento antropológico-teológico do amor a Deus e ao próximo, e o seu horizonte ético, não poderia ser rastreado sem levar em conta o dom da amizade[133].

Portanto, não é demais lembrar que "a virtude da castidade desabrocha na *amizade*"[134]. Os esposos também são, um para o outro, amigos. Eles se reconhecem, nessa condição, como discípulos de Jesus (Jo 15,15) e viandantes do Caminho (At 9,2; 24,14).

[ii]

Estamos presenciando uma guinada que só poderíamos remontar aos influxos da espiritualidade do Sagrado Coração na compreensão teológica do Matrimônio como sacramento. A inserção da amizade no trato conjugal confere vigor à perspectiva do *matrimônio como dom*. Essa ênfase não contraria, mas representa um diferencial para com a tendência clássica de se destacar os *deveres* naturais dessa instituição.

O discurso do Magistério evoca geralmente em primeiro lugar as exigências oriundas do matrimônio analisado tanto à luz de seus fundamentos naturais como em vista de sua plenitude sacramental: "A ordem da redenção ilumina e completa a ordem da criação"[135]. João Paulo II argumentava ser "sempre muito importante possuir uma reta concepção da ordem moral, dos seus valores e das suas

---

132 AL 125.
133 ALVAREZ. *Amor ao próximo*, 18.
134 CIC 2347.
135 SÍNODO DOS BISPOS. *XIV Assembleia Geral Ordinária*, n. 47.

normas: a importância aumenta quando se tornam mais numerosas e graves as dificuldades para as respeitar"[136].

Apresentar o que Deus Criador e Jesus Cristo, seu Filho, propõem como desígnio e ordem moral do matrimônio seria um serviço irrenunciável da Igreja, notadamente quando sua observância está medida com quotas mais intensas de testemunho, bom exemplo, sacrifício, mortificação e renúncia[137]. Todavia uma porção integrante desse desígnio não pode ficar esmaecida. Diz Francisco:

a. "O ideal do matrimônio não pode configurar-se apenas como uma doação generosa e sacrificada, onde cada um renuncia a qualquer necessidade pessoal e se preocupa apenas por fazer o bem ao outro, sem satisfação alguma. Lembremo-nos de que um amor verdadeiro também sabe receber do outro, é capaz de se aceitar como vulnerável e necessitado, não renuncia a receber, com gratidão sincera e feliz, as expressões corporais do amor na carícia, no abraço, no beijo e na união sexual."[138]

O Papa Francisco vai assim à filosofia de Santo Tomás de Aquino, voltada em grande medida para as fontes aristotélicas[139], convocando a amizade para compor a alegria do amor matrimonial:

b. "Depois do amor que nos une a Deus, o amor conjugal é a 'amizade maior'. É uma união que tem todas as características duma boa amizade: busca do bem do outro, reciprocidade, intimidade, ternura, estabilidade e uma semelhança entre os amigos que se vai construindo com a vida partilhada."[140]

Um casal, dedicado a cultivar a amizade entre si, estará mais bem munido para corrigir inclusive distorções de sexualidade e ero-

---

136 FC 34.
137 FC 16.
138 AL 157.
139 Tomás de Aquino, na *Summa contra gentiles* (III,123), faz eco a Aristóteles na *Ética a Nicômaco* (8,12); veja-se *Summa theologiae* (I-II, q. 26, a. 3; I-II, q. 110, a. 1).
140 AL 123.

tismo que levam ao desprezo e *ao* descuido do outro[141]. É em razão da amizade que os cônjuges, notando seus pontos fracos, reforçam um interesse decidido em promoverem-se como seres humanos, procurando contrabalancear suas fragilidades com o desenvolvimento de suas potencialidades[142].

Como a vida matrimonial não é homogênea, mas possui etapas que transcorrem de forma gradativa, na amizade alvorece uma efetiva e progressiva confiança mútua: "do impacto inicial caracterizado por uma atração decididamente sensível, passa-se à necessidade do outro sentido como parte da vida própria. Daqui passa-se ao gosto da pertença mútua, seguido pela compreensão da vida inteira como um projeto de ambos, pela capacidade de colocar a felicidade do outro acima das necessidades próprias, e pela alegria de ver o próprio matrimônio como um bem para a sociedade"[143].

Esse ensinamento — diga-se, renovado — a respeito do matrimônio persuade-nos pela aplicação deste versículo do Evangelho segundo São João: "Já não vos chamo servos, porque o servo não sabe o que o seu senhor faz. Eu vos chamei amigos, porque vos comuniquei tudo o que ouvi do meu Pai" (Jo 15,15).

O Coração de Jesus reserva aos casais o dom da amizade. Mais os esposos serão sacramento para o mundo se mais permitirem-se a uma comunhão integral entre si, uma partilha de sentimentos e expectativas, de motivações e interesses, de desejos e angústias, de valores e afinidades, de desacordos ou discrepâncias.

O Coração de Cristo é a fisionomia realçada do gesto de *tornarse próximo e conhecido*, o gesto que funda toda a possibilidade de amizade. Tal é o princípio para fazer do laço matrimonial algo sólido, resistente, compacto e sadio. É por isso que "o amor concretizado num matrimônio contraído diante dos outros, com todas as obrigações decorrentes dessa institucionalização, é manifestação e proteção de

---

141 *Eros* não é rejeitado enquanto tal, e sim aqueles elementos que o corrompem, subvertem-no e o extraviam, donde a necessidade de um caminho pedagógico que educa a emotividade e o instinto (AL 147-149); veja-se DC 3-8.
142 AL 210.
143 AL 220.

um 'sim' que se dá sem reservas nem restrições. Este sim significa dizer ao outro que poderá sempre confiar, não será abandonado, se perder atrativo, se tiver dificuldades ou se se apresentarem novas possibilidades de prazer ou de interesses egoístas"[144].

---

144   AL 132.

Capítulo 8

Eucaristia

A PERFEIÇÃO DA CARIDADE

Nossa meditação sobre a Eucaristia está repartida em seções que nos conduzirão ao trajeto aqui designado por *ciclo* ou *circuito eucarístico*. A Eucaristia é o corpo de Cristo; como o Corpo de Cristo é a Igreja, a Eucaristia é o corpo-Igreja; e como todo batizado é membro do Corpo de Cristo que é a Igreja, a Eucaristia é o corpo do próximo. Isso significa que na Eucaristia comungamos o Cristo, a Igreja e a vida do irmão.

Com esses três aspectos, atentamos para a realidade integral desse sacramento: o cristológico (corpo de Cristo), o eclesiológico (corpo da Igreja) e o ético (corpo do irmão). Um dos mais impressionantes parágrafos que o *Catecismo* reserva a respeito do Sagrado Coração aborda exatamente sua relação com a Eucaristia. Assim nos diz:

> Tendo Cristo passado deste mundo ao Pai, dá-nos na Eucaristia o penhor da glória junto dele: a participação no Santo Sacrifício nos identifica com o seu coração, sustenta as nossas forças ao longo da peregrinação desta vida, faz-nos desejar a vida eterna e nos une já à Igreja do céu, à santa Virgem Maria e a todos os santos[1].

---

1 CIC 1419.

A espiritualidade do Sagrado Coração insta que busquemos uma compreensão mais integral da Eucaristia. Se distribuirmos as partes desse trecho do *Catecismo*, veremos a essência da Eucaristia expressa num aspecto triplo:

a. *"a participação no Santo Sacrifício nos identifica com o seu coração"*: essa é a dimensão cristológica, pela qual a Eucaristia é identificada à pessoa real de Jesus, verdadeiro homem, verdadeiro Deus.

b. *"sustenta as nossas forças ao longo da peregrinação desta vida"*: essa é a dimensão ética, pois é ao longo da vida terrena que desenvolvemos a fraternidade, praticamos a solidariedade e criamos os laços de comunhão que nos tornam aptos à comunhão eterna em Deus.

c. *"faz-nos desejar a vida eterna e nos une já à Igreja do céu, à santa Virgem Maria e a todos os santos"*: enfim, a dimensão eclesial, exposta em termos de desejar a vida eterna enquanto participação na Igreja celeste, constituída pela Virgem Maria e todos os santos e anjos de Deus, nos quais buscamos apoio e intercessão enquanto peregrinos na Igreja terrestre.

Não há como nem por que separar uma dimensão da outra. Todas elas são inerentes, essenciais e constitutivas da Eucaristia. Nossa participação ficaria reduzida ou mesmo defasada se, comungando do sacramento, pensássemos apenas no corpo de Cristo que recebemos aos domingos. Não comungaremos as necessidades do pobre nos seis outros dias da semana?

Uma dimensão leva à outra. O corpo de Cristo é força para ampliarmos nossa capacidade de comungar da vida do irmão; mas a comunhão das sagradas espécies só completa seu ciclo quando realiza um tipo de comunhão que vamos desenvolvendo na família eclesial, os laços com o próximo, construídos com gestos de amor que Jesus ensinou a praticar.

O Sagrado Coração manifesta-nos o sacramento eucarístico de maneira triplamente qualificada. Em função disso desenvolveremos nossa reflexão nas próximas seções.

1. Dimensão cristológica: a presença real de Jesus na Eucaristia

A Tradição cristã sempre forjou expressões que destacassem a Eucaristia em sua natureza especial, ou seja, em sua realidade substancial. São Justino cunhou o adjetivo "eucaristizado"[2]; um pouco antes dele, lemos no Evangelho segundo São João: "Minha carne é verdadeira comida e meu sangue é verdadeira bebida. Quem comer minha carne e beber meu sangue habitará em mim e eu nele" (Jo 6,55-56).

Essas referências, associadas ao depoimento indiscutível dos Santos Padres[3], compõem o rol de testemunhos doutrinais acerca da *presença real* de Jesus na Eucaristia, que o *Catecismo* permite reverberar de modo assertivo e até mesmo comparativo. "É pela *conversão* do pão e do vinho no Corpo e no Sangue de Cristo que este se torna presente em tal sacramento."[4]

Embora Cristo esteja presente de múltiplas maneiras — pela Palavra e oração, na assembleia reunida, nos pobres, doentes e encarcerados, e ainda nos sacramentos e na pessoa do ministro —, ele está presente *"sobretudo* [...] *sob as espécies eucarísticas"*[5].

Há uma passagem do *Catecismo* que, reportando-se a Trento, proclama de forma categórica esse ensinamento:

> O modo de presença de Cristo sob as espécies eucarísticas é único. Ele eleva a Eucaristia acima de todos os sacramentos e

---

2 Apud CIC 1355.

3 O *Catecismo* convoca, a propósito, os de São João Crisóstomo e Santo Ambrósio (CIC 1375).

4 CIC 1375.

5 SC 7 apud CIC 1373. Por isso, ao se falar em presença "real", esclarece Paulo VI, não se deve pôr em nota de exclusão todas as outras presenças, como se elas não fossem "reais". Elas são reais "por antonomásia", mas não em "substância". Na Eucaristia "está presente, de fato, Cristo completo, Deus e homem" (MF 41), não apenas espiritualmente ou segundo uma natureza pneumática, tampouco de maneira reduzível a "puro simbolismo" (MF 41), como se fosse meramente um sinal. Em síntese, "imediatamente, depois da consagração, o verdadeiro corpo de nosso Senhor e seu verdadeiro sangue, unidos à sua alma e divindade, existem sob a espécie do pão e do vinho" (Denz. 1640).

faz com que ela seja "como que o coroamento da vida espiritual e o fim ao qual tendem todos os sacramentos". No santíssimo sacramento da Eucaristia estão "contidos *verdadeiramente, realmente e substancialmente* o Corpo e o Sangue juntamente com a alma e a divindade de Nosso Senhor Jesus Cristo e, por conseguinte, o *Cristo todo*"[6].

O texto soa-nos autoexplicativo[7], considerando inclusive a forma utilizada por Paulo VI para apresentar o mesmo conteúdo. O papa diz ser "verdadeiramente sublime a presença de Cristo na sua Igreja pelo Sacramento da Eucaristia"[8].
Em que consiste esse modo único da presença de Cristo? Qual é o seu caráter excepcional e verdadeiramente sublime? Resumindo a fé católica numa doutrina central, o Concílio de Trento declara com palavras exatas:

> pela consagração do pão e do vinho opera-se a mudança de toda a substância do pão na substância do Corpo de Cristo Nosso Senhor e de toda a substância do vinho na substância do seu Sangue; esta mudança, a Igreja católica denominou-a com acerto e exatidão *transubstanciação*[9].

---

6 CIC 1374; veja-se Denz. 1651.

7 "Trento não pretende fazer um tratado sistemático sobre a eucaristia, senão recolher a doutrina mais comum da Igreja a respeito. Não quer decidir sobre questões discutidas, e sim rebater os 'erros' dos protestantes sobre questões adquiridas. Não intenta condenar tudo o que os reformadores criticam, mas sair dos extremos, abusos e exageros teóricos e práticas que se dão na mesma Igreja, e que também são assinaladas pelos protestantes. Não busca dogmatizar um pensamento filosófico, nem algumas categorias teológicas (substância, acidente, transubstanciação), nem umas formas celebrativas cultuais (só com o cânon romano, em latim, comunhão sob a espécie do pão), porém é devedor das mesmas em um contexto e tempo determinados, com uma visão muito concreta da realidade. Sua resposta é concreta e clarificadora, em vez de apologética e finalizada em uma controvérsia. Não obstante essas precisões, Trento constitui um ponto de chegada da reflexão e práxis medieval, e um ponto de partida da reflexão e práxis pós-conciliar" (Borobio. *Eucaristía*, 82, tradução nossa).

8 MF 40.

9 CIC 1376; veja-se Denz. 1642.

1.1. O alimento eucarístico

É importante olharmos com atenção o ensinamento de Trento e o que seu argumento mais valoriza: o grande mistério que é a pessoa de Jesus Cristo.

> Em primeiro lugar, o santo Sínodo ensina e professa aberta e simplesmente que, no sublime sacramento da santa Eucaristia, depois da consagração do pão e do vinho, nosso Senhor Jesus Cristo, verdadeiro Deus e verdadeiro homem, está contido verdadeira, real e substancialmente sob a aparência das coisas sensíveis. Pois não há contradição nisto, que o mesmo nosso Salvador esteja sempre sentado à direita do Pai nos céus, segundo o seu modo natural de existir, e que, não obstante, esteja para nós sacramentalmente presente em sua substância, em muitos outros lugares, segundo um modo de existência que, embora mal o possamos exprimir em palavras, podemos reconhecer pelo pensamento iluminado pela fé como possível para Deus [cf. Mt 19,26; Lc 18,27], e no qual devemos crer firmemente[10].

Não há contradição que Jesus esteja no céu e ao mesmo tempo na terra, sentado à direita do trono de Deus e exposto nas espécies eucarísticas em cima do altar. Nosso Senhor,

a. como *pão dos anjos*, é alimento para os que vivem no céu;

b. como *pão eucarístico*, é alimento para os peregrinos na terra.

A ideia de pão ou alimento nos faz recordar da célebre epígrafe de Santo Abércio, bispo no século II, considerada a de conteúdo eucarístico mais antigo: "Preparou-me como alimento o peixe de uma nascente [...] incontaminada, que a virgem pura toma e todos os dias oferece aos amigos para que o comam, com vinho excelente, que oferece misturado com pão"[11].

---

10   Denz. 1636.
11   Apud SÍNODO DOS BISPOS. *XI Assembleia Geral Ordinária*, n. 40.

Como o entende o Sínodo dos Bispos, a "Eucaristia é a presença viva de Cristo na Igreja". O peixe é um dos símbolos tradicionais do mistério eucarístico, porque evoca que a "humilhação do Senhor levou-O a transformar-Se em alimento para o homem (cf. 1Cor 10,16; 11,23s)"[12].

Essa imagem também embasa a reflexão de Urbano IV. Devido ao assim conceituado "alimento" eucarístico, "no qual reconsideramos a grata memória da nossa redenção, no qual somos afastados do mal e revigorados no bem, [...] progredimos no crescimento das virtudes e das graças, no qual verdadeiramente progredimos pela presença corpórea do próprio Salvador"[13].

Não é sem razão que essas palavras, que no século XIII introduziram a festa de "Corpus Christi" em toda a Igreja, somando-se às que Trento aprovou em 11 de outubro de 1551, por ocasião da 13ª sessão, serviram de alicerce para determinados anseios de espiritualidade que tratam a Sagrada Comunhão como:

a. alimento para a alma;
b. meio excelente de união íntima com Deus;
c. remédio ou antídoto;
d. coisa santa;
e. objeto digníssimo de auspiciosa adoração;
f. termo de suprema aspiração[14].

De qualquer modo, o pão que nos faz progredir é aquele em cujo alimento Cristo "ofereceu a si mesmo", com esse gesto "superando toda plenitude de generosidade, excedendo toda medida de amor"[15]. Claro está que este pão, cujo memorial nos recorda a sua instituição, constitui percepção estreitamente ligada à "sacramental comemora-

---

12 Sínodo dos Bispos. *XI Assembleia Geral Ordinária*, n. 40.
13 Denz. 846.
14 CIC 1331.
15 Denz. 847.

ção do Cristo"¹⁶ presente conosco, "no qual se encontra todo deleite [...], no qual conseguimos sim uma ajuda de vida e salvação"¹⁷.

1.2. O Sacramento dos sacramentos

Não podemos contar a Eucaristia como um sacramento entre outros. Ela é Jesus em pessoa, de modo verdadeiro, real e substancial¹⁸, o que justifica anexarmos ao nome desse sacramento adjetivos que indiquem sua excelência.

Assim como a Eucaristia guarda algo de comum com os outros sacramentos, o aspecto que a diferencia justifica cognominá-la, como o fez Santo Tomás de Aquino, "Sacramento dos sacramentos"¹⁹, a "perfeição da vida espiritual e o fim de todos os Sacramentos"²⁰, e reconhecê-la "santíssima" e "augustíssima", como no *Código de Direito Canônico*: "Augustíssimo sacramento é a santíssima Eucaristia, na qual se contém, se oferece e se recebe o próprio Cristo Senhor e pela qual continuamente vive e cresce a Igreja"²¹.

Continuamos assistidos por Trento, para assim lermos de suas atas:

> A Santíssima Eucaristia tem em comum com os outros sacramentos o fato de ser "o símbolo de uma realidade sagrada e a forma visível da graça invisível". O que nela se encontra de excelente e singular consiste nisto, que os outros sacramentos só têm força de santificar no momento em que são recebidos, enquanto na Eucaristia está o próprio autor da santidade, mesmo antes que ela seja recebida²².

---

16   Denz. 846.
17   Denz. 846.
18   Denz. 1640-1641.
19   Apud CIC 1211; vejam-se *Summa theologiae* (III, q. 65, a. 3), CIC 1374.
20   Apud MF 40; veja-se *Summa theologiae* (III, q. 73, a. 3c.).
21   CDC 897.
22   Denz. 1639.

O Concílio realça o que há de comum e de distinto entre a Eucaristia e os outros sacramentos.

Sendo um sacramento, a Eucaristia compõe-se, tal como os demais, de uma parte *visível* e outra *invisível*. A forma invisível é sempre Cristo Jesus, pois em todo sacramento é Cristo quem age.

Na Igreja, ou melhor, no "tempo da Igreja", que teve início com a efusão do Espírito Santo no dia de Pentecostes, Cristo passa a viver na Igreja e a agir com ela de uma nova forma: "Age pelos sacramentos; é isto que a Tradição comum do Oriente e do Ocidente chama de 'economia sacramental'; esta consiste na comunicação (ou 'dispensação') dos frutos do Mistério Pascal de Cristo na celebração da liturgia 'sacramental' da Igreja"[23].

Todo sacramento é ministrado pela Igreja mediante uma celebração. Todo sacramento é liturgicamente celebrado; dessa maneira, é sempre Cristo quem age com e na Igreja, de um modo ao qual se dá o nome *economia sacramental*.

A Eucaristia, contudo, porta uma marca idiossincrática, como claramente explica Paulo VI:

> A presença do verdadeiro Corpo de Cristo e do verdadeiro Sangue de Cristo neste sacramento "não se pode descobrir pelos sentidos, diz Sto. Tomás, mas *só com fé*, baseada na autoridade de Deus". Por isso, comentando o texto de S. Lucas 22,19 ("Isto é o meu Corpo que será entregue por vós"), São Cirilo declara: "Não perguntes se é ou não verdade; aceita com fé as palavras do Senhor, porque ele, que é a verdade, não mente"[24].

Vemos que a parte invisível é o elemento comum a cada um dos sete sacramentos. Qual é a então a parte visível? Em que sentido a Eucaristia se distingue e se sobressai em relação aos demais sinais da salvação?

---

23   CIC 1076.
24   MF 18 apud CIC 1381.

[i]

Pomos exemplo: para acontecer o Batismo é preciso água batismal; para a Confirmação, o óleo chamado crisma; na Eucaristia, são as oblatas, ou seja, o pão e o vinho ofertados.

Impõe-se que o pão e o vinho cumprem na Eucaristia uma função similar às matérias (visíveis) relativas a cada sacramento, porém com uma diferença fundamental: nem a água do Batismo, tampouco o óleo da Confirmação são Cristo em pessoa.

Em qualquer caso, é Cristo quem age invisível e eficazmente — *ex opere operato, ex opere Christo operato*[25] — através da água e da unção. Mas nas espécies eucarísticas, é Cristo quem se dá, pessoalmente, para ser comungado.

Significa que, na Eucaristia, Jesus não dá a graça em virtude do próprio sacramento, pois é ele mesmo quem, em virtude do sacramento, dá-se como Graça.

Na Eucaristia não recebemos apenas uma graça, mas o próprio Dator da graça, Jesus Cristo Nosso Senhor, real e verdadeiramente presente, como dizia São Leonardo de Porto-Maurício[26]. Ou como exclamava, jubiloso, o papa Urbano IV: "Ó singular e maravilhosa generosidade, onde o doador vem como dom, e o que é doado é totalmente idêntico ao doador!"[27]. Trata-se, enfim, da "mesma carne, com que andou [o Senhor] na terra, essa mesma nos deu a comer para nossa salvação", associava Santo Agostinho[28].

[ii]

Segue-se que a Eucaristia é também o Sacramento maior em razão daquilo que as palavras (invisíveis) significam ao realizar a transubstanciação.

---

25 Foi o teólogo belga Charles Moeller (1912-1986) quem assim se exprimiu, realçando o sentido profundo da doutrina tridentina.
26 PORTO-MAURÍCIO. *Excelências da Santa Missa*.
27 Denz. 847.
28 Apud MF 57.

Santo Ambrósio, num de seus sermões, legou-nos um comentário muito preciso:

> Em primeiríssimo lugar, eu te digo, a respeito da Palavra de Cristo, que é operante: ela pode mudar e transformar as leis gerais da natureza. Ainda mais. Na hora em que os discípulos, não podendo suportar as palavras de Cristo, ao ouvir dizer que daria sua carne como comida e seu sangue como bebida, se afastavam, somente Pedro então disse: *Tens palavras de vida eterna, e eu, aonde irei, se me afastar de ti?* [Jo 6,68]. Para que, no entanto, muitos não digam a mesma coisa, sob pretexto de sentirem repugnância do sangue, e para que se mantenha assim a graça da Redenção, recebes o sacramento sob espécie, mas consegues a graça e a virtude da realidade[29].

Esse trecho pertence à esfera de uma exortação pastoral dirigida a neófitos, ou seja, a pessoas recém-batizadas que estavam recebendo uma catequese acerca das verdades centrais do sacramento eucarístico. A Eucaristia vem situada como cume não apenas da iniciação cristã, mas também de toda a história da salvação.

Articulando uma explicação de forma realista, Santo Ambrósio transmite aos novos cristãos a seguinte doutrina: as palavras por cujo poder foi realizada a multiplicação dos pães e dos peixes (Jo 6,11) são as mesmas que operam misteriosamente a transformação dos dons em corpo e sangue do Senhor (Jo 6,53-56), deixando estupefatos os que ouviam esse ensinamento (Jo 6,60-61.66).

É a Palavra de Cristo que opera extraordinária transformação, de acordo com a descrição do Concílio tridentino. É por força dela que "o pão e o vinho, portanto, transformam-se na presença pessoal e real de Cristo"[30], mas é por força de Cristo ressuscitado que ele, o Senhor, se faz presente nas espécies eucarísticas.

> O corpo está sob a espécie do pão e o sangue sob a espécie do vinho por força das palavras, enquanto o corpo está sob a espécie do vinho e o sangue sob a espécie do pão e a alma sob

---

29 Ambrósio. *Os sacramentos e os mistérios*, Sacr. VI,I,3.
30 Borobio. *Eucaristía*, 63 (tradução nossa).

ambas as espécies por força daquela natural conexão e concomitância pela qual se unem entre si as partes do Cristo Senhor, que já ressuscitou dentre os mortos e não mais morrerá. A divindade está presente por causa daquela sua admirável união hipostática com o corpo e a alma[31].

Assim, as palavras da consagração transformam o pão e o vinho em corpo e sangue que, por sua vez, estão naturalmente unidos à alma de Cristo, e esta, hipostaticamente unida ao Verbo de Deus. A Eucaristia é tudo isso, tal como o Símbolo de Calcedônia articulou a propósito da fé católica: "um só e o mesmo Filho, o Senhor nosso Jesus Cristo, perfeito na sua divindade e perfeito na sua humanidade, verdadeiro Deus e verdadeiro homem composto de alma racional e de corpo, consubstancial ao Pai segundo a divindade e consubstancial a nós segundo a humanidade"[32].

Tudo isso é a Eucaristia, a imagem do Verbo divino que se reflete no Coração sacratíssimo de Jesus, como nos asseguram os dizeres de Pio XII: "o coração do nosso Salvador reflete de certo modo a imagem da divina pessoa do Verbo, e, igualmente, das suas duas naturezas: humana e divina; e nele podemos considerar não só um símbolo, mas também como que um compêndio de todo o mistério da nossa redenção"[33].

1.3. O culto de adoração

A Eucaristia nos dispensa o próprio Cristo, conforme o memorial de sua presença nos dons eucarísticos do pão (feito corpo) e do vi-

---

31 Denz. 1640.
32 Denz. 301. Além disso, como prossegue o Concílio, "reconhecido em duas naturezas, sem confusão, sem mudança, sem divisão, sem separação, não sendo de modo algum anulada a diferença das naturezas por causa da sua união, mas, pelo contrário, salvaguardando a propriedade de cada uma das naturezas e concorrendo numa só pessoa e numa só hipóstase; não dividido ou separado em duas pessoas, mas num único e o mesmo Filho, unigênito, Deus Verbo, o Senhor Jesus Cristo" (Denz. 302); vejam-se HA 21-23, 25.
33 HA 43.

nho (feito sangue). E como se trata do Cristo, isso faz da Eucaristia objeto de *adoração*³⁴; afinal, como interpõe Santo Agostinho, "ninguém come aquela Carne sem primeiro a adorar [...]; não só não pecamos adorando-a, mas pecaríamos se a não adorássemos"³⁵.

Por extensão, o culto de adoração projeta-se no Coração do Senhor, que ao seu modo também performa a presença real que define os dons eucarísticos. Assim o deduz Pio XII: "Nada, portanto, proíbe que adoremos o coração sacratíssimo de Jesus Cristo, enquanto é participante, símbolo natural e sumamente expressivo daquele amor inexaurível em que ainda hoje o divino Redentor arde para com os homens"³⁶.

A água batismal ou o crisma da Confirmação não são objeto de latria (*latreía*), e sim o Pão e Vinho eucarísticos. Logo, nós não apenas recebemos a Eucaristia para a nossa santificação, como também a adoramos conforme o culto devido a Deus. Como nos termos do Concílio de Trento: "Não há, pois, razão de duvidar que todos os fiéis cristãos, segundo o costume recebido desde sempre na Igreja católica, devem render, na veneração deste santíssimo sacramento, o culto de adoração, devido ao verdadeiro Deus"³⁷.

Na celebração eucarística, como legisla o Direito, "o Cristo Senhor [...] se oferece a Deus Pai e se dá como alimento espiritual aos fiéis unidos à sua oblação"³⁸, evento que justifica os fiéis terem "na máxima honra a santíssima Eucaristia, participando ativamente na celebração do augustíssimo Sacrifício, recebendo devotíssima e frequentemente esse sacramento e prestando-lhe culto com suprema adoração"³⁹.

Santo Tomás de Aquino primava pelo direito divino de receber da criatura adoração. A Eucaristia não se restringe ao fato teológico

---

34 MF 58-65; HA 12-17.
35 Apud MF 57.
36 HA 42.
37 Denz. 1643.
38 CDC 899,1.
39 CDC 898.

de Deus se sacrificar por nós, pois implica também que nós, criaturas, prestemos a Deus um sacrifício de louvor.

O *Doctor communis* recorre a um versículo do Antigo Testamento (Ex 20,5) para justificar a legitimidade de gestos exteriores no ato de adoração e rebater argumentos suscitados por duas citações do Novo Testamento[40]:

> Como escreve o Damasceno, posto que estamos compostos de dupla natureza — a intelectual e a sensível —, oferecemos dupla adoração a Deus: uma espiritual, que consiste na devoção interna de nossa mente, e outra corporal, que consiste na humilhação exterior de nosso corpo. E porque em todos os atos de latria o exterior se refere ao interior como o secundário ao principal, a mesma adoração exterior se subordina à interior, para que mediante os sinais corporais de humildade nosso afeto se sinta empurrado a se submeter a Deus, pois o conatural em nós é chegar pelo sensível ao inteligível[41].

A adoração, para Santo Tomás, implica em atos corporais. Mas esses atos estariam subordinados ao espírito de adoração: se a alma não adora verdadeiramente, o gesto do corpo se torna inútil e dissimulado. Por outro lado, o sinal exterior sensível contribui para impulsionar a reta intenção da alma invisível: uma vez que o homem é composto de corpo e alma, sua atitude de adoração perfaz os dois modos, cada qual referente a sua natureza tanto física como espiritual.

Estará condizente, com a nossa própria constituição de seres humanos criados por Deus, que o ato de adoração prestado ao culto eucarístico seja composto daquilo que diz respeito às expressões do corpo em harmonia com os pensamentos da alma. Para resumir: "assim, a adoração consiste principalmente na reverência interior a Deus e, secundariamente, em certos sinais corporais de humildade, tal como em nos ajoelharmos, significando com eles nossa incapaci-

---

40 São elas: "os verdadeiros adoradores adorarão o Pai em espírito e verdade" (Jo 4,23); "Orarei com o meu espírito, mas cantarei também com a minha inteligência" (1Cor 14,15).
41 TOMÁS DE AQUINO. *Suma de Teología*, II-II, q. 84, a. 2, solución (tradução nossa).

dade em comparação a Deus, e em nos prostrarmos, com o que confessamos que não somos nada"[42].

Acompanhemos as palavras do *Catecismo* e, nelas, as da Carta Encíclica *Mysterium Fidei*:

> Na liturgia da missa, exprimimos nossa fé na presença real de Cristo sob as espécies do pão e do vinho, entre outras coisas, dobrando os joelhos, ou inclinando-nos profundamente em sinal de adoração do Senhor. "A Igreja católica professou e professa este culto de adoração que é devido ao sacramento da Eucaristia não somente durante a Missa, mas também fora da celebração dela, conservando com o máximo cuidado as hóstias consagradas, expondo-as aos fiéis para que as venerem com solenidade, levando-as em procissão" [MF 58][43].

A especificidade do culto eucarístico desvela a natureza da Eucaristia, e vice-versa. O sacramento eucarístico arca com a exclusividade do culto que lhe é dedicado, um culto composto de gestos corporais adequados e de disposições internas coerentes.

Ocorre que, em se tratando do Sagrado Coração, tais gestos e disposições são lapidados a fim de produzir uma modalidade mais sofisticada de adoração, por motivos que Pio XII e João Paulo II assim justificam:

a. "não se pode dizer nem que este culto deve a sua origem a revelações privadas, nem que apareceu de improviso na Igreja, mas sim que brotou espontaneamente da fé viva, da piedade fervorosa de almas prediletas para com a pessoa adorável do Redentor e para com aquelas suas gloriosas feridas, testemunhos do seu amor imenso que intimamente comovem os corações."[44]

b. "Toda a devoção ao Coração de Jesus em cada uma de suas manifestações é profundamente eucarística: exprime-se em pios

---

42   Tomás de Aquino. *Suma de Teología*, II-II, q. 84, a. 2, resp. 2 (tradução nossa).
43   CIC 1378.
44   HA 52.

exercícios que estimulam os fiéis a viverem em sintonia com Cristo, 'manso e humilde de coração' (Mt 11,29), e se aprofunda na adoração. Está arraigada e encontra seu cume na participação na Santa Missa, sobretudo na dominical."[45]

Portanto, a devoção ao Coração de Jesus não pode ter outra consequência que enriquecer, intensificar e refinar, em qualquer aspecto, o culto de adoração à Eucaristia.

1.4. O sacrifício incruento

O reconhecimento de que se trata não de qualquer sacramento, e sim do Sacramento por "antonomásia"[46], ou seja, o Sacramento dos sacramentos, deixa entrever o paralelo traçado por Pio XII entre o *calvário* e o *altar*:

> O augusto sacrifício do altar não é, pois, uma pura e simples comemoração da paixão e morte de Jesus Cristo, mas é um verdadeiro e próprio sacrifício, no qual, imolando-se incruentamente, o sumo Sacerdote faz aquilo que fez uma vez sobre a cruz, oferecendo-se todo ao Pai, vítima agradabilíssima[47].

Pio XII traça uma diferenciação, dizendo que o sacrifício da cruz deu-se de forma *cruenta*, significa dizer, com o derramamento de sangue (Jo 19,34; Hb 9,12). Já o sacrifício eucarístico se trata de um holocausto *incruento*, ou seja, que não expele sangue, tal como ocorre na celebração da Missa[48].

Essa distinção reverbera, sem dúvida, de Santo Agostinho. Para ele, os discípulos teriam ficado escandalizados (Jo 6,60-61) com as palavras de Jesus, porque não compreenderam o sentido espiritual da frase "Minha carne é verdadeira comida e meu sangue é

---

45 João Paulo II. *Viaggio apostolico in Polonia*, n. 4 (tradução nossa).
46 CIC 1374.
47 MD 61.
48 HA 38.

verdadeira bebida" (Jo 6,55). Eles a assimilaram no sentido literal e cruento do sacrifício, enquanto Jesus se referia ao sentido incruento, isto é, eucarístico.

> Entendei espiritualmente o que falei; não haveis de comer o corpo visível e de beber o sangue que derramarão os que me crucificarem. Referi-me a certo mistério; entendido espiritualmente ele vos vivificará. Apesar de necessariamente ser celebrado de modo visível, importa entendê-lo invisivelmente[49].

Apesar dessa diferença, o importante é que entre o altar e a cruz não há mudança na substância do sacrifício, apenas na sua forma de apresentação: cruenta no calvário, incruenta no altar. Para a fé, trata-se afinal da mesma e única vítima, do mesmo e único sacerdote, dos mesmos infinitos e imensos méritos do mesmo sacrifício, das mesmas finalidades da mesma imolação[50].

"A oblação é a mesma" — como retorna Paulo VI às palavras de São João Crisóstomo — "que Jesus Cristo confiou aos discípulos e agora realizam os sacerdotes: esta última não é menor que a primeira, porque não são os homens que a tornam santa, mas Aquele que a santificou"[51].

Tal é a identidade essencial dos sacrifícios — o cruento da crucificação e o incruento da missa — que Pio XII arroja no grau de afinidade:

> por meio da transubstanciação do pão no corpo e do vinho no sangue de Cristo, têm-se realmente presentes o seu corpo e o seu sangue; as espécies eucarísticas, sob as quais está presente, simbolizam a cruenta separação do corpo e do sangue. Assim o memorial da sua morte real sobre o Calvário repete-se sempre no sacrifício do altar, porque, por meio de símbolos distintos, se significa e demonstra que Jesus Cristo se encontra em estado de vítima[52].

---

49 AGOSTINHO. *Comentário aos Salmos*, Sl 98,9.
50 MD 59-69.
51 Apud MF 38.
52 MD 63.

Esses profundos significados da Eucaristia, talhados por séculos pela reflexão teológica, desdobram-se na dimensão eclesial da Eucaristia, no espaço litúrgico onde é rendido o culto que é devido a Deus.

2. Dimensão eclesiológica: a Eucaristia e o sacrifício da Igreja

Em passagem sempre referenciada, o Concílio Vaticano II lembrou que "na eucaristia reside todo o bem espiritual da Igreja, que é Cristo, nossa páscoa"[53]. O mistério da Igreja como sacramento se contempla na íntima relação entre a Eucaristia, os demais sacramentos e a existência cristã[54].

Por estarem estreitamente vinculados, a Eucaristia conduz naturalmente ao seu culto no ambiente eclesial: "em sua presença eucarística Ele permanece misteriosamente no meio de nós como aquele que nos amou e que se entregou por nós [Gl 2,20], e o faz sob os sinais que exprimem e comunicam esse amor"[55].

2.1. A assembleia eucarística e sua forma corporal

Quando falamos do Sacramento na forma das espécies eucarísticas, estendemo-nos organicamente à sua comunhão e adoração, ou seja, à conduta que condiz à realidade de seu significado. Abrimos assim a reflexão para pensarmos a Eucaristia do ponto de vista da *assembleia eucarística* (no grego *synaxxis*)[56], expressão visível da Igreja.

Uma descrição do Sínodo dos Bispos traduz com bastante clareza como o mistério da encarnação do Verbo continua no Corpo eucarístico. Ocorre tal como Jesus o preanunciou no sermão de Cafarnaum:

---

53 PO 5.
54 SCa 16.
55 CIC 1380.
56 CIC 1329.

"*Eu sou o pão que desceu do Céu*" (Jo 6,41). A sua carne é verdadeira comida, o seu sangue é verdadeira bebida (cf. Jo 6,55). Na Comunhão eucarística alimenta-se a comunhão eclesial, a comunhão dos Santos; pois "*visto que há um só pão, nós, embora sejamos muitos, formamos um só corpo*" (1Cor 10,17)[57].

O pão eucarístico, que serve à comunhão na missa, não é outro que o mesmo pão do céu, que se encarnou. Interligadas estão dessa forma as dimensões cristológica e eclesiológica da Eucaristia.

Muito convenientemente, o *Catecismo* então reserva alguns parágrafos bem concisos acerca da Igreja como Corpo de Cristo. Num deles, inteiramo-nos da profundidade desse vínculo: "A comparação da Igreja com o corpo projeta uma luz sobre os laços íntimos entre a Igreja e Cristo. Ela não é somente congregada *em torno dele*; é unificada *nele*, em seu Corpo"[58].

Tem-se no *corpo* um expediente de altíssimo valor, empregado inclusive por São Paulo na Primeira Carta aos Coríntios (1Cor 12). Nesse marco reúnem-se aspectos fundamentais da teologia dos outros sacramentos.

Não é demais pontuar que o corpo possui certa prioridade na graça que se roga com o sacramento da Unção. E embora a Reconciliação efetue uma purificação da alma, trata-se a princípio de uma revitalização dos laços com o corpo de Cristo, os mesmos com que no Batismo o catecúmeno é nele inserido.

A Confirmação salienta uma relação de intimidade equiparável ao vínculo orgânico entre os membros de um corpo. A Ordem se especifica por sua ligação com Cristo, Cabeça do corpo. O Matrimônio também não poderia ser apreendido fora desse tema, pois sua razão sacramental dá-se no evento místico em que Cristo desposa a Igreja para ser com ela um só corpo[59].

---

57 Sínodo dos Bispos. *XI Assembleia Geral Ordinária*, n. 40.
58 CIC 789.
59 CIC 796.

2.2. A Eucaristia faz a Igreja

Essas evidências levaram Bento XVI a afirmar, como João Paulo II, que a Igreja "vive da Eucaristia"[60], e a discernir um "influxo causal da Eucaristia nas próprias origens da Igreja"[61]. Explica:

A Eucaristia é Cristo que se dá a nós, edificando-nos continuamente como seu corpo. Portanto, na sugestiva circularidade entre a Eucaristia que edifica a Igreja e a própria Igreja que faz a Eucaristia, a causalidade primária está expressa na primeira fórmula: a Igreja pode celebrar e adorar o mistério de Cristo presente na Eucaristia, precisamente porque o próprio Cristo se deu primeiro a ela [Igreja] no sacrifício da Cruz. A possibilidade que a Igreja tem de "fazer" a Eucaristia está radicada totalmente na doação que Jesus lhe fez de si mesmo[62].

Entende-se que, em relação à Igreja, a Eucaristia é o sacramento de seu centro e finalidade[63]. Para sermos mais claros, "*a Eucaristia faz a Igreja*"[64], especialmente porque une mais intimamente a Cristo os que dela recebe. O batizado que dela comunga não só renova, como fortalece e aprofunda sua incorporação a Cristo.

Essa realidade é formidavelmente exposta pela *Sacramentum Caritatis*. O documento mostra que "a Eucaristia é constitutiva do ser e do agir da Igreja"[65], conforme o dado muito esclarecedor da Antiguidade cristã, onde a expressão *corpus Christi* designava:

a. o corpo nascido da Virgem Maria;
b. o corpo eucarístico; e
c. o corpo eclesial de Cristo.

---

60   EE 1 apud SCa 14.
61   EE 21 apud SCa 14.
62   SCa 14.
63   CIC 1343.
64   CIC 1396.
65   SCa 15.

O *Código de Direito Canônico* se sintoniza com esse significado amplo e venerável, externando: "o Sacrifício Eucarístico, memorial da morte e ressurreição do Senhor, em que se perpetua pelos séculos o Sacrifício da cruz, é o ápice e a fonte de todo o culto e da vida cristã: por ele é significada e se realiza a unidade do povo de Deus, e se completa a construção do Corpo de Cristo"[66].

Vê-se o quanto a doutrina da presença real e substancial de Cristo no Sacramento do Altar é afim à dimensão eclesiológica da Eucaristia enquanto fonte "de todo o culto e da vida cristã".

2.3. A Igreja liturgicamente associada à oferenda do Cristo

Para realçar a correspondência entre Eucaristia e Igreja, nutrimos o fato de que as espécies eucarísticas (hóstia e vinho) são:

a. *objeto de transubstanciação*; e, como tal,

b. núcleo, razão e causa de um *ato celebrativo* pelo qual a Igreja se associa a Cristo como seu Corpo, tornando-se com Ele oblação.

Referimo-nos assim ao *culto da Eucaristia*, um culto de *adoração* que se exerce dentro e também fora da Missa, seja ajoelhando diante da exposição da sagrada hóstia exposta, seja levando-a pelas ruas em procissão[67].

Já sabemos por que a Eucaristia, em face dos demais sacramentos, é o Sacramento por excelência. Decorre daí a necessidade de se apreciar com mais justiça a Santa Missa, pois ela não pode ser reduzida ao fato de comungarmos as espécies eucarísticas no contexto de um rito específico.

O *Catecismo* afirma que "o sacrifício de Cristo e o sacrifício da Eucaristia são *um único sacrifício*"[68], ou seja, "*a Eucaristia é também*

---

66 CDC 897.
67 CIC 1378; MF 58.
68 CIC 1367.

o sacrifício da Igreja"[69]. Essa é uma condição de onde se desdobram uma série de efeitos que se fazem sentir da espiritualidade à oração, da ética aos bons costumes, do engajamento à pastoral:

> A Igreja, que é o corpo de Cristo, participa da oferta de sua Cabeça. Com Cristo, ela mesma é oferecida inteira. Ela se une à sua intercessão junto ao Pai por todos os homens. Na Eucaristia, o sacrifício de Cristo se torna também o sacrifício dos membros de seu Corpo. A vida dos fiéis, seu louvor, seu sofrimento, sua oração, seu trabalho são unidos aos de Cristo e à sua oferenda total, e adquirem assim um valor novo. O sacrifício de Cristo, presente sobre o altar, dá a todas as gerações de cristãos a possibilidade de estarem unidos à sua oferta. [...] Como Cristo que estendeu os braços na cruz, ela [a Igreja] se oferece e intercede por todos os homens, por meio dele, com ele e nele[70].

A julgar pela relação íntima e indissociável que a Igreja guarda com a Eucaristia, devemos pontuar o quanto a dimensão eclesial evidencia a Eucaristia não apenas como hóstia consagrada, mas ainda como ato litúrgico por meio do qual rendemos a Deus o verdadeiro louvor e adoração.

Ao comungarmos, somos incorporados, como corpo-Igreja, ao Corpo de Cristo. Somos, por conseguinte, essencialmente unidos à oferta daquele que é ao mesmo tempo Sacerdote, Vítima e Altar[71].

---

[69] CIC 1368.
[70] CIC 1368.
[71] "Segundo Hebreus, o culto antigo se baseava sobre um sistema de separações: entre Deus e a vítima (Hb 10,5-6), entre a vítima e o sacerdote (Hb 10,1-4), entre o sacerdote e o povo (Hb 9,7). Cristo, ao contrário, apresenta um sacrifício totalmente diverso. Em vez de imolar animais, oferece sua obediência pessoal até a morte (Hb 10,4-10); em lugar de cerimônias sacrificiais, entrega a própria existência (Hb 9,14); mais que separar-se dos pecadores, morre por eles para purificá-los (Hb 10,12; cf. Rm 5,8); longe de separações, nele se dá a unidade perfeita: entre Deus e a vítima que Deus aceita, entre a vítima e o sacerdote, entre o sacerdote e o povo. Por isso, seu sacrifício é um sacrifício perfeito (Hb 5,9) e definitivo (7,27; 9,12) e eficaz em ordem à redenção e purificação dos pecados (9,12-13)" (BOROBIO. *Eucaristía*, 273, tradução nossa).

O *Catecismo* se refere à Eucaristia dizendo que ela "é um sacrifício de ação de graças ao Pai"[72], e também um "sacrifício de louvor [Hb 13,15] por meio do qual a Igreja canta a glória de Deus em toda a criação"[73]. Como a Eucaristia é, sobretudo, um *banquete sacrificial*, segue que nós nos fazemos oferenda, com o intuito de nos associarmos ao Cristo-Cabeça mediante a comunhão de seu Corpo-Igreja.

Essa dimensão caracteriza a natureza do sacrifício de Cristo que, como tal, pode ser designado de "eclesial": "a presença do sacrifício de Cristo se realiza na mediação da Igreja, que, como corpo de Cristo, é incorporada à mesma dinâmica sacrificial"[74].

A Eucaristia é assim não apenas o sacrifício de Cristo, mas ainda o sacrifício de *Christus totus*, ou seja, do Cristo-total. Podemos chamá-la de "sacrifício da Igreja porque, sendo o sacrifício da Cabeça-Cristo, não pode deixar de ser também em alguma medida o de seu Corpo-a Igreja. A Igreja, associada a Cristo sacerdote, é sujeito da ação eucarística, [...] mediação visível da mediação invisível de Cristo"[75].

Em outras palavras: ao oferecer o Cristo, a Igreja se oferece no Cristo. Detalhando a envergadura e o peso desse aspecto, Santo Agostinho tecia a seguinte alocução:

> Tal é o sacrifício dos cristãos
> *Muitos somos um só corpo em Cristo.*
>
> E este sacrifício a Igreja não cessa de o reproduzir no Sacramento do altar bem conhecido dos fiéis: nele se mostra que ela própria é oferecida no que oferece[76].

---

72 CIC 1360.
73 CIC 1361.
74 BOROBIO. *Eucaristía*, 274 (tradução nossa).
75 BOROBIO. *Eucaristía*, 275 (tradução nossa).
76 AGOSTINHO. *A cidade de Deus*, X,6.

2.4. Comungados pelo corpo do Senhor

Parece ser comum a ideia de que dentro da Missa, no estrito espaço de um de seus ritos, dá-se o momento de comungarmos da Eucaristia. Geralmente, isso ocorre como se fosse um simples procedimento, pois sabemos que no rito da comunhão os fiéis se encaminham em procissão para receberem o corpo de Cristo[77]. Contudo, a realidade teológica dessas ações traz um significado bem mais ousado: ao comungar, nós é que somos enxertados na Eucaristia, e então, aceitos como oferta agradável ao Pai, por intermédio do sacrifício de seu Filho.

Dessa percepção já compartilhava Urbano IV, através da Bula *Transiturus de hoc mundo*, de 11 de agosto de 1264:

> Este pão é comido, mas na verdade não é consumido; é comido, mas não mudado, porque não é de modo algum transformado naquele que come, mas, se é recebido de modo digno, aquele que o recebe é a ele amoldado[78].

No ponto de vista da dimensão eclesiológica, quando comungamos da Eucaristia, na verdade — deduz-se — é a Eucaristia que nos implanta, enquanto corpo-Igreja, nela mesma. Se visivelmente é a hóstia que entra em nós, espiritualmente somos nós que passamos a fazer parte da realidade eucarística; somos "eucaristizados", à semelhança das oblatas apresentadas como oferendas na missa[79].

Pela Eucaristia, comungamos o Corpo de Cristo. Mas a Eucaristia nos transforma em corpo-Igreja, que como tal é feita Corpo de Cristo. Isso se dá para que sejamos aceitos como oferta agradável a Deus, através dos méritos do Senhor, Filho de Deus, irmão nosso.

Até certo ponto, é Cristo quem real e substancialmente se dá a nós. Mas a partir de certo aspecto, somos nós incorporados ao corpo de Cristo quando dele comungamos, rendendo então a Deus, por

---

77 IGMR 160, 86.
78 Denz. 847.
79 IGMR 72-73.

Cristo, em Cristo e com Cristo, toda honra e toda glória[80], um sacrifício de louvor.

3. Dimensão ética: os gestos eucarísticos de amor ao próximo

A dimensão ética da Eucaristia não é uma mera decorrência nem uma repercussão de suas dimensões cristológica e eclesiológica. Equiparada em nível e profundidade, em sua ausência não se consuma o circuito eucarístico, fato que debilitaria qualquer tentativa de compreensão integral do Sacramento. Para evitar tamanho embaraço, vamos ressaltar o valor filosófico e teológico da noção de *fruto*.

3.1. O fruto eucarístico

Tradicionalmente, são conhecidas como *frutos da comunhão*[81] todas as graças que o sacramento opera na alma e na vida de quem dele participa. O *Catecismo* descreve esses proveitos dizendo que a Comunhão *"separa-nos do pecado"*[82] e *"aumenta a nossa comunhão com Cristo"*[83]. Assim como "o alimento corporal serve para restaurar a perda das forças, a Eucaristia fortalece a caridade que, na vida diária, tende a arrefecer, e esta caridade vivificada *apaga os pecados veniais*. Ao dar-se a nós, Cristo reaviva nosso amor e nos torna capazes de romper as amarras desordenadas com as criaturas e de enraizar-nos nele"[84].

Comungar traz todos esses benefícios, donde nos referirmos a eles como "frutos". Há tantos outros, como estes que são mencionados na missa votiva do Sagrado Coração de Jesus. A "Oração do dia"

---

80 Missal Romano. *Missal dominical*, 596.
81 CIC 1391-1401.
82 CIC 1393.
83 CIC 1391.
84 CIC 1394.

dá a exata medida de como o Coração vem em socorro de nossa penúria moral. Dirigindo-se ao Pai, reza-se:

> Senhor Deus, revesti-nos das virtudes do Coração de vosso Filho e inflamai-nos com seu amor, para que, assemelhando-nos a ele, possamos participar da redenção eterna[85].

Pede-se que a Comunhão acenda em nós a caridade, restaurando em nós as forças que nos ajudam a contrapor culpas de maior gravidade. "Quanto mais participarmos da vida de Cristo e quanto mais progredirmos em sua amizade, tanto mais difícil de dele separar-nos pelo pecado mortal."[86]

A noção de "fruto" é muito versátil em sua etimologia, pois no latim lidamos com duas palavras de raízes idênticas: *frui*, que significa literalmente fruto, e *fruitio*, que significa gozo, fruição. É assim que relacionados ao conceito de "fruto" (*fructus*) estão os sentidos de:

a. uso e utilidade;

b. gozos e delícias, atrativos e encantos;

c. proveito e rendimento, lucro e vantagem;

d. colheita e produtos da terra[87].

O dicionário nos ajuda a compreender e a organizar esse quadro de noções.

[i]

Quando dizemos, por exemplo, "o sucesso conquistado era fruto de sua diligência"[88], falamos do "produto de um esforço empregado ou de um desejo que se construiu"[89]. E se mediante um projeto quere-

---

85 MISSAL ROMANO. *Missal cotidiano*, 2009.
86 CIC 1395.
87 QUICHERAT. *Novíssimo Diccionario Latino-Portuguez*, 507.
88 HOUAISS; VILLAR. *Dicionário Houaiss da língua portuguesa*, 934.
89 HOUAISS; VILLAR. *Dicionário Houaiss da língua portuguesa*, 934.

mos ao fim "colher os frutos"[90], estamos tratando da vantagem e do proveito de se "conseguir bons resultados em consequência de dedicação, zelo"[91].

Por isso, "fruto" é não só o produto da terra, das árvores, dos animais, como ainda, em sentido figurado, o benefício obtido de renda, bem como o gozo que se sente com o seu uso, donde as palavras "usufruir" e "desfrutar".

Se trabalharmos coerentemente com essas acepções, pensamos que a Eucaristia é como um fruto: além de ser muito útil e vantajosa para a nossa salvação, ela é atrativa para que a alma se deleite de seus dons espirituais.

A noção de fruto tem sentidos conexos: é renda e satisfação; é a satisfação obtida com a renda alcançada. Um fruto não nos reporta apenas ao que é último, o produto final, mas também ao que é prazeroso, a experiência de satisfação ao desfrutar do resultado final de um trabalho.

Um fruto nos remete ao produto de uma árvore fértil. Não obstante, é sacramento comparado a uma árvore: no que diz respeito à Eucaristia, ou ela produz seus frutos de santidade em nós, ou seremos tratados como a figueira estéril (Mc 11,12-14; Mt 21,18-19).

Se até aqui abordamos as dimensões cristológica e eclesiológica da Eucaristia, os frutos do Sacramento convocam agora a dimensão ética. Os questionamentos seguem os sentidos da palavra "fruto": Quais os resultados provenientes de nossa comunhão do Corpo do Senhor? O que a Eucaristia frutifica em nós? Nossa participação no sacramento eucarístico produz frutos? O mundo poderia colher algo de nós enquanto membros do corpo eclesial oferecido ao sacrifício do altar?

[ii]

Levantando essas indagações, dilatamos a Eucaristia para um significado ético. É precisamente em vista desses desdobramentos que

---

90 HOUAISS; VILLAR. *Dicionário Houaiss da língua portuguesa*, 934.
91 HOUAISS; VILLAR. *Dicionário Houaiss da língua portuguesa*, 934.

Santo Tomás de Aquino debate a respeito dos frutos do Espírito elencados na Epístola aos Gálatas (Gl 5,22-23)[92], sublinhando a coerência entre o estado de uma árvore e os frutos que ela produz (Mt 7,18)[93]. O texto bíblico, para Santo Tomás, opera uma transposição do sentido material para o sentido espiritual do termo. O fruto tem dupla relação: "com a árvore que o produz e com o homem que dela colhe"[94]. No sentido de produto final gerado pela árvore, o fruto condensa todos os esforços necessários a sua produção; já no sentido complementar de satisfação, ele concretiza o prazer de se chegar a um resultado desejado e pronto para ser finalmente experimentado.

Falando em metáfora, o homem, semelhante à árvore, produz frutos com as suas ações; também suas ações são como frutos ou sementes que por meio dele vieram a frutificar: "Portanto, se a ação provier da faculdade racional do homem, se dirá que é fruto da razão; se, porém, vier do homem por uma força mais alta, qual é a do Espírito Santo, então se dirá que a ação do homem é fruto do Espírito Santo, como de uma semente divina"[95].

Em concordância com o ensino evangélico — "não pode uma árvore boa produzir frutos maus, nem a má árvore produzir frutos bons" (Mt 7,18)[96] —, o Aquinate interpretaria a árvore boa como sendo a *vontade boa*[97]: essa vontade não se restringe a ter uma boa intenção do que se pretende fazer (o fim pretendido), pois lhe é inerente que o ato querido também seja bom em sua matéria, ou seja, dirigido por uma reta razão[98]. A vontade boa só deve ser reta de modo

---

92 TOMÁS DE AQUINO. *Suma teológica*, I-II, q. 70, a. 1. "[...] o fruto do Espírito é amor, alegria, paz, paciência, amabilidade, bondade, fidelidade, modéstia, autodomínio" (Gl 5,22-23). Em número de doze, tal como a Tradição os enumerou, trata-se de "perfeições que o Espírito Santo forma em nós como primícias da glória eterna" (CIC 1832).
93 TOMÁS DE AQUINO. *Suma teológica*, I-II, q. 20, a. 2.
94 TOMÁS DE AQUINO. *Suma teológica*, I-II, q. 70, a. 1, respondo.
95 TOMÁS DE AQUINO. *Suma teológica*, I-II, q. 70, a. 1, respondo.
96 Apud TOMÁS DE AQUINO. *Suma teológica*, I-II, q. 20, a. 2, obj. 1.
97 TOMÁS DE AQUINO. *Suma teológica*, I-II, q. 20, a. 2, resp. 1.
98 TOMÁS DE AQUINO. *Suma teológica*, I-II, q. 20, a. 2, respondo.

integral, considerando então a bondade tanto da ação como da finalidade (aquilo que era visado) dessa ação.

Esses raciocínios ressalvam o quanto um fruto guarda com a árvore que o produz uma relação intrínseca de causalidade, nos moldes idênticos aos articulados pelo Evangelho: "Pelos frutos distinguis cada árvore" (Lc 6,44). O fruto é a árvore no que diz respeito à finalidade da mesma árvore. Pode-se afirmar, do ponto de vista dos fins, não da forma e nem da matéria, que a árvore é o fruto[99].

Nesse aspecto, os frutos da Eucaristia são aquilo que o homem realiza em função da força do Sacramento, resultando em benefício de santificação para o próprio homem. As virtudes de uma pessoa identificam, quais frutos, o tipo de "árvore" que as produziu. "Não há árvore sadia que dê fruto podre, nem árvore podre que dê fruto sadio" (Lc 6,43). O homem frutificará coisas boas ou más conforme seu tesouro interior, a partir do que está cheio o seu coração (Lc 6,45).

[iii]

Todo esse alcance da realidade dita "eucarística", obtido junto à doutrina dos frutos da comunhão, é também perceptível nos nomes desse sacramento.

Ao designarmos a Eucaristia de *"Comunhão"*[100], não nos escapam os frutos de comunhão que se vivem espiritualmente na maior

---

99 De acordo com Santo Tomás, não é incorreto enunciar, por exemplo, que o fogo aquece *por* calefação ou que a árvore floresce *por* floração, contanto que situemos adequadamente o sentido empregado na preposição "por" (que funciona como ablativo). Seria um grande absurdo pensar que a calefação seja a forma do fogo, quando na realidade é seu efeito; a flor também não é a forma da árvore, mas algo que a árvore produz (TOMÁS DE AQUINO. *Suma de Teología*, I, q. 37, a. 2, solución), tal como a seus frutos. Em ambos os exemplos, apenas suscitamos um efeito formal para exprimir uma realidade que se dá em ordem aos fins. A preposição "por" abarca vários sentidos para relacionar a causa ao efeito. O fruto é causado pela árvore no aspecto da causa final, do mesmo modo que o artista se utiliza de sua arte para obter lucro ou ficar rico. A árvore também se relaciona com o fruto no sentido da causa eficiente, pois é ela o agente da ação de frutificar (TOMÁS DE AQUINO. *Suma de Teología*, I, q. 36, a. 3, solución).

100 CIC 1331.

união com Cristo, tampouco aqueles que se experimentam socialmente, na mais justa e solidária repartição dos bens.

Por isso a Eucaristia também se chama "Fração do Pão"[101], não só em referência a um rito próprio da refeição judaica. E mesmo na composição etimológica da palavra proveniente de *eucharistein* e *eulogein*, embora a Eucaristia relembre as bênçãos judaicas que proclamam as obras de Deus[102], ela se efetua como "ação de graças" de quem assim se presta a tal relação com a criação de Deus, com a redenção em seu Filho e com a santificação no Espírito de Jesus.

A Eucaristia é, portanto, "símbolo daquele único corpo do qual ele mesmo é a cabeça [cf. 1Cor 11,3; Ef 5,23], ao qual quis que estivéssemos ligados, como membros, pelos laços estreitíssimos da fé, esperança e caridade"[103]. Considerando que tais frutos são efetivos e não meramente pretendidos, tratamos os frutos dessa videira verdadeira (Jo 15,1-5) como também sendo a Eucaristia.

O ciclo eucarístico não poderia se completar se não houvesse do que desfrutar. A Eucaristia, vista integralmente nessas três dimensões, comporta-se como "fonte e ápice de toda a vida cristã"[104], pois é ela "*o coração e o ápice da vida da Igreja*"[105].

3.2. Quando o coração se torna altar

Vamos percorrendo em etapas um caminho que nos mostra uma visão mais íntegra do Santíssimo Sacramento.

Acerca da dimensão cristológica, vimos que na Eucaristia recebemos o Corpo de Cristo quando o comungamos. Já a dimensão eclesiológica fornece-nos uma complementação: na realidade, não apenas recebemos o Corpo de Cristo, pois pela comunhão somos nós

---

101 CIC 1329.
102 CIC 1328.
103 Denz. 1638.
104 LG 11 apud CIC 1324.
105 CIC 1407.

inseridos, como Igreja, em Cristo-Cabeça, tornando-nos seu Corpo-Igreja que será oferecido como oferenda a Deus Pai[106].

Para nos introduzirmos na dimensão ética da Eucaristia, precisamos levantar o seguinte questionamento: quando nos associamos a Cristo como membros de seu Corpo que é a Igreja, o que de fato estamos oferecendo de nós mesmos?

Uma resposta muito lúcida foi articulada por Bento XVI na *Deus Caritas Est*. Ele compreendia que a repercussão ético-social era parte integrante da *mística do sacramento*:

> a "mística" do Sacramento tem um caráter social, porque, na comunhão sacramental, eu fico unido ao Senhor como todos os demais comungantes: "Uma vez que há um só pão, nós, embora sendo muitos, formamos um só corpo, porque todos participamos do mesmo pão" — diz São Paulo (1Cor 10,17). A união com Cristo é, ao mesmo tempo, união com todos os outros aos quais ele se entrega. Eu não posso ter Cristo só para mim; posso pertencer-lhe somente unido a todos aqueles que se tornaram ou tornarão seus. A comunhão tira-me para fora de mim mesmo projetando-me para ele e, deste modo, também para a união com todos os cristãos. Tornamo-nos "um só corpo", fundidos todos numa única existência. O amor a Deus e o amor ao próximo estão agora verdadeiramente juntos: o Deus encarnado atrai-nos todos a si. Assim se compreende por que o termo *ágape* se tenha tornado também um nome da Eucaristia: nesta a *ágape* de Deus vem corporalmente a nós, para continuar a sua ação em nós e através de nós[107].

Esse entendimento está brilhantemente apresentado nas volumosas páginas de *A cidade de Deus*. Nelas, Santo Agostinho concluía que "os verdadeiros sacrifícios são [...] as obras de misericórdia quer

---

106 Um elenco dos documentos do Concílio Vaticano II e dos que a ele se seguem exprime com clareza não apenas a doutrina da Eucaristia como sacrifício, como a da participação da Igreja e de seus membros neste mesmo sacrifício (BOROBIO. *Eucaristía*, 258-262).

107 DC 14.

para conosco quer para com o próximo, e referidas a Deus"[108]. Será que conseguimos perceber a grandeza desse enunciado?

Santo Agostinho averiguou que o sacrifício era o único tipo de ritual que permaneceu intacto aos desvirtuamentos provocados por homens (mortais) que arrogaram-se ser dignos de culto, lisonja e veneração[109]. Ora, a Eucaristia, como apontamos, é um culto sacrificial e, portanto, exclusivo a Deus. Mas neste caso, é como se Deus houvesse abdicado dessa exclusividade ritual a fim de promover, no campo da ética, o bem da misericórdia. Desse modo, passa a caridade, não mais o rito, a valer como verdadeiro sacrifício dedicado a Deus.

Enquanto reis, imperadores e líderes declaram-se deuses imortais e exigem ser honrados com culto e louvores por seus súditos, o Deus único abre mão de sua prerrogativa, liberando os homens para gastarem força e tempo no serviço ao pobre. Além do mais, se os homens se mostram fervorosos em render um sacrifício ritual a Deus, queiram eles estar ainda mais dispostos a se sacrificarem, por amor, pelo bem do próximo.

Em ressonância, no comentário à celebração da Instituição da Eucaristia, na Quinta-feira Santa do lava-pés, admite-se:

> Só participamos autenticamente da Eucaristia, memorial do sacrifício de Jesus, quando ela é também memorial do nosso sacrifício. [...] A presença real do Senhor morto e ressuscitado no pão e no vinho, sobre os quais se diz a ação de graças [...], se estende, embora de outro modo, à pessoa dos irmãos, especialmente dos mais pobres[110].

Sabemos que Cristo dá de si mesmo para nós (dimensão cristológica); sabemos que a Igreja dá de si mesma para Deus (dimensão eclesiológica); enfim, o que damos de nós mesmos para ser levado, pela Igreja, ao altar da propiciação?

Convém ao cristão esforçar-se por viver todos os dias aquilo que, no momento da assembleia, ele o exprime de forma ritual. Eis

---

108 AGOSTINHO. *A cidade de Deus*, X,6.
109 AGOSTINHO. *A cidade de Deus*, X,4.
110 MISSAL ROMANO. *Missal dominical*, 287.

a dimensão ética da Eucaristia, que se prolonga numa requisitada comparação da Espiritualidade: quando o altar, essa estrutura normalmente fixa que, unida ao pavimento, significa Jesus Cristo, Pedra viva (1Pd 2,4; Ef 2,20)[111], passa a ser o nosso próprio *coração*[112].

3.3. Um coração potente para amar

Comparemos com uma casa: precisamos dos fundamentos para levantar as paredes; não haveria casa sem as bases, mas apenas as bases não servem de lar para ninguém. É necessário acrescer à contemplação do Sacramento a triplicidade de suas dimensões. Essa circularidade, que se dispõe mais precisamente como uma *triangularidade*, é o que podemos denominar, constitucional e estruturalmente, de *Eucaristia*.

Apercebemo-nos numa autocrítica quando, ao ouvirmos a expressão "*Corpus Christi*", visualizamos espontaneamente cada uma das dimensões, a saber:

a. o Cristo, ou seja, a pessoa humana do Verbo encarnado, bem como a Cabeça do Corpo místico da Igreja;

b. a Igreja que, como Corpo de Cristo, foi pelo Senhor misticamente tomada como sua Esposa; e, finalmente,

c. a condição do irmão necessitado, em quem Cristo se faz vivo e presente tal como declarou: "tive fome e me destes de comer, tive sede e me destes de beber, era migrante e me acolhestes, estava nu e me vestistes, estava enfermo e me visitastes, estava encarcerado e fostes ver-me" (Mt 25,35-36).

Para tratarmos da dimensão ética da Eucaristia, o *Catecismo* convoca o testemunho de Santa Teresinha. Segundo ela, o que move a Igreja é o amor. O amor é o verdadeiro protagonista eclesiológico; por ele, Cristo se dá a nós, os mártires se dão por Cristo, e por Cristo

---

[111] IGMR 298-299.
[112] CIC 2655.

nos damos uns aos outros. Santa Teresinha percebeu isso quando viu na Igreja o Coração de Cristo ardendo de amor[113].

Essa realidade do amor também se manifesta numa passagem bíblica que está entre as mais referidas ao Coração de Jesus:

Vinde a mim, vós que estais cansados e curvados, e eu vos aliviarei. Tomai meu jugo e aprendei de mim, que sou manso e humilde, *e vos sentireis aliviados*. Pois meu jugo é suave e meu fardo é leve (Mt 11,28-30).

Para meditarmos esses versículos, propomos estas interrogações: O que nos faz sentir cansados? Qual o fardo cujo peso nos oprime? Até que ponto ele nos impede de amar mais? Que fardo não suportamos, a ponto de ser necessária a cooperação de Jesus?

[i]

Para tratar dessas questões, precisamos inicialmente pontuar que, no Antigo Testamento, a imagem de carregar sobre os ombros uma madeira acolchoada não era restrita aos animais; denotava a escravidão no Egito (Ex 6,6). A lei era também vista como uma carga (Jr 2,20; 5,5), assim como a tirania estrangeira (Is 10,27; Jr 27,8). Em resumo, um jugo é "símbolo de obrigação e de sujeição"[114].

Observemos que o Evangelho segundo São Mateus serve-se dessa mesma imagem para remetê-la à conduta dos fariseus: "Amarram fardos pesados e os põem nos ombros das pessoas, enquanto eles se negam a movê-los com um dedo" (Mt 23,4). Trata-se de uma atitude excepcionalmente grave e diretamente contrária ao Reino, porque é dessa maneira que fariseus e letrados fecham aos homens a porta do Reino de Deus (Mt 23,13).

Jesus, por seu turno, faz o contrário: oferece um jugo mais leve a todos que andam curvados pelos seus fardos pesados. A estes, Jesus promete o reinado de Deus, o mesmo reinado ao qual fariseus e letrados impedem o acesso, colocando fardos nos ombros alheios.

---

113 CIC 826.
114 RIENECKER; ROGERS. *Chave linguística do Novo Testamento*, 25.

Oferece-o aos pobres de coração, como aos injustiçados, assim proferindo: "Felizes os pobres de coração, porque o Reino de Deus lhes pertence. [...] Felizes os perseguidos por causa da justiça, porque o Reino de Deus lhes pertence" (Mt 5,3.10).

[ii]

Os destinatários do "Vinde a mim" são, portanto, "todos os cansados e carregados de fardos"[115]. Essa descrição enseja uma importante nota sapiencial, afinal, quem anseia por alívio precisa visualizar o caminho ou traçar a estratégia que lhe trará algum refrigério depois de passar por situações extremas de esgotamento. Esse tipo de discernimento é o que se espera de uma inteligência arguta, de alguém com raciocínio lúcido e mente sagaz.

Um jugo de valor e um fardo leve[116] introduz o resultado de um conforto revitalizador. Na tradução de Johan Konings, assistimos que se trata, de fato, de um sábio discernimento buscar descanso naquele que é "manso e humilde de coração"[117], um repouso que o autor do Eclesiástico promete a quem aplicar-se na busca da sabedoria (Eclo 6,18-37).

Podemos ir mais longe, promovendo uma ligeira alteração de ênfase. A sabedoria traz o descanso para quem a encontra. A quem mais interessaria tamanho conforto senão ao pobre e excluído, que vive sua existência a cargo das maiores agruras? Por isso, "'tomar o jugo de Jesus' não é um fardo, mas é caracterizado pela humildade e pela atenção aos desprezados"[118].

É mesmo incisivo o nexo entre o convite de Jesus e certos parâmetros sapienciais. O convite de Jesus instiga que busquemos sabedoria. A sabedoria maior, como sugere o Evangelho, consiste em percorrer a via das bem-aventuranças, a via que é apresentada aos marginalizados.

---

115 Konings. *Sinopse dos Evangelhos*, 77.
116 Konings. *Sinopse dos Evangelhos*, 77.
117 Konings. *Sinopse dos Evangelhos*, 77.
118 Rienecker; Rogers. *Chave linguística do Novo Testamento*, 25.

[iii]

Do que Jesus promete então aliviar? Evidentemente, das injúrias, calúnias e perseguições sofridas por sua causa (Mt 5,11). Os que se encontram nessa situação ouvem: "Ficai contentes e alegres, pois grande é a vossa recompensa no céu" (Mt 5,12). Ao invés de responderem pela máxima *"olho por olho, dente por dente"* (Mt 5,38), Jesus os exorta a resistirem ao malvado, a oferecerem a outra face, a entregarem o manto (Mt 5,39-40), porque serão chamados filhos de Deus os que promovem a paz (Mt 5,9). São-lhes também destinadas estas palavras: "Amai vossos inimigos, rezai pelos que vos perseguem. Assim sereis filhos de vosso Pai do céu" (Mt 5,44-45).

Quem são os curvados e cansados pelo peso excessivo do jugo? Parafraseando São Paulo (2Tm 4,7), diríamos: são os que combatem o bom combate do amor; combatem, guardam o amor, não deixam de amar.

O fardo e jugo pesados representam tudo o que nos subtrai o amor e agride nossas melhores disposições para amar. Calúnias, injúrias, perseguições, injustiças etc. são como testes para o amor: somos vencidos se deixamos de amar; vencemos se continuamos amando.

Medo de amar, desconfianças em amar, entraves para amar: é extensa a lista das causas que levam as pessoas a ficarem impotentes no amor, incompetentes para a caridade, inertes para o bem.

Reage contra esses graves assédios o Coração de Cristo, qual símbolo vivo do amor divino[119], defendendo, preservando e ativando a caridade que por meio do Espírito Deus derrama em nossos corações (Rm 5,5)[120]. Das cavidades desse Coração emana um amor inexaurível, que estimula os homens a amarem[121] sem titubear[122], a amarem decididamente; "o Sagrado Coração é o símbolo e a ima-

---

119   AS 12; HA 4.
120   HA 3; vejam-se HA 12-13, 26-28, 39-42, 58.
121   HA 52.
122   MR 2.

gem sensível da caridade infinita de Jesus Cristo, caridade que nos impulsiona a amarmos uns aos outros"[123].

Tomando de empréstimo o verbo do lema de um Instituto religioso[124], o Coração de Jesus *urget nos*, ou seja, nos impressiona, nos impele e nos impulsiona. Para onde? Para o quê? Para que amemos desimpedidamente, pois em Cristo o jugo é suave, e o fardo, leve.

3.4. Corpus Christi, Cor Christi: o circuito eucarístico

Não é sem razão que o Sacramento eucarístico completa a iniciação cristã para que, a partir dessa etapa inicial, a pessoa progrida, na expressão de Paulo VI, "até alcançar a perfeição da caridade"[125]. Essa perfeição se cumpre:

a. como uma incorporação mais íntima ao Corpo de Cristo;

b. como uma participação em favor da unidade dos cristãos[126]; e, frisamos,

c. como um compromisso mais audaz com os pobres, pois "para receber na verdade o Corpo e o Sangue de Cristo entregues por nós, devemos reconhecer o Cristo nos mais pobres, seus irmãos"[127].

[i]

Nesse plano, sugestiva é a singularidade do Quarto Evangelho, em que no lugar das palavras da Instituição eucarística registradas em textos sinóticos paralelos (Mt 26,26-29; Mc 14,22-25; Lc 22,14-20), São

---

123 AS 8 (tradução nossa).
124 O Instituto das Apóstolas do Sagrado Coração de Jesus (IASCJ), fundado por Madre Clélia Merloni.
125 Apud CIC 1212.
126 CIC 1398.
127 CIC 1397.

João apresenta a cena do "lava-pés" (Jo 13,1-20), emoldurando sacramento e caridade num só conjunto.

Essa passagem, comumente relacionada à Eucaristia, reverbera toda aquela diaconia que Jesus exerceu mediante gestos e palavras, expressando "de forma plástica o que foi toda a mensagem, a vida e a atuação de Jesus"[128]. São João teria silenciado propositalmente as palavras literais da Instituição, a fim de ressaltar que o Sacramento eucarístico também é constituído pelo amor e serviço fraterno[129].

São João Crisóstomo, a propósito, dizia em seus sermões:

> Degustaste o Sangue do Senhor e não reconheces sequer o teu irmão. Desonras esta própria mesa, não julgando digno de compartilhar do teu alimento aquele que foi julgado digno de participar desta mesa. Deus te libertou de todos os teus pecados e te convidou para esta mesa. E tu, nem mesmo assim, te tornaste mais misericordioso[130].

Cognominado "boca de ouro" por suas arrojadas intervenções, esse Padre da Igreja mostra ser inadmissível não incluir numa comunhão da vida aqueles — os necessitados — com quem reparto, na mesa do Senhor, o pão eucarístico.

Emana da própria Eucaristia a exigência da solidariedade. A partilha do pão eucarístico, pela qual Deus distribui seus bens a nós, é a prerrogativa da fraternidade, pela qual nós distribuímos nossos bens aos pobres.

[ii]

Eis uma lição que foi aprendida pelos coríntios, supomos, após a severa crítica de São Paulo ao detectar um comportamento injusto e discriminatório para com os mais pobres da comunidade (1Cor 11,17-34).

---

128 Borobio. *Eucaristía*, 47-48 (tradução nossa).
129 Borobio. *Eucaristía*, 48.
130 Apud CIC 1397.

Antes da oração que recordava as palavras e os gestos de Jesus sobre o vinho e o pão, havia uma partilha conhecida como "ágape". Nesse momento, os ricos e mais privilegiados comiam e bebiam do que era repartido, sem se importarem com os menos favorecidos que, tardando-se por causa do trabalho, chegavam para o encontro (assembleia) sem mais nada haver, ficando constrangidos com o ocorrido.

Por razões éticas e sociais, o apóstolo rechaça aquela atitude que se configurava em direta contravenção à comunhão fraterna de bens. Ele cunha a expressão "discernir o corpo" (1Cor 11,29), dando-a como condição para que a comunhão eucarística seja celebrada na qualidade de um autêntico "culto espiritual" (Rm 12,1). Sua desaprovação também se fundamenta em razões cristológicas e eucarísticas:

> o juízo de Cristo desde seu amor por todos, manifestado na entrega de sua vida na cruz, se prolonga agora na celebração memorial da eucaristia. Participar na ceia do Senhor significa discernir o corpo e o sangue de Cristo, ou seja, autojulgar-se da atitude e comportamento de amor, justiça e comunhão com os irmãos. A comunhão com o corpo e o sangue de Cristo nos põe a todos em "crise" com respeito à comunhão e ao amor fraterno[131].

[iii]

Fica claro que ao recebermos o Corpo de Cristo, segundo a natureza cristológica da Eucaristia, somos transformados em Corpo de Cristo, conforme a realidade eclesiológica do sacramento, para que, como o Cristo, também nos ofereçamos como dom de vida e amor ao irmão, tal como assim se visualiza em sua índole eminentemente ética. Segundo Santo Agostinho,

> se sois o corpo e os membros de Cristo, é o vosso sacramento que é colocado sobre a mesa do Senhor, recebeis o vosso sacramento. Respondeis "Amém" ("sim, é verdade!") àquilo que

---

131 BOROBIO. *Eucaristía*, 40 (tradução nossa).

recebeis, e subscreveis ao responder. Ouvis esta palavra: "o Corpo de Cristo", e respondeis: "Amém". Sede, pois, um membro de Cristo, para que o vosso Amém seja verdadeiro[132].

Eis o percurso eucarístico em sua completude. Mistério acreditado, mistério celebrado, mistério vivido; ou como exclamava Santo Agostinho: "Ó sacramento da piedade! Ó sacramento da unidade! Ó vínculo da caridade!"[133]

a. como *sacramentum pietatis* (sacramento de piedade), a Eucaristia é cultuada e adorada;

b. como *signum unitatis* (sinal de unidade), dela recebemos o único Pão, entramos nesta única vida e nos tornamos um único Corpo do Senhor;

c. como *vinculum charitatis* (vínculo de caridade), ela nos faz, mais do que testemunhas, cúmplices do "Amor de Deus".

[iv]

Há num famoso símbolo eucarístico a demonstração de como a Eucaristia, corpo de Cristo e da Igreja, completa seu percurso no corpo dos pobres através do gesto oblativo de amor.

O simbolismo antigo reporta-nos à imagem do pelicano, arquétipo da doação de si, quando na carestia de alimentos a ave rasga a carne de seu próprio coração para dá-la a seus filhotinhos. Por isso Santo Tomás exclama no *Adoro te devote*: "*Pie pellicane Jesu Domine*"[134]. Canta o hino:

> *Pie pellicáne, Iesu Dómine,*
> [Senhor Jesus, terno pelicano]
> *Me immúndum munda tuo sánguine.*
> [lava-me a mim, imundo, com teu sangue]

---

132 Apud CIC 1396.
133 Apud CIC 1398.
134 SÍNODO DOS BISPOS. *XI Assembleia Geral Ordinária*, n. 40.

Cuius una stilla salvum fácere
[do qual uma só gota já pode salvar]
Totum mundum quit ab omni scélere.
[o mundo de todos os pecados]

Na Eucaristia, de modo análogo, Jesus dá a carne de seu Coração para nos alimentar. É como o exprime Pio XII, citando Santo Alberto Magno: "não é pequena a parte que na Eucaristia teve seu coração, sendo tão grande o amor do seu coração com que ele nô-la deu"[135].

A nós nos compete abscindir das gramas do próprio miocárdio, para dar de comer a quem precisa. É mediante o Sagrado Coração de Jesus que vemos desvelada uma riqueza do mistério eucarístico.

Torna-se até instigante observarmos que o *L'Osservatore Romano*, ao noticiar os exames anátomo-histológicos dos materiais preservados em Lanciano (Itália), pôs entre aspas a palavra *cuore* (coração). Os estudos aos quais alude foram feitos entre 1970 e 1981. Seus resultados concluíam tratar-se não apenas de carne e sangue inseridos no perfil normal de um ser humano vivo, mas de tecido muscular cardíaco, com secções de miocárdio, endocárdio e nervo vago.

O acontecimento, que ficou conhecido como Milagre Eucarístico de Lanciano, poderia resultar então documentado como o dia em que a hóstia foi oferecida não apenas como Corpo de Cristo, mas estritamente como Coração de Cristo[136], quando Cristo deu-se eucaristicamente pelo Coração.

O ocorrido permite deduzir:

a. Cristo tem por Corpo a Igreja;

b. se, como Corpo, tem a Igreja um coração, é este o Coração de Cristo!

Santa Teresinha do Menino Jesus expressou semelhante conclusão em seus *Manuscritos autobiográficos*, do qual o *Catecismo* nos reserva um célebre fragmento:

---

135 Apud HA 72.
136 Linoli. *Studio anatomo-istologico*, 5.

Compreendi que a Igreja tinha um corpo, composto de diferentes membros, não lhe faltava o membro mais nobre e mais necessário (o coração). Compreendi que a Igreja *tinha um Coração, e que este Coração ARDIA de AMOR*. Compreendi que *só o amor* fazia os membros da Igreja agirem, que, se o *Amor* viesse a se apagar, os Apóstolos não anunciariam mais o Evangelho, os Mártires se recusariam a derramar seu sangue... Compreendi que O AMOR ENCERRAVA TODAS AS VOCAÇÕES, QUE O AMOR ERA TUDO, QUE ELE ABRAÇAVA TODOS OS TEMPOS E TODOS OS LUGARES... EM UMA PALAVRA, QUE ELE É ETERNO![137].

O Sagrado Coração manifesta a Eucaristia na integralidade de suas dimensões, um circuito que tem no amor sua origem e seu termo.

Não é sem propósito que Pio XII se refere ao "coração eucarístico de Jesus"[138]. A Eucaristia é o Corpo de Cristo, não um corpo carcaça, e sim um corpo que aloja um Coração. Se a Eucaristia não for recebida como Coração de Cristo, terá sido incompleta a comunhão do Corpo de Senhor.

Corpus Christi, Cor Christi: o Corpo de Cristo, o Coração de Cristo. Seguramente podemos assim nos referir ao Sacramento do altar, ao Sacramento do Amor.

---

137 Apud CIC 826.
138 HA 72.

Capítulo 9

Sacramento universal da salvação

O CORAÇÃO DE CRISTO E A VIDA CRISTÃ:
ORAÇÃO, PREGAÇÃO E TESTEMUNHO

A reflexão final deste nosso trajeto novenário põe-se num ângulo de perspectiva. Vamos agora nos deslocar da análise das partes para a visão do todo. Seria essa uma exigência do capítulo anterior: a Igreja, que tem como princípio causal o Sacramento Eucarístico, que celebra e administra os sacramentos, que os recebeu de seu Senhor e Fundador que a constituiu "depósito da fé" (*depositum fidei*)[1], é ela também sacramento.

O *Catecismo* nos explica isso de maneira bastante didática, mostrando que a relação da Igreja com os sacramentos possui uma dupla dimensão.

Os sacramentos são *para a Igreja*, pois, unida a Cristo, ela "é santificada por Ele"[2]. Mas a Igreja é também santificante, pois com suas obras ela provê a santificação dos homens e dá glória a Deus[3]. Nesse sentido, como os homens recebem os sacramentos *por meio da* Igreja, é então ela mesma que se faz sacramento para a santificação do mundo, não só na qualidade de "fiel dispensadora dos mistérios de

---

1 "Guardar o depósito da fé é a missão que o Senhor confiou à sua Igreja e que ela cumpre em todos os tempos" (FD 7).
2 CIC 824.
3 SC 10 apud CIC 824.

Deus"⁴, como no mérito de ter reconhecido a quantidade e discernido a natureza desses tesouros recebidos de Jesus.

Veja-se que, embora se distingam duas dimensões, elas são inseparáveis uma da outra. O protagonismo é sempre dos sacramentos que, como ações autênticas de Cristo Senhor, não apenas santificam a Igreja e os homens, como também os tornam canais da santificação operada pelos mesmos sacramentos.

Compreende-se assim que os sacramentos, utilizando as palavras de Santo Agostinho, "fazem a Igreja"⁵. E para melhor destrinchar essa expressão, vamos percorrer um pouco mais o seu campo teológico e, em seguida, o pastoral.

[i]

Seja manifestando e comunicando aos homens "o mistério da comunhão do Deus amor"⁶, seja por conservar e ensinar tudo aquilo que do "depósito precioso"⁷ se divulgou pela boca dos apóstolos, não é difícil entendermos o argumento que conclui dizendo que a Igreja é, em sua totalidade, um sacramento. Como a Igreja é o Corpo de Cristo, então ela participa do único Sacramento: Jesus Cristo, Verbo Encarnado, "imagem do Deus invisível" (Cl 1,15).

Tal é o chamado *mistério da Igreja*, devido a esta sua orgânica relação com a Trindade, conforme uma excelente formulação: a Igreja é o Corpo *de Cristo*, o Templo *do Espírito*, o Povo *de Deus*⁸. Tudo o que a Igreja é se define em relação direta e subordinada à Santíssima Trindade, ou como nesta passagem do *Catecismo*, a Igreja "é o sacramento da ação de Cristo operando em seu seio graças à missão do Espírito Santo"⁹.

---

4   CIC 1117.
5   Apud CIC 1118.
6   CIC 1118.
7   CIC 857.
8   La Soujeole. *Introduction to the Mystery of the Church*.
9   CIC 1118.

Embora não seja aqui o lugar de verificarmos as consequências mais amplas desse postulado, é importante ressalvar que a Igreja não é propriamente contada nem identificada com os sacramentos. Na verdade, ela "tem uma função sacramental a partir de Jesus Cristo, que é o sacramento por antonomásia, por ser o instrumento decisivo da graça redentora. Assim como Jesus Cristo é desde a união hipostática o instrumento e o sinal da graça, também a Igreja, desde sua união com sua Cabeça, que é Cristo, exerce uma função de mediação e de sinal eficaz entre Deus e os homens"[10].

Por isso o Concílio Vaticano II chama a Igreja de *sinal* e *sacramento*, na medida em que "a sacramentalidade da salvação fundada em Jesus Cristo prolonga-se na Igreja, na qual está presente Cristo no modo do Espírito"[11]. Nas palavras do Concílio Vaticano II:

> A missão da Igreja dá continuidade histórica à missão de Cristo, de que é uma extensão no tempo. Cristo foi enviado para evangelizar os pobres. Instigada pelo Espírito de Cristo, a Igreja deve seguir o mesmo caminho de pobreza, de obediência, de serviço e de imolação de si mesma até a morte, de que Jesus saiu vencedor na ressurreição[12].

Não é incorreto afirmar que a Igreja é sacramento. Seria, sim, equivocado elencá-la "como se se tratasse de um sacramento a mais

---

10   ARNAU-GARCIA. *Tratado general de los Sacramentos*, 239 (tradução nossa). Tal função não se retém a um âmbito intimista; pelo contrário, é desempenha de modo visível e permanente, no tempo e no espaço. Segundo a expressão do teólogo alemão Karl Rahner (1904-1984), a Igreja é como um "proto-sacramento" (*Ursakrament*): ela está na origem dos sacramentos, contando para isso com uma estrutura sacramental; mas essa posição é derivada e subsidiária em relação a Cristo que é o sinal supremo da realidade invisível que é Deus. No alemão, o prefixo *Ur* tem o sentido de origem, início ou primórdio, como também de elevação. Ele possui assim a qualidade de elucidar a dinâmica em que a Igreja, em sua natureza simbólica, autorrealiza-se nas ações que manifestam aquilo que realmente ela é, ou seja, nas ações assim designadas de sacramentos (ARNAU-GARCIA. *Tratado general de los Sacramentos*, 239-241).

11   ZILLES. *Os sacramentos da Igreja Católica*, 42.

12   AG 5.

entre os sete"[13], pois o que o Concílio declara, na realidade, é que a Igreja "tem uma estrutura similar à dos sacramentos"[14]. Ele não a define "como sacramento, [mas] analogamente a apresenta à maneira de sacramento"[15].

Em regra, a Igreja apenas guardaria os sacramentos, como a sentinela de um tesouro, ou como a curadoria de uma exposição artística. Sua competência, entretanto, não é meramente administrativa, nem se limita a estabelecer uma disciplina litúrgica que modere o uso dos sacramentos. Essa relação tem raízes mais profundas.

Para esta reflexão, é suficiente entendermos que os sacramentos são uma espécie de *autorrealização da Igreja*[16]. Dizendo de outro modo, a custódia dos sacramentos enquanto *meios de salvação* confere à Igreja uma índole igualmente sacramental, pois só a partir de Jesus Cristo, palavra e sacramento do Pai, é que na Igreja tais sinais têm força e autoridade[17].

Eis a razão de as rubricas de ritos sacramentais terem de atender à seguinte determinação canônica: "A Igreja desempenha seu múnus de santificar, de modo especial por meio da sagrada Liturgia, que é tida como exercício do sacerdócio de Jesus Cristo"[18].

Esse múnus de santificar é exercido pelos ministros ordenados, bispos, presbíteros e diáconos, como ainda pelos fiéis[19], todos participantes do sacerdócio comum[20], no qual se incluem especialmente os pais em sua responsabilidade conjugal de educar os filhos[21]. Assim o

---

13 ARNAU-GARCIA. *Tratado general de los Sacramentos*, 239 (tradução nossa).
14 ARNAU-GARCIA. *Tratado general de los Sacramentos*, 239 (tradução nossa).
15 ARNAU-GARCIA. *Tratado general de los Sacramentos*, 239 (tradução nossa). "O *veluti sacramentum* do texto latino tem uma grande importância e serve para compreender a partir de um primeiro momento o alcance dogmático que o Concílio concede a sua expressão" (ARNAU-GARCIA. *Tratado general de los Sacramentos*, 239, tradução nossa).
16 ZILLES. *Os sacramentos da Igreja Católica*, 44.
17 ZILLES. *Os sacramentos da Igreja Católica*, 38.
18 CDC 834,1.
19 CDC 835,1-3.
20 CDC 836.
21 CDC 835,4 *in fine*.

culto a Deus, que se caracteriza pela dimensão pública[22], "se realiza quando exercido em nome da Igreja por pessoas legitimamente a isso destinadas e por atos aprovados pela autoridade da Igreja"[23].

A guarda e a administração dos sacramentos, enfim, requer um *zelo religioso*, ao modo do que São Paulo descreveu sobre seu encargo evangelizador: "Levamos este tesouro em vasos de barro, para que se manifeste que sua força superior vem de Deus e não de nós" (2Cor 4,7). A Tradição também viu num contexto neotestamentário uma recomendação especialmente grave: "Não jogueis o que é santo aos cães, não jogueis vossas pérolas aos porcos, para que não as pisoteiem e depois se voltem para destroçar-vos" (Mt 7,6).

Toda a discrição que é devida na preservação, uso e administração dos bens sacramentais se justifica pelo excelso valor desses tesouros espirituais depositados no Santo Evangelho, tesouros de que todos nós somos responsáveis, Evangelho do qual o Sagrado Coração é a chave.

> Os que com a ajuda de Deus acolheram o chamado de Cristo e lhe responderam livremente foram por sua vez impulsionados pelo amor de Cristo a anunciar por todas as partes do mundo a Boa Notícia. Esse tesouro recebido dos apóstolos foi guardado fielmente por seus sucessores. Todos os fiéis de Cristo são chamados a transmiti-lo de geração em geração, anunciando a fé, vivendo-a na partilha fraterna e celebrando-a na liturgia e na oração[24].

A essas considerações de cunho mais estritamente litúrgico e teológico segue-se um vasto cenário pastoral onde reluz a Igreja como sacramento da salvação, o sacramento de uma Igreja servidora, dotada dos recursos para catalisar as melhores disposições dos povos na promoção da justiça e da paz.

---

22   CDC 834,1 *in fine*; CDC 837,1.
23   CDC 834,2.
24   CIC 3.

[ii]

O texto da *Gaudium et Spes* tem por efeito concretizar a percepção de que certos interesses, avaliados como genuinamente evangélicos, estão fundamentalmente ancorados na noção de Igreja como sacramento. Discernindo ao menos dois propósitos norteadores, estes integram necessariamente a função sacramental da Igreja, o que equivale a reconhecer o quanto são indispensáveis para autenticar a natureza eclesial dessa sociedade não apenas visível, mas ao mesmo tempo espiritual[25].

O primeiro é a *comunhão*. A comunidade-Igreja tem a tarefa, perante Deus, de ajudar os povos na promoção do entendimento e da harmonia entre si.

> A união da família humana é favorecida e aperfeiçoada pela unidade, em Cristo, da família dos filhos de Deus. [...]
>
> A promoção da unidade está intimamente vinculada à missão própria da Igreja que, em Cristo, é "o sacramento, isto é, sinal e instrumento da íntima união com Deus e da unidade de todo o gênero humano" [LG 1][26].

O segundo propósito, como constatamos a seguir, é o testemunho da *caridade*:

> Ajudando o mundo e sendo por ele ajudada, a Igreja caminha para um único fim: a vinda do reino de Deus e a salvação de todo o gênero humano. Todo bem que o povo de Deus, em sua peregrinação terrestre, pode oferecer à família humana, vem da Igreja, como "sacramento da salvação universal" [LG 48], mistério em que se manifesta e se realiza o amor de Deus para com os seres humanos[27].

Decerto, a Igreja atua como um sacramento, porque reúne as condições para manifestar o Reino de Deus "na própria pessoa de

---

25   LG 8.
26   GS 42.
27   GS 45.

Cristo, Filho de Deus e Filho do Homem, que veio 'para servir e dar sua vida para a redenção de muitos' (Mt 20,28)"[28]. A Igreja é sacramento da salvação, de acordo com a *Lumen Gentium*, porque foi

> enriquecida pelos dons do seu fundador. Procurando observar fielmente seus preceitos de caridade, humildade e abnegação, recebeu a missão de anunciar e de promover o reino de Cristo e de Deus junto a todos os povos. Constitui, pois, a Igreja, o germe e o início do reino na terra. Enquanto vai crescendo, aspira de todo coração pela consumação do reino e deseja, com todas as suas forças, unir-se a seu rei na glória[29].

Cerzindo nessa mesma linha um texto em parceria com o decreto *Ad gentes*, a *Dominus Iesus* incrementa: "A salvação tem uma relação estreita com a Igreja, que, por sua vez, 'tem a sua origem na missão do Filho e na missão do Espírito Santo, segundo o desígnio de Deus Pai'"[30].

Apesar de sua origem inafiançável, é pertinente também conceber que o êxito dessa missão de unir os povos, empenhar o amor redentor de Deus e construir o Reino está diretamente relacionado ao fator pelo qual a Igreja se realiza sacramentalmente. Por conseguinte, dimana das qualidades da Igreja[31] a afirmação de sua sacramentalidade. O caráter ou a constituição sacramental da Igreja se consolida quando a mesma Igreja:

a. que é *una*, promove o diálogo entre as nações;

b. que é *santa*, fecunda ações de caridade;

c. que é *católica*, proporciona a diversidade das culturas;

d. que é *apostólica*, resiste à deflagração das injustiças.

Lê-se no *Catecismo* que "esses quatro atributos, inseparavelmente ligados entre si, indicam traços essenciais da Igreja e de sua

---

28 LG 5.
29 LG 5.
30 DI 20 apud Denz. 5089.
31 CIC 811-870.

missão"³². São qualidades que ela recebe de maneira sobrenatural, marcando sua "identidade última e profunda"³³. Mediar conflitos, criar canais de solidariedade, buscar soluções políticas, engendrar iniciativas econômicas, tudo em vista de um projeto de elevação espiritual da humanidade, de um modo ou de outro remonta à missão da Igreja, como também ao seu sentido de ser.

A *Lumen Gentium* reservaria, todavia, palavras emblemáticas sobre essas questões.

> O mistério da santa Igreja se manifesta, pois, desde a sua própria fundação. O Senhor Jesus deu início a sua Igreja pregando a boa-nova, isto é, a vinda do reino de Deus, prometido há séculos pelas Escrituras. [...] Esse reino se torna visível aos olhos humanos por intermédio da palavra, dos atos e da presença de Cristo³⁴.

É como se fosse outorgado à Igreja homologar o mistério de sua própria sacramentalidade, a depender do quanto ela conforma de fato suas ações ao exemplo de Cristo. Se histórica ou socialmente, em maior ou menor grau, este alinhamento não acontece, devemos esperar que algo não funcionará bem, inevitavelmente turvando isto que deve ser plasmado como contundente, jamais vacilante, sinal sacramental.

Essas rápidas considerações sobre a estrutura e a função sacramental da Igreja pleiteiam uma meditação sobre o Sagrado Coração de Jesus.

[iii]

Nunca é demais ficarmos de prontidão com o texto que, aos olhos da Tradição patrística, desvenda-nos os méritos do Coração de Cristo.

---

32 CIC 811.
33 CIC 865.
34 LG 5.

Ao chegar a Jesus, vendo que estava morto, não lhe quebraram as pernas; mas um soldado lhe abriu o lado com um golpe de lança. Imediatamente jorrou sangue e água. Aquele que viu dá testemunho, e seu testemunho é fidedigno. Sabe que diz a verdade, para que creiais (Jo 19,33-35).

Tal é a cena da crucifixão e morte que, de tão concentrada no essencial, em cada detalhe se descobriram esplêndidos simbolismos. A Escritura não deixa dúvidas quanto à mensagem que se deseja transmitir: Jesus é apresentado como o cordeiro da nova Páscoa[35], o primogênito supliciado para provocar arrependimento e inspirar uma ostensível restauração ética e ritual[36].

São João Crisóstomo, no século IV, e numerosos Padres interpretaram a água e o sangue como símbolos do Batismo e da Eucaristia, aliás, os sacramentos dos quais nasceu a Santa Igreja "para que todos, atraídos ao seu Coração, pudessem beber, com perene alegria, na fonte salvadora"[37].

Ocorre que "a Igreja nasceu primeiramente do dom total de Cristo para nossa salvação, antecipado na instituição da Eucaristia e realizado na Cruz"[38]. A *Lumen Gentium* endossa a compreensão de que "o começo e o crescimento da Igreja são significados pelo sangue e pela água que saíram do lado aberto de Jesus crucificado"[39]. De acordo com a *Sacrosanctum Concilium*, "do lado de Cristo dormindo na Cruz é que nasceu o admirável sacramento de toda a Igreja"[40]. E diz Santo Ambrósio: "Da mesma forma que Eva foi formada do lado de Adão adormecido, assim a Igreja nasceu do coração traspassado de Cristo morto na Cruz"[41].

---

35 Vejam-se Jo 19,36 e Ex 12,46 ou Nm 9,12.
36 Vejam-se Jo 19,37 e Zc 12,10.
37 Apud MISSAL ROMANO. *Missal cotidiano*, 527; MISSAL ROMANO. *Missal dominical*, 585 (Prefácio do S. Coração de Jesus).
38 CIC 766.
39 LG 3 apud CIC 766.
40 SC 5 apud CIC 766.
41 Apud CIC 766.

O símbolo do Coração incita a sensibilidade teologal, cujas repercussões são verificadas por Pio XII. A esse respeito,

> nem mesmo dos antigos Padres, escritores e eclesiásticos foi desconhecido o Doutor comum[42], fazendo-se eco deles, assim escreve: "Do lado de Cristo brotou água para lavar e sangue para redimir. Por isso, o sangue é próprio do sacramento da eucaristia; a água, do sacramento do batismo, o qual, entretanto, tem força para lavar em virtude do sangue de Cristo". O que aqui se afirma do lado de Cristo, ferido e aberto pelo soldado, cumpre aplicá-lo ao seu coração, ao qual, sem dúvida, chegou a lança desfechada pelo soldado precisamente para que constasse de maneira certa a morte de Jesus Cristo. Por isso, durante o curso dos séculos, a ferida do coração sacratíssimo de Jesus, morto já para esta vida mortal, tem sido a imagem viva daquele amor espontâneo com que Deus entregou seu Unigênito pela redenção dos homens, e com o qual Cristo nos amou a todos tão ardentemente que a si mesmo se imolou como hóstia cruenta no Calvário: "Cristo amou-nos e ofereceu-se a Deus em oblação e hóstia de odor suavíssimo" (Ef 5,2)[43].

Elevado na cruz, Jesus dirige orações ao Pai, consuma sua missão e alcança a vitória no bom combate do amor. A vida cristã se torna sacramento por causa de sua ligação espiritual com o Crucificado.

Acham-se estreitamente conexas a comunidade dos cristãos e essa profusão de mística e espiritualidade que mana das fibras sagradas para inundar o mundo de fé, esperança e amor, disposições reveladas a partir da intimidade trinitária.

Do Coração de Cristo transbordam sangue e água. Flui, da Cruz, um modo de vida sustentado pela oração, aplicado na pregação e devotado ao testemunho.

---

42 Veja-se Tomás de Aquino. *Suma de Teologia*, III, q. 66, a. 3. A questão discute o sacramento do Batismo, no artigo sobre ser a água a matéria que lhe é própria. O texto citado por Pio XII pertence à resposta à 3ª objeção.

43 HA 39.

1. O Sagrado Coração e as formas de oração

As palavras e ações que caracterizam uma forma de vida cristã pertencem à "linguagem da oração"[44]. Mas é condição de uma oração verdadeira e efetiva que Deus habite no coração de quem reza. É certo que uma oração autêntica envolve o homem todo, mobilizando todo o ser da pessoa. "Mas, para designar o lugar de onde brota a oração, as Escrituras falam às vezes da alma ou do espírito, geralmente do coração (mais de mil vezes)."[45] Dizendo de outro modo, "é o *coração* que reza. Se ele está longe de Deus, a expressão da oração é vã"[46]. Somente o coração avaliza a passagem das palavras "Senhor, Senhor", ditas na oração, para a real disposição em fazer a vontade do Pai (Mt 7,21)[47].

O mais importante, na oração, é que aquele a quem falamos esteja presente em nosso próprio coração[48] e o transforme[49]. A espiritualidade do Sagrado Coração instiga naturalmente à oração. Isso é mostrado no testemunho de uma alma orante, Santa Teresinha do Menino Jesus, e nas palavras que Jesus proferiu sendo crucificado.

[i]

O *Catecismo* recobra esta frase dos manuscritos de Santa Teresinha: "Para mim, a *oração* é um impulso do coração, é um simples olhar lançado ao céu, um grito de reconhecimento e amor no meio da provação ou no meio da alegria"[50].

Em contato com o Coração pulsante de Cristo, descobrimos também em nós esse impulso interior, princípio de toda oração, pois "a

---

44 CIC 2562.
45 CIC 2562.
46 CIC 2562.
47 CIC 2611.
48 CIC 2700.
49 CIC 2739.
50 Apud CIC 2558.

oração é *cristã* enquanto comunhão com Cristo e cresce na Igreja que é seu Corpo. Suas dimensões são as do Amor de Cristo"[51].

Segundo o *Catecismo*, os evangelistas preservaram duas orações que Jesus declarou de modo explícito em seu ministério. Elas remontam ao seu Coração. São elas:

a. "— Dou-te graças, Pai, Senhor do céu e da terra! Porque, ocultastes estas coisas aos sábios e entendidos e as revelaste aos pequeninos. Sim, Pai, essa foi a tua escolha" (Lc 10,21; cf. Mt 11,25-27); e

b. "— Pai, eu te dou graças porque me ouviste. Eu sabia que sempre me ouves, mas o digo pela multidão que me rodeia, para que creiam que tu me enviaste" (Jo 11,41-42).

As duas passagens começam com uma ação de graças: na primeira, por Jesus se sentir jubiloso com o êxito dos setenta e dois discípulos; na segunda, ao preparar-se para a ressurreição de Lázaro.

Na oração referida por São João, Jesus sinaliza que o Pai sempre o ouve, ou seja, que sua oração não é apenas constante, pois também indica como pedir: *"Antes* que o dom seja feito, Jesus adere Àquele que nos dá seus dons. O Doador é mais precioso do que o dom concedido, Ele é o 'Tesouro', e nele é que está o coração de seu Filho; o dom é dado 'por acréscimo'"[52]. Já no primeiro caso, sua "exclamação emocionada, 'Sim, Pai!', exprime o fundo de seu coração, sua adesão ao 'beneplácito' do Pai, como num eco ao 'Fiat' de Sua Mãe em sua concepção e como prelúdio àquele 'sim' que dirá ao Pai em sua agonia. Toda a oração de Jesus está nesta adesão amorosa de seu coração de homem ao 'mistério da vontade' do Pai"[53].

Ambas concretizam algo fundamental, que começara a se revelar no episódio da perda e encontro do menino Jesus no Templo (Lc 2,41-52): "a *oração filial*, que o Pai esperava de seus filhos, será enfim vivida pelo próprio Filho único em sua humanidade, com os ho-

---

51 CIC 2565.
52 CIC 2604.
53 CIC 2603.

mens e para os homens"⁵⁴. Jesus aprendeu a rezar com um *coração de homem* observando como rezava sua mãe, "que conservava e meditava em seu coração todas as 'grandes coisas' feitas pelo Todo-Poderoso [Lc 1,49; 2,19.51]"⁵⁵. Vemos assim que também a oração de Cristo é um *impulso do Coração*. Jesus não apenas se dirige ao Pai; ele se dirige, na realidade, Àquele em quem está seu Coração.

[ii]

Se olharmos para as palavras que Jesus pronuncia quando erguido na cruz, notamos que toda oração recebe um selo de autenticidade quando provém do coração. Naquele momento, como numa espécie de síntese, o Senhor lança mão de todas as formas de oração⁵⁶, a saber:

a. bênção e adoração;
b. súplica;
c. intercessão;
d. ação de graças; e
e. louvor.

Jesus faz uma oração de *intercessão* quando diz: "— Pai, perdoa-lhes, porque não sabem o que fazem" (Lc 23,34). Ele, que "é o único Intercessor junto do Pai em favor de todos os homens, dos pecadores, sobretudo"⁵⁷, intercede clamando perdão por seus carrascos e por aqueles que tramaram contra sua vida inocente.

Ao meio-dia, quando toda a região escurece, ouve-se uma oração de *súplica*. Os judeus teriam pensado que evocava o profeta Elias. Recitando o começo do Salmo 22, "Eli, Eli, lema, sabactáni (ou

---

54   CIC 2599.
55   CIC 2599.
56   CIC 2626-2643.
57   CIC 2634; vejam-se Rm 8,34; 1Jo 2,1; 1Tm 2,5-8.

seja: *Deus meu, Deus meu, por que me abandonaste?*)" (Mt 27,46; cf. Mc 15,34), Jesus no entanto manifesta de forma espontânea sua vulnerabilidade humana diante de tão grande adversidade. Não como pecador, obviamente (Hb 9,28; cf. 1Pd 2,21-24), mas vítima de expiação (1Jo 4,10) que se entregou em resgate por todos (1Tm 2,6; Mt 20,28), Jesus exprime o que é próprio a toda súplica: o desejo de voltar para o Pai[58] e a procura do Reino[59].

Isso era o que já se destacava em outros momentos. Na oração do Pai-nosso, por exemplo, Jesus nos expõe a excelência de sua relação com Deus (Mt 6,10; Lc 11,2) e a centralidade de sua missão, que consiste em buscar antes de tudo o Reino e a sua justiça (Mt 6,33), incitando que se peça o Espírito Santo (Lc 11,13). Desta vez, os traços dessa oração são apresentados com o seu suplício, pelas palavras que chancelam o desígnio de sua vinda: "— Está consumado" (Jo 19,30). Tudo o que está implicado na missão de Cristo se consolida com sua vida sendo consumida nesse gesto de inclinar a cabeça e entregar o espírito.

Acontece que esse gesto é também cingido por uma oração de *louvor*, formulada em carregado grito: "— *Pai, em tuas mãos entrego o meu espírito*" (Lc 23,46). Deus é, nessas palavras, reconhecido "o mais imediatamente possível [...] pelo que Ele mesmo é, [...] mais do que pelo que Ele faz, [e sim] por aquilo que Ele é"[60], afinal, Deus é Deus. O espírito de Jesus retorna ao Pai, não ao desabrigo, acompanhado e prestigiado por essa que "integra as outras formas de oração e as leva Àquele que é sua fonte e termo final: 'O único Deus, o Pai, de quem tudo procede e para quem nós somos feitos' (1Cor 8,6)"[61].

O louvor não se configura, portanto, somente glorificando ao Pai com hinos e cânticos espirituais (Ef 5,19), mas vivenciando aquilo que, reservado para a Glória, apenas pela fé pode ser antecipado[62]. Para glorificar ao Pai, Jesus integra a si toda a humanidade, chegando assim ao vértice de seu amor.

---

58   CIC 2629.
59   CIC 2632.
60   CIC 2639.
61   CIC 2639.
62   CIC 2642.

Passando a mais outra forma de oração, o *Catecismo* instrui que por efeito da obra da salvação, todo acontecimento e toda necessidade, por mais cotidianos que sejam, "podem se tornar oferenda de ação de graças"[63]. Não é demais lembrar que a *ação de graças* "caracteriza a oração da Igreja [...] celebrando a Eucaristia"[64], momento em que os dons[65], também chamados oblatas[66], isto é, as espécies do pão e do vinho, quais frutos do trabalho humano[67], serão convertidos no Corpo e Sangue de Cristo[68].

Essas características nos ajudam a identificar esse tipo de oração no episódio de Jesus entregar um ao outro, ambos ao lado da cruz, a mãe e o discípulo predileto (Jo 19,26-27). Tal como na Santa Missa, Jesus une ao seu sacrifício os membros de seu Corpo[69].

Enfim, o pedido do malfeitor é elevado por Jesus à condição de *bênção* e *adoração*. Tal pedido exprime reconhecer "Aquele que é a fonte de toda bênção"[70]: "recebemos o pagamento de nossos delitos; este, ao contrário, não cometeu nenhum crime" (Lc 23,41). Dessa singela e despretensiosa humildade ergue-se um autêntico ato de adoração, garantindo-lhe que suas súplicas sejam atendidas[71]: "— Eu te asseguro que hoje estarás comigo no paraíso" (Lc 23,43).

Todas as formas de oração estão representadas nas palavras que Jesus pronunciou na cruz. Logo a crucificação é uma iniciação à vida de oração, completando assim o que Jesus empreendeu em sua atividade pública. Isso se faz possível, porque a oração exige um recolhimento do coração[72] que encete todo testemunho consecutivo.

---

63   CIC 2638.
64   CIC 2637.
65   IGMR 44, 72, 74, 77, 79c, 214.
66   IGMR 30, 43, 146, 363.
67   IGMR 74, 33, 37b, 306.
68   IGMR 72-73, 222, 227 *passim*.
69   CIC 2637.
70   CIC 2626.
71   CIC 2628.
72   CIC 2721.

Como toda oração nasce do impulso do coração, as referidas palavras arquejam-se do próprio Coração traspassado de Cristo, consumando na cruz tudo o que Jesus realizou durante sua vida.

2. O Sagrado Coração e o anúncio da cruz

Assim como o Sagrado Coração se manifesta na cruz, não poderia ser diferente que o anúncio da cruz propagasse, num só lance, a mensagem desse Coração de amor transparente. Dessa forma, não há outro caminho, senão o da Cruz, e não há outro assunto, senão o do Coração, que o *Kerygma* nos convida, simultaneamente, a descobrir[73].

Essa palavra se reporta à mensagem central do Evangelho, naquilo que se sustenta como:

a. o Reino de Deus anunciado por Jesus (Mt 4,23); e

b. o próprio Cristo anunciado pelos apóstolos (At 2,22-24).

Tais sentidos são complementares. No primeiro caso, Jesus é o "sujeito"; no segundo, o "objeto" da evangelização. O *Kerygma* é propagado pelo próprio Jesus, que veio cumprir a Escritura (Lc 4,18-21) e ensinar a felicidade (Mt 5,1-12) mediante a justiça (Mt 5,17-48), a caridade (Mt 6,1-4) e a oração (Mt 6,5-14). Na sequência, aquilo que foi levado a cabo pelos discípulos e, por extensão, pelas comunidades, modelou uma pregação apostólica que primeiramente noticiou a paixão, morte e ressurreição do Senhor (At 2,14-39; 3,12-16; 4,9-12; 5,29-32; 10,34-43; 13,16-41).

Não é inconveniente referirmo-nos a esses dois momentos com a expressão *mistério pascal*, que consiste na morte e ressurreição de Jesus, compreendendo, portanto, "a ação salvadora em Cristo e comunicada à Igreja pelos sacramentos"[74].

Por esses dois aspectos, desenha-se a interface entre *Kerygma* e *sacramento*:

---

73 CIC 478.
74 JORGE. *Mistério Pascal*, 352.

toda a vida humana de Jesus, particularmente sua obediência, paixão e morte na cruz, constituem sinal definitivo da salvação. Suas palavras e obras explicitam o que em sua pessoa se tornou presente na história para nós. Deus entrega-se a si mesmo a nós. E nós, de nossa parte, o podemos aceitar ou rejeitar na interpretação de nossa existência. Em Jesus, a situação humana tornou-se lugar da presença de Deus[75].

Assim se nota que a mensagem querigmática, também conhecida como "primeiro anúncio", é sintética em suas dimensões, pretensiosa em suscitar conversão. Ela se projeta de forma interpelativa, buscando ser enfática e penetrante, tal como o professor Luis Alves de Lima elucida:

> Kerygma é o acontecimento do convite que, dirigido aos ouvintes, chama-os em causa, interpela-os. Corresponde ao ato de o profeta se apresentar e falar em nome de Deus. Quanto ao conteúdo, pode-se demonstrar, em base ao Novo Testamento, que o kerygma se identifica com a substância evangélica da mensagem cristã, ou com o centro da revelação. Não é uma informação neutra, como se seria possível ouvi-la e depois esquecê-la: é o anúncio de um acontecimento envolvente, sem o qual a vida da pessoa não pode ser compreendida nem vivida sensatamente. O kerygma possui um caráter crítico que leva a um confronto, é provocador, deixa inquietações e pede uma resposta do ouvinte. Ele quer conduzir a pessoa "pelos caminhos do Senhor" (cf. At 18,25; 1Cor 12,3)[76].

O kerygma é, portanto, um anúncio missionário cheio de ardor, mas que constitui apenas um dentre outros empreendimentos da evangelização[77], dos quais também faz parte a catequese, incumbida então de cultivar e desenvolver os corolários semeados pelo primeiro anúncio. Segundo João Paulo II, a catequese "visa o duplo objetivo de fazer amadurecer a fé inicial e de educar o verdadeiro discípulo

---

75 ZILLES. Os sacramentos da Igreja Católica, 39-40.
76 LIMA. O que é o querigma?, 5.
77 EN 22.

de Cristo, mediante um conhecimento mais aprofundado e sistemático da Pessoa e da mensagem de Nosso Senhor Jesus Cristo"[78].

Por se tratar da primeira evangelização, o *kerygma* não é o termo, e sim o prelúdio da mensagem da salvação em Jesus. Nada teria confiável sustentação se não se fundasse no conteúdo central e necessário dessa posição, e nada alcançaria uma desejável realização se não avançasse a partir desse princípio. Paulo VI assim credenciava: "a Boa Nova proclamada pelo testemunho da vida deverá, mais tarde ou mais cedo, ser proclamada pela palavra da vida. Não haverá nunca evangelização verdadeira se o nome, a doutrina, a vida, as promessas, o reino, o mistério de Jesus de Nazaré, Filho de Deus, não forem anunciados"[79].

As características do Coração de Cristo estão impressas em cada etapa da ação evangelizadora. Buscando uma analogia com as disciplinas médicas, diríamos que:

a. O *kerygma* anuncia a cruz onde o Coração manifesta sua *anatomia*: descobre-nos suas cavidades, indica as saídas, constata o tônus da musculatura;

b. A catequese divisa o Coração explanando sua *fisiologia*: percorre seus circuitos, expõe-nos as contrações, propõe o ritmo do batimento.

Por conseguinte, tornou-se rútilo, para o *Catecismo*, o intercâmbio entre Cruz e Coração[80]. A pregação da cruz, ou seja, a mensagem de Deus que a consciência teológica dos primeiros cristãos logrou decodificar na crucificação de Jesus, foi nuclear aos primeiros esforços missionários. São Paulo atestava haver uma *sabedoria da cruz*, uma espécie de conhecimento ou mensagem redentora, não acessível aos orgulhosos, "porque os judeus pedem sinais, os gregos procuram sabedoria, ao passo que nós anunciamos o Messias crucificado, escândalo para os judeus, loucura para os pagãos" (1Cor 1,22-23).

---

78 CT 19.
79 EN 22.
80 CIC 2669.

A cruz era um critério seguro para se averiguar a autenticidade evangélica de uma pregação. O apóstolo apercebia-se de sua missão na meta de "anunciar a boa notícia, sem qualquer eloquência, para que não se invalide a cruz do Messias. Pois a mensagem da cruz é loucura para os que se perdem; para os que se salvam é força de Deus" (1Cor 1,17-18). Esse conhecimento, como escrevia São Paulo, não se transmitia por eloquência ou persuasão. Tratava-se de um conhecimento superior, pelo qual se deseja dar tudo como perdido para ganhar Cristo e estar unido a ele (Fl 3,8-9), nos moldes da parábola do Reino dos céus comparado ao tesouro escondido num campo: "um homem o descobre, volta a escondê-lo e, todo contente, vende todas as suas posses para comprar esse campo" (Mt 13,44).

Precisamos destacar que Paulo, quando pregava, não se referia somente a Cristo, e sim a Cristo crucificado[81]. A mensagem da salvação é, por sua natureza, uma palavra forte e eficaz; nem por isso o apóstolo dava como prescindível que ela estivesse acompanhada de um coração com fé intrépida e inabalável: "se confessas com a boca que Jesus é Senhor, se crês de coração que Deus o ressuscitou da morte, tu te salvarás. Com o coração cremos para ser justos, com a boca confessamos para ser salvos" (Rm 10,9-10).

Se há algo enérgico e vívido, tão caloroso quanto intenso na mensagem da Cruz, Bento XVI o assinala nestas palavras:

a. "A verdadeira novidade do Novo Testamento não reside em novas ideias, mas na própria figura de Cristo, que dá carne e sangue aos conceitos — um incrível realismo."[82]

A mensagem da cruz não se constitui de noções abstratas mais do que se desenvolve como uma opção fundamental de vida, nos termos como se inicia a *Deus Caritas Est*:

---

[81] "Oh! conhecê-lo e conhecer o poder de sua ressurreição e a participação em seus sofrimentos; configurar-me com sua morte, para ver se alcanço a ressurreição da morte. Não que eu já a tenha conseguido nem que já seja perfeito; eu continuo para alcançá-lo, como Cristo me alcançou" (Fl 3,10-12).

[82] DC 12.

b. "No início do ser cristão não há uma decisão ética ou uma grande ideia, mas o encontro com um acontecimento, com uma Pessoa que dá à vida um novo horizonte e, assim, o rumo decisivo."[83]

O anúncio querigmático é embalado por uma experiência que revela o comprimento e a altura, o volume e a profundidade da misericórdia do Pai: "Quando Jesus fala, nas suas parábolas, do pastor que vai atrás da ovelha perdida, da mulher que procura a dracma, do pai que sai ao encontro do filho pródigo e o abraça, não se trata apenas de palavras, mas constituem a explicação do seu próprio ser e agir"[84].

Com as iniciativas apostólicas até a formação de novos discípulos missionários vão se difundir o próprio modo de ser e agir de Deus, do qual o Coração de Jesus é o símbolo por excelência.

O que embala o empenho apostólico não é uma ideia, simplesmente, mas a experiência de uma vez se ter escutado, do próprio peito de Cristo, as batidas de amor de seu Coração.

Que seja o culto ao Sagrado Coração uma adoração ao Senhor crucificado, pois é na cruz que se abrem, do lado de Jesus, todos os tesouros de sabedoria e ciência[85], vida e santidade[86], como reza a ladainha. Adorar o Coração de Cristo é amar a cruz de Cristo. Não fugir ao teor de suas sondagens é assumir a responsabilidade e as consequências pelo anúncio da Boa-Nova.

3. O Sagrado Coração e o testemunho do amor

Orar, pregar e, agora, testemunhar. Uma estrutura de vida e missão se articula em torno dos recursos oferecidos pelo Sagrado Coração de Jesus.

Depois de explicitado o vínculo orgânico do Sagrado Coração com os sacramentos e a vida cristã constituída pela oração e pelo

---

83   DC 1.
84   DC 12.
85   ALMEIDA. *A ladainha do Coração de Jesus*, 69-71.
86   ALMEIDA. *A ladainha do Coração de Jesus*, 97-99.

anúncio, resta-nos sublinhar essa relação com a própria Igreja, mais ainda, com a Igreja enviada a testemunhar o amor de Deus pela humanidade. Afinal,

o Espírito é aquela força interior que harmoniza [os corações dos crentes] com o coração de Cristo e leva-os a amar os irmãos como Ele os amou, quando Se inclinou para lavar os pés dos discípulos (cf. Jo 13,1-13) e sobretudo quando deu a sua vida por todos (cf. Jo 13,1; 15,13)[87].

Fez Tertuliano um notável registro da fisionomia desse amor. Segundo esse grande escritor do século III, os pagãos ficavam maravilhados com o exemplo de caridade dos primeiros cristãos, a ponto de exclamarem: "Vede, como se amam!"[88].

Não há dúvida do quanto levavam a sério as palavras do Senhor[89], palavras que brotavam de um Coração ungido, impregnado pelo Espírito de Amor[90]. "Deus é Amor", ressoa o *Catecismo* os termos de 1João 4,8.16, "e o Amor é o primeiro dom. [...] Esse amor, 'Deus o derramou em nossos corações pelo Espírito que nos foi dado' (Rm 5,5)"[91].

[i]

Uma compreensão que se fez tangível, já no primeiro século, está registrada na obra de São Fulgêncio, do século VI. Ele destaca que

---

87 DC 19.
88 Bento XVI se refere a essa solicitude dos cristãos pelos necessitados (contada no *Apologeticum* 39,7), num gênero que suscitava até mesmo a admiração dos pagãos (DC 22). Alguns murmuram ao notar essa grande demonstração de amor. Ao passo que estes estão mais propensos a se aborrecerem reciprocamente, os cristãos tratam-se como irmãos e se amam. Ao invés de estarem dispostos a se matarem, preparam-se para realmente morrerem uns pelos outros (TERTULIANO. *Apologia*, 166).
89 Mt 22,35-40; Jo 15,12-17; At 4,32-35.
90 CIC 2671.
91 CIC 733, 2658.

unidade e *caridade* são a matéria de que é feito o Corpo eclesial. Prevalece o amor, do qual a unidade é uma derivação.

Ele assim se justifica a partir de São Paulo: "*o amor de Deus foi derramado em nossos corações pelo Espírito Santo que nos foi dado* (Rm 5,5)"[92]. O judicioso bispo de Ruspe dedica ao assunto palavras admiravelmente certeiras:

> a edificação espiritual do corpo de Cristo realiza-se na caridade, segundo as palavras de São Pedro: *Como pedras vivas, formai um edifício espiritual, um sacerdócio santo, a fim de oferecerdes sacrifícios espirituais, agradáveis a Deus, por Jesus Cristo* (1Pd 2,5). Esta edificação espiritual atinge sua maior eficácia no momento em que o próprio Corpo do Senhor, que é a Igreja, no sacramento do pão e do cálice, oferece o corpo e o sangue de Cristo [...]. Por isso pedimos que a mesma graça que faz da Igreja o Corpo de Cristo, faça com que todos os membros, unidos pelos laços da caridade, perseverem firmemente na unidade do corpo[93].

Para se assegurar dessa realidade, o *Catecismo* emprega o texto da *Lumen Gentium*: "desde a origem do mundo a Igreja foi prefigurada. Foi admiravelmente preparada na história do povo de Israel e na antiga aliança. Foi fundada nos últimos tempos. Foi manifestada pela efusão do Espírito. E no fim dos tempos será gloriosamente consumada"[94].

Essas palavras exprimem o *consilium Dei* (pensamento de Deus) acerca da Igreja, bem como relançam para cada cristão o propósito de se aprofundar no mistério da mesma Igreja, o mistério de amor que a edifica[95].

Isso torna necessário e justificado indagar: Do que a Igreja é sacramento? Quando se contempla o mistério da Igreja como sacramento, o que se quer destacar?

---

92 Apud LH (Of. L.), terça-feira da 2ª semana da Páscoa, segunda leitura; vejam-se CIC 689, 1082.
93 Apud LH (Of. L.), terça-feira da 2ª semana da Páscoa, segunda leitura.
94 LG 2 apud CIC 759.
95 CIC 770.

[ii]

Conforme a reflexão de Bento XVI junto aos bispos sinodais, a sacramentalidade da Igreja nos informa a respeito de uma íntima união de Deus com o gênero humano[96]. A Igreja também atesta a comunhão trinitária, consoante à concepção de São Cipriano que a apresenta como "povo reunido na unidade do Pai e do Filho e do Espírito Santo"[97]. A Igreja é, pois, "em Cristo, como que o sacramento ou o sinal e instrumento da íntima união com Deus e da unidade de todo o gênero humano"[98]. Ela se insere na missão de Jesus, cuja meta é realizar o plano de salvação de Deus Pai[99]. Sua progressão no curso da história não teria, portanto, como fim a própria história, mas o desígnio da Santíssima Trindade[100].

[iii]

Numa resposta igualmente concisa e acertada, podemos dizer que a Igreja é sacramento do amor que eflui do Coração de Jesus, um amor que Pio XII percebe de modo triplamente escalonado:

> Com muita razão, pois, o coração do Verbo encarnado é considerado índice e símbolo do tríplice amor com que o divino Redentor ama continuamente o Eterno Pai e todos os homens. Ele é, antes de tudo, símbolo do divino amor, que nele é comum com o Pai e com o Espírito Santo, e que só nele, como Verbo encarnado, se manifesta por meio do caduco e frágil instrumento humano, "pois nele habita corporalmente a plenitude da divindade" (Cl 2,9). Ademais, o coração de Cristo é símbolo de enérgica caridade, que, infundida em sua alma, constitui o precioso

---

96 LG 1 apud SCa 16.
97 Apud SCa 16.
98 LG 1 apud CIC 775.
99 CIC 763, 772.
100 CIC 758.

dote da sua vontade humana, e cujos atos são dirigidos e iluminados por uma dupla e perfeita ciência, a beatífica e a infusa. Finalmente, e isto de modo mais natural e direto, o coração de Jesus é símbolo do seu amor sensível, já que o corpo de Jesus Cristo, plasmado no seio imaculado da Virgem Maria por obra do Espírito Santo, supera em perfeição, e, portanto, em capacidade perceptiva, qualquer outro organismo humano[101].

Tais palavras sintetizam que a Igreja se define em modo sacramental por divulgar o Homem-Deus em seu *triplo Coração de Amor*: *coração divino, coração espiritual* e *coração corporal*. Três corações exprimindo, respectivamente:

a. o amor indissolúvel do Filho para com o Pai, e do Verbo para com os homens;

b. a vontade própria de Cristo em amar o que é amável;

c. o "músculo" cardíaco tornado, na expressão de São Bernardo de Claraval, "víscera de misericórdia" e compaixão[102].

Nessas coordenadas, Pio XII não só fixou o culto ao Sagrado Coração: ele o fez nos moldes da natureza substancial e da índole missionária da Igreja. Todo ato (objetivo e subjetivo) de desagravo, bem como todo motivo de adoração só pode ser por *amor a Deus*.

O Santíssimo Coração de Jesus promove-se como "índice natural ou o símbolo da sua imensa caridade para com o gênero humano"[103], pois, de acordo com Leão XIII, "é inserida no sagrado coração a qualidade de ser símbolo e imagem expressiva da infinita caridade de Jesus Cristo que nos incita a retribuir-lhe o amor por amor"[104].

---

101 HA 27.
102 CARRAUD. *Coração de Cristo*, 459.
103 HA 12.
104 AS 8 apud HA 12.

[iv]

Resulta que Cristo é o "único mistério da salvação"[105]. Logo "a missão da Igreja não é acrescentada à de Cristo e do Espírito Santo, senão que é o Sacramento dela: por todo o seu ser e em todos os seus membros, a Igreja é enviada a anunciar e testemunhar, atualizar e difundir o mistério da comunhão da Santíssima Trindade"[106].

Portanto, essa missão de amor redentor que Jesus transmite a sua Igreja é como um bombear sanguíneo do Coração divino a todos os capilares do Corpo eclesial. Todos os sete sacramentos são como expedientes que estabelecem "os sinais e os instrumentos pelos quais o Espírito Santo difunde a graça de Cristo, que é a Cabeça, na Igreja, que é seu Corpo"[107].

É justificável depreender que a Igreja, semelhante aos sacramentos e por isso chamada de "sacramento" por analogia[108], operacionaliza de modo leal, íntegro e probo essa recepção e comunicação da "graça invisível"[109]. Mais do que isso: a Igreja é para os sacramentos aquilo que o Coração é para seu Corpo. Todo o sentido de ser da Igreja, como Corpo de Cristo, forja-se do Coração de Cristo, ou seja, do Coração do Verbo Encarnado.

Pende uma importante conclusão: Jesus é reconhecido como Salvador por ter amado e ter dado sua vida por nós (Jo 3,16; Gl 2,20). O dom da redenção não tem outra via senão o de entregar-se por amor. Dessa forma, salvar e amar são noções recíprocas: Jesus nos salvou por seu amor, e amando nos salvou. A consequência é inevitavelmente esta: "Conhecemos o que é o amor naquele que deu a vida por nós. E também nós devemos dar a vida pelos irmãos" (1Jo 3,16).

Abrigada ao patrocínio do Coração de Jesus, a missão institucional da Igreja, bem como a organização burocrática que lhe está a serviço, não teria preferência sobre a formação de ambientes co-

---

105 CIC 774.
106 CIC 738.
107 CIC 774.
108 CIC 774.
109 CIC 774.

munitários abundantes de espiritualidade. O testemunho de amor, múnus que configura a Igreja como sacramento, não exime a urgência de fomentar um "clima interior espiritual"[110] que remeta invariavelmente a Cristo, o exemplo de amor a ser seguido.

---

110 TESSAROLO. *Theologia Cordis*, 110.

Considerações finais

Em breves tópicos, sintetizaremos algumas das composições erguidas ao longo da obra. Ao passo que vai surgindo nova oportunidade, aclararemos certos matizes a fim de evidenciar sua potência e projetar seu horizonte.

Frutos de sabedoria, santidade e salvação

Em termos de áreas teológicas, notabilizamos neste livro capítulos da Cristologia e Pneumatologia, como também da Eclesiologia, da Hermenêutica bíblica, da Espiritualidade, da Liturgia, da Moral. Tudo isso causa repercussões no campo do discurso racional da fé, fomentando todo um estudo dos Sacramentos tendo como lente o Coração de Cristo.

O Coração de Jesus é o coração traspassado na cruz. O Crucificado é, portanto, o referencial maior desse culto; o seu sacrifício sustenta as principais elaborações teológicas de uma espiritualidade fundamentada biblicamente e vocacionada à mística.

O Coração se apresenta como uma chave para a compreensão espiritual das Sagradas Escrituras, é um símbolo essencial da teologia patrística, símbolo que inspirou os mais autênticos anseios místicos. As palavras de João Paulo II têm uma precisão métrica no reconhecimento desses e tantos outros benefícios à fé:

> Desejo expressar a minha aprovação e o meu encorajamento a quantos que, de qualquer modo, na Igreja continuam a cultivar, aprofundar e promover o culto ao Coração de Cristo, com linguagem e formas adaptadas ao nosso tempo, de modo a po-

der transmitir às gerações futuras no espírito que sempre o animou. Trata-se ainda hoje de conduzir os fiéis a fixar o olhar adorador no mistério de Cristo, Homem-Deus, para se tornarem homens e mulheres de vida interior, pessoas que sentem e vivem o chamado à vida nova, à santidade, à reparação, que é cooperação apostólica para a salvação do mundo. Pessoas que se preparam para a nova evangelização, reconhecendo o Coração de Cristo como o coração da Igreja: é urgente para o mundo entender que o Cristianismo é a religião do amor[1].

Muito se cultiva dessa vivência autêntica do amor na celebração dos sacramentos. Não seria inconveniente indagar, uma vez mais, pela nossa propensão a emitir gestos mais audaciosos de amor ao próximo, um amor que já se encontra em nós, mas que não teve ainda a oportunidade de emergir. Os sacramentos emanam de um Coração despido; se tomássemos a mesma atitude de nos desnudarmos, quantas seriam as sementes de amor espalhadas pelo mundo!

Podemos dizer que o Coração de Jesus foi traspassado e que de sua ferida jorraram os sacramentos da Igreja. Esse intercâmbio essencial entre o Sagrado Coração e os meios da salvação reporta-nos a uma dinâmica ainda mais surpreendente: assim como o sacramento realiza a graça (invisível) que ele significa (de maneira visível), o Sacratíssimo Coração se desnudou, deixando assim transparecer a fonte dos tesouros divinos. O Coração de Cristo foi ferido tanto quanto foi despido; não hesitamos em conceber que os sacramentos são como que as linhas que se desfiaram de seus despojos, trazendo à nossa alma aquela maciez que uma vetusta colcha de retalhos traz ao nosso corpo.

Numa linha muito semelhante de raciocínio, pensamos serem convenientes ambas as reflexões. Na primeira e mais tradicional, a lança que golpeou o Coração de Cristo não só o feriu, como abriu — do mesmo modo como se arromba uma porta — os fluxos de vida que nele estavam contidos. Jorra do Coração Sagrado a água de nossa purificação. Muito mais: o Coração Sacrossanto aberto é a

---

[1] João Paulo II. *Viaggio apostolico in Polonia*, n. 2 (tradução nossa).

oportunidade para mergulharmos nesse antro de redenção. Temos não só a água, como a inesgotável fonte, por completa.

Reforçamos assim a percepção de que um sacramento não é um assunto restrito às quatro paredes de uma igreja, pois sua celebração repercute em frutos para a vida. O conjunto dos sete sacramentos implica num franco e sincero desnudamento. Com a representação da nudez, resgatamos a condição de um coração desimpedido para amar, projetando-se numa forma de amor sem aqueles embaraços gerados pela discórdia, pela ambição, pela desconfiança, em suma, pelas desordens que insistem em se enraizarem nos relacionamentos humanos.

Para responder a esses desafios, importantes noções estão concatenadas ao Coração de Cristo. Palavras como amizade e afeição, aliança e filiação, amor e misericórdia orbitam ao redor desse astro, à guisa do aperfeiçoamento de seus significados e da eloquência de seus conceitos.

Apelos do Sagrado Coração

Seja em seu fundamento, significado ou na própria celebração, cada sacramento ostenta um apelo do Sagrado Coração, cujos atributos são amplificados por ocasião de irretocável afinidade. Nessa íntima e essencial relação, os sacramentos atuam como propagadores do Coração de Jesus. Seus frutos de graça e santidade não têm outra origem que o Sacrossanto Coração.

Além disso, os sacramentos são as vias por onde se difundem certos vocativos do Coração de Cristo.

A constituição de um sacramento numa parte visível e noutra invisível recompõe a singular natureza do Coração que, atravessado, tornou-se sacramento de misericórdia e amor. Podemos assim tratar de modo equivalente o véu que se rasgou no templo[2] e o Coração, também rasgado pelo afiado corte. Concebemos esse Coração

---

2 Mc 15,38; Mt 27,51a.

mediante a metáfora de um tecido que, sofrendo violento golpe, descompôs-se em fiapos. Os sacramentos desfiaram-se das tramas do Sagrado miocárdio.

- Sacramentos da iniciação cristã

Um órgão assim aberto faz ressonância com o Batismo, no modo em que nele se opera a desobstrução de todos os sentidos (visão, paladar, audição, olfato) para o conteúdo da fé. Também é um convite para uma experiência de intimidade, veiculada junto à unção do sacramento da Confirmação.

Na mistagogia de seus ritos, o Batismo interpela para que ouvidos e boca, numa palavra, o coração se abra à luz esplendente de Deus. O modelo desse rito só pode ser o Coração lacerado de Jesus crucificado.

O fiel que contempla o Sagrado Coração nesses traços da iniciação cristã principia numa verdadeira *experiência do desnudamento*. A nova criatura que nasce regenerada das águas do Batismo[3] recebe uma graça santificante[4], a graça da justificação, que dentre outros efeitos "permite-lhe crescer no bem pelas *virtudes morais*"[5]. Significa dizer: com "o poder de viver e agir sob a moção do *Espírito Santo* por seus dons"[6], a pessoa adquire, também em função de seu empenho, a disposição para praticar atos moralmente bons e "entrar em comunhão com o amor divino"[7].

No contexto em que São Paulo introduz sua fórmula batismal aos cristãos romanos, ele já associava a graça sobrenatural do Batismo às implicações éticas da vida em Cristo. "Portanto, o que dizer? Que continuemos no pecado para que seja abundante a graça? Nem pensar! Nós que morremos para o pecado, como iremos

---

3   CIC 1265.
4   CIC 1999-2000.
5   CIC 1266.
6   CIC 1266.
7   CIC 1804.

continuar vivendo nele? Não sabeis que todos nós que fomos batizados, consagrando-nos ao Messias Jesus, submergimos em sua morte?" (Rm 6,1-3)[8]. Assim, "o ideal de um batizado é viver sem pecar"[9], pois essa sua participação (sacramental) na morte e ressurreição de Cristo só pode significar "a vitória sobre Satanás e a libertação da escravidão do pecado"[10].

O sepulcro, que a propósito do Batismo introduz a pessoa na vida nova do Espírito, é o próprio Coração de Cristo. Chamado a experimentar de suas delícias, o batizado passa a habitar no Coração de Jesus, começando uma relação de incomparável intimidade: uma relação de Coração a coração, que muito bem demarca um significado primordial da Confirmação.

Seria impensável não esperar de um batizado o escorço de virtudes como a fortaleza, justiça, prudência e temperança[11], ser solidário[12], dar o perdão[13], promover e salvaguardar a paz[14]. O Batismo leva, seguramente, àquela compreensão que deduzimos do sacramento da Reconciliação: que há em nosso peito um "coração", um coração de carne, um coração humano apto para semear humanidade.

---

8   Ignacio Oñatibia observa que "os textos paulinos sobre o batismo como participação na morte e ressurreição de Cristo (Rom 6,2-6 e Col 2,9-15) vêm seguidos de duas exposições do código de vida cristã (Rom 8,1-39 e Col 3,1-4,6). A configuração ontológica e objetiva com a morte-ressurreição de Cristo no batismo deve ir-se consolidando, reforçando, aprofundando e enriquecendo progressivamente pela participação na vida sacramental da Igreja, sobretudo na Eucaristia, e pela prática da vida cristã pela qual 'levamos a morte de Cristo em nosso corpo' (2Cor 4,10). Supõe-se que o batizado vive a Páscoa de Cristo cada vez mais real e plenamente" (OÑATIBIA. *Bautismo y Confirmación*, 207, tradução nossa).
9   OÑATIBIA. *Bautismo y Confirmación*, 205 (tradução nossa).
10 OÑATIBIA. *Bautismo y Confirmación*, 205 (tradução nossa).
11 Nomeadas "virtudes cardeais" (CIC 1805-1809).
12 CIC 1939-1942.
13 CIC 2839-2845.
14 CIC 2442; veja-se CIC 2302-2317.

- Sacramentos de cura

Com base na espiritualidade do Sagrado Coração, merece ser chamado de Reconciliação, muito mais que de Penitência ou Confissão, o sacramento em que experienciamos a misericórdia divina. O fato de se penitenciar dos pecados, ou mesmo de confessá-los, representa apenas etapas que levam a um dos seus grandes objetivos: a Reconciliação revela-nos em nossa condição terrena, a fim de que nos despertemos para nossa vocação celestial.

Na Reconciliação, vemos se processar uma alteração de prioridades: o anseio de purificação dos pecados cede a um bem maior. Deus, em sua benevolência, outorga-nos o dom de semear misericórdia. É correto que o sacramento nos limpa dos pecados; é muito mais profundo pensar que o sacramento nos faz *agentes do perdão*, portadores de um coração de carne.

À luz do Coração de Cristo, o sacramento é percebido dentro do projeto messiânico de uma conversão efetiva, de uma ética salutar — a *ética cordiana* — e de uma transformação política e social em vista da justiça e da paz.

Na mesma linha desses gestos, vislumbramos a experiência de salvação que identificamos especialmente típica do sacramento que assiste ao periclitar da vida. Mediante a Unção dos Enfermos, o consolo e o repouso concedidos no momento da fragilidade são méritos que o Sagrado Coração não só dispõe pontualmente, como o faz no âmbito de uma *espiritualidade afetiva*. Paixões e afetos, tristezas e angústias, esperança e consolação são sentimentos que esse sacramento engatilha na direção de um plano de sabedoria espiritual.

Gostaríamos de insistir no ponto em que abordamos a Unção dos Enfermos como uma *via de sapiência*, isto é, como uma peregrinação no conhecimento da fé. As palavras do *Catecismo* esclarecem-nos a respeito: "Nem sempre se pode meditar, mas sempre se pode estar em oração, independentemente das condições de saúde, trabalho ou afetividade. O coração é o lugar da busca e do encontro, na pobreza e na fé"[15]. Esse sacramento sugere uma contrapartida do coração, uma

---

15 CIC 2710.

resposta da parte daquele que, às voltas com a penúria de seu estado, transforma sua pobreza em princípio de ascensão.

- Sacramentos do serviço da comunhão

Não se pode inscrever tão ímpar experiência à revelia do mesmo amor que, aliás, configura o Matrimônio como sinal sacramental. Introduzimos a noção de *função sacramental* para trazer uma visão mais crítica do Matrimônio, visto não apenas como um estado de vida, mas uma missão de vida, já que é um sacramento de serviço.

Acreditamos que se possa expedir ao Sagrado Coração a necessidade, a consciência e a tarefa de que o vínculo conjugal deva ser cuidadosamente cultivado na amizade, e o amor que circula entre o casal, algo que se deva submeter sempre a exame.

Assim como apresentamos os termos para uma experiência do desnudamento, a propósito do Matrimônio falamos de uma teologia do corpo, e com respeito à Ordem, de uma teologia do coração.

A *corporeidade* registra uma predisposição entendida como abertura, alteridade e doação recíprocas. O Sagrado Coração endossa e amplifica essa condição, de modo que, se um casal é chamado a ser "uma só carne", é corolário necessário que ele busque ser "um só coração". Essa expressão se encontra no Novo Testamento, em textos que visam fomentar a comunhão comunitária[16], e que João Paulo II estende, aplicando-a à realidade conjugal.

O propósito de vida comum, tal como concebido no livro do Gênesis para as dimensões de um casal/família, é cristologicamente enriquecido a fim de se preservar, longe de qualquer dissensão, a harmonia entre família e Igreja: esta, a família de Deus; aquela, uma Igreja doméstica. Ambas gozam da mesma fonte e missão: a família, instituída pelo próprio Deus, não tem uma origem diferente da Igreja que, para o *Catecismo*, é "um projeto nascido no coração do Pai"[17].

Para o exercício ministerial ordenado também se requer, como visto, uma harmonia, entre poder e serviço. Esse equilíbrio não se ob-

---

16 At 4,32; Cl 2,2.
17 CIC 758.

têm de outra forma a não ser por meio de uma *teologia do coração*. Com ela temos o respaldo para uma experiência do Espírito e da graça, fundamental para prover a Igreja de modo qualitativo, ou seja, não apenas como Corpo, e sim, como um Corpo vivo, pulsional e vibrante.

Só se pode conjecturar a emergência de uma teologia do coração com a presença do Coração por excelência. Seja em figura e imagem, ou em porte e robustez, o Coração de Jesus comove e embala, impacta e surpreende. É impossível ser-lhe indiferente. O Coração nunca erra o seu alvo: arremessa, sensibiliza, atinge e alveja nada mais, nada menos que outro coração. Uma teologia nesses moldes chama a atenção para o mistério de Deus atuando no coração humano, auxiliando-o a perceber o Espírito que habita no interior e o desenvolve com sua força.

O sacramento da Ordem sintoniza-se especialmente com o projeto de uma mística, que está no cerne de toda proposta ministerial: isso repercute no coração de todo aquele que quer aderir mais perfeitamente ao serviço de Deus. Convém que assim se dê da forma mais transparente possível, como assinala o *Catecismo*: "A tradição espiritual da Igreja insiste também no *coração* no sentido bíblico de 'fundo do ser' (Jr 31,33), onde a pessoa se decide ou não por Deus [Dt 6,5; 29,3; Is 29,13; Ez 36,26]"[18]. No coração do ministro se determina todo o sentido de sua dedicação: se por amor a Deus ou vaidade própria[19]; se para a glória de Deus ou ostentação de si[20].

- Eucaristia

A totalidade de todas essas considerações não poderia ser mais bem aglutinada do que pela Eucaristia, por tudo o que ela é e significa.

No tratamento que lhe dedicamos, foi realçada precisamente a expressão bíblica que, segundo o *Catecismo*, formaliza, articula e

---

18   CIC 368.
19   1Cor 13,1; 2Cor 11,30; Lc 17,10.
20   Mc 8,35; Mt 16,25.

organiza todas as virtudes pertinentes à prática cristã. Isso ocorre quando São Paulo nomeia a caridade de "'vínculo da perfeição' (Cl 3,14)"[21]. "A caridade assegura e purifica nossa capacidade humana de amar, elevando-a à perfeição sobrenatural do amor divino."[22] O progresso dessa caridade com fins à perfeição encarrilha o discurso teológico sobre a Eucaristia no tocante à sua apresentação não só como Corpo de Cristo, mas prolongando-se como Corpo da Igreja e Corpo do próximo. É essa tripla dimensão da Eucaristia que reputa à caridade o grau máximo de perfeição.

A respeito da Eucaristia, tratamos de uma fórmula enunciada como *ciclo* ou *circuito eucarístico*, para representar justamente uma via onde o Sacramento seja integralmente compreendido. Ele não se restringe ao pão eucaristizado, na forma da transubstanciação, pois vai até as ações eucaristizadas, na forma da caridade.

O Coração de Jesus nos solicita que percorramos toda a extensão desse trajeto, tal como assim se observa na "Oração depois da Comunhão" da Missa solene: "Ó Deus, que este sacramento da caridade nos inflame em vosso amor e, sempre voltados para o vosso Filho, aprendamos a reconhecê-lo em cada irmão"[23].

No culto ao Sagrado Coração se distingue uma compreensão da Eucaristia pela qual se forja uma vida cristã equipada — digamos assim — com todos os seus elementos. A profissão do Corpo de Cristo alavanca a oração; a celebração eucarística do Corpo-Igreja anuncia o sacrifício da cruz; a partilha do pão e do amor se beneficia da comunhão de vida entre os filhos do mesmo Pai.

*

Dedicando atenção a todas essas correspondências, desdobramos algumas das camadas que conectam a devoção ao Sagrado Coração de Jesus e à doutrina dos Sacramentos. Não poderíamos admitir cisões, quando não seria sequer exagero o dever impreterível de vigiar

---

21 Apud CIC 1827.
22 CIC 1827.
23 MISSAL ROMANO. *Missal dominical*, 507, 527, 546.

contra qualquer indício de ruptura. O culto de um desemboca necessariamente na celebração dos outros, e vice-versa. Para sermos exatos, ambos se identificam em níveis de verdadeira mescla e consubstancialidade.

Quando tratamos dessa que pode ser considerada não apenas mais uma e sim "A" espiritualidade, despontam os termos da solene apreciação que Pio XI fez ao aprovar oficialmente o culto ao Sagrado Coração de Jesus, em 1928: "A espiritualidade do Coração de Jesus é a síntese de toda a Religião Cristã e o caminho de uma vida mais santa e perfeita"[24].

---

24 MR 3 apud SCHNEIDER. *A espiritualidade do Coração de Jesus*, 36.

Referências

AGOSTINHO, Santo. *A cidade de Deus*. Lisboa: Fundação Calouste Gulbenkian, ²2000, v. II.

———. *A doutrina cristã. Manual de exegese e formação cristã*. São Paulo: Paulus, 2002 (Patrística, 17).

———. *A verdadeira religião*. São Paulo: Paulinas, 1986.

———. Carta 130 a Proba. In: Id. *Cartas a Probas e a Juliana. Direção espiritual*. São Paulo: Paulinas, 1987.

———. *Comentário aos Salmos (Enarrationes in psalmos). Salmos 51-100*. São Paulo: Paulus, 1997 (Patrística, 9/2).

———. *Confissões*. São Paulo: Paulus, 1997 (Patrística, 10).

———. Tratados sobre el Evangelio de San Juan (2º) 36-124. In: Id. *Obras completas de San Agustín, XIV*. Madri, Espanha: Biblioteca de Autores Cristianos, 1965 (BAC, 165).

AMBRÓSIO, Santo. *Os sacramentos e os mistérios: iniciação cristã nos primórdios*. Petrópolis: Vozes, 1972.

ALMEIDA, Antônio José de. Por uma Igreja ministerial: os ministérios ordenados e não-ordenados no "Concílio da Igreja sobre a Igreja". In: GONÇALVEZ, Paulo Sérgio Lopes; BOMBONATTO, Vera Ivanise (orgs.). *Concílio Vaticano II: análise e prospectivas*. São Paulo: Paulinas, 2004 337-366.

ALMEIDA, João Carlos (Pe. Joãozinho). *A ladainha do Coração de Jesus: sabedoria em gotas*. São Paulo: Loyola, 2003.

ALVAREZ, L. Amor ao próximo. In: LEXICON. *Dicionário Teológico Enciclopédico*. São Paulo: Loyola, 2003, 18-20.

ARNAU-GARCIA, Ramon. *Tratado general de los Sacramentos*. Madri, Espanha: Biblioteca de Autores Cristianos, 1994 (Sapientia Fidei).

ARREGUI, José. O perdão nas religiões da terra. In: EQUIZA, Jesús (org.). *Para celebrar o perdão divino e a reconciliação eclesial*. São Paulo: Loyola, 2003, 17-50.

BARRAJÓN, A. Pedro. El sufrimiento cristiano. Actualidad de la "Salvifici doloris" de Juan Pablo II. *Ecclesia — Revista de Cultura Católica*, Roma, ano 20, n. 1, 43-61, jan./mar. 2006.

BENTO XVI, Papa. *Deus é Amor* [25 dez. 2005]. São Paulo: Paulus, Loyola, 2006 (Documentos do Magistério).

———. *Caritas in Veritate: sobre o desenvolvimento humano integral na caridade e na verdade* [29 jun. 2009]. São Paulo: Paulus, Loyola, 2009 (Documentos do Magistério).

———. *Homilia: Memória da Bem-Aventurada Virgem Maria de Lourdes, XVIII Dia Mundial do Doente*. Basílica Vaticana, 11 fev. 2010 (www.vatican.va).

———. *Sacramentum Caritatis* [22 fev. 2007]. São Paulo: Loyola, 2007 (Documentos do Magistério).

BÍBLIA. Português. *Bíblia do Peregrino*. SCHÖKEL, Luís Alonso (coord.). São Paulo: Paulus, ³2011.

———. Grego-Português. *Novo Testamento interlinear grego-português*. Barueri: Sociedade Bíblica do Brasil, 2004.

BOROBIO, Dionisio. *Compreender, celebrar e viver a Reconciliação e o Perdão*. Braga, Portugal: Editorial Apostolado da Oração, 2014.

———. *Eucaristía*. Madri, Espanha: Biblioteca de Autores Cristianos, 2000 (Sapientia Fidei).

CALIMAN, Cleto. A Eclesiologia do Concílio Vaticano II e a Igreja no Brasil. In: GONÇALVEZ, Paulo Sérgio Lopes; BOMBONATTO, Vera Ivanise (orgs.). *Concílio Vaticano II: análise e prospectivas*. São Paulo: Paulinas, 2004, 229-248.

CAPPELLI, G. Castidade. In: LEXICON. *Dicionário Teológico Enciclopédico*. São Paulo: Loyola, 2003, 96-97.

———. Fidelidade. In: LEXICON. *Dicionário Teológico Enciclopédico*. São Paulo: Loyola, 2003, 296.

CARRAUD, Vincent. Coração de Cristo. In: LACOSTE, Jean-Yves (dir.). *Dicionário crítico de Teologia*. São Paulo: Paulinas, Loyola, 2004, 458-461.

Carta a Diogneto. In: QUINTA, Manoel (dir.). *Padres apologistas*. São Paulo: Paulus, ³2005, 9-30 (Patrística, 2).

CATÃO, Francisco. A teologia do Espírito Santo: novas perspectivas. *Revista de Cultura Teológica*, São Paulo, v. 17, n. 66, p. 93-112, jan./mar. 2009.

CATECISMO DA IGREJA CATÓLICA. Petrópolis: Vozes; São Paulo: Loyola, Paulinas, Ave-Maria, Paulus, ⁹1999. (Edição revisada de acordo com o texto oficial em latim).

CÓDIGO DE DIREITO CANÔNICO. São Paulo: Loyola, ³2003.

CONCÍLIO VATICANO II. Constituição "Sacrosanctum Concilium" sobre a Sagrada Liturgia. In: CONCÍLIO VATICANO II. *Vaticano II: mensagens, discursos e documentos*. São Paulo: Paulinas, ²2007, 141-184.

———. Constituição dogmática "Dei Verbum" sobre a Revelação Divina. In: CONCÍLIO VATICANO II. *Vaticano II: mensagens, discursos e documentos*. São Paulo: Paulinas, ²2007, 345-358.

———. Constituição dogmática "Lumen Gentium" sobre a Igreja. In: CONCÍLIO VATICANO II. *Vaticano II: mensagens, discursos e documentos*. São Paulo: Paulinas, ²2007, 185-247.

———. Constituição pastoral "Gaudium et spes" sobre a Igreja no mundo de hoje. In: CONCÍLIO VATICANO II. *Vaticano II: mensagens, discursos e documentos*. São Paulo: Paulinas, ²2007, 470-549.

———. Decreto "Ad gentes" sobre a atividade missionária da Igreja. In: Concílio Vaticano II. *Vaticano II: mensagens, discursos e documentos*. São Paulo: Paulinas, ²2007, 400-439.

———. Decreto "Apostolicam actuositatem" sobre o apostolado dos leigos. In: CONCÍLIO VATICANO II. *Vaticano II: mensagens, discursos e documentos*. São Paulo: Paulinas, ²2007, 359-386.

———. Decreto "Presbyterorum ordinis" sobre o ministério e a vida sacerdotal. In: CONCÍLIO VATICANO II. *Vaticano II:* mensagens, discursos e documentos. São Paulo: Paulinas, ²2007, 440-469.

CONFERÊNCIA EPISCOPAL DOS BISPOS DO BRASIL. *Diretrizes para a formação dos presbíteros da Igreja no Brasil*. Brasília: CNBB, 2010 (Documentos da CNBB, 93).

CONGAR, Yves. Pour une Christologie pneumatologique. Note bibliographique. *Revue de Sciences Philosophiques et Théologiques*, Paris, tomo 63, n. 3, p. 435-442, 1979.

---------. Sur la trilogie: prophète – roi – prêtre. *Revue de Sciences Philosophiques et Théologiques*, Paris, tomo 67, n. 1, p. 97-115, 1983.

CONGREGAÇÃO PARA O CULTO DIVINO E A DISCIPLINA DOS SACRAMENTOS. *Instrução Geral sobre o Missal Romano*: terceira edição. São Paulo: Paulinas, ²2009.

---------. *Liturgia das Horas segundo o Rito Romano*: Ofício Divino reformado segundo os decretos do Concílio Vaticano II e promulgado por Paulo VI. São Paulo: Paulinas, Paulus, Ave-Maria; Petrópolis: Vozes, 1999, v. I, II, III, IV.

---------. *Ritual Romano — Ritual do Batismo de Crianças*. Tradução portuguesa para o Brasil da segunda edição típica com adaptações à índole do povo brasileiro. São Paulo: Paulus, 2010.

---------. *Ritual Romano — Ritual da Unção dos Enfermos e sua assistência pastoral*. Tradução portuguesa da edição típica para o Brasil realizada e publicada pela Conferência Nacional dos Bispos do Brasil. São Paulo: Paulus, ⁸2000.

---------. *Ritual Romano — Ritual de Bênçãos*. Tradução portuguesa da edição típica para o Brasil; realizada e publicada pela Conferência Nacional dos Bispos do Brasil. São Paulo: Paulus, ⁸2011.

---------. *Ritual Romano — Ritual do Matrimônio*. Tradução portuguesa para o Brasil da segunda edição típica. São Paulo: Paulus, ¹³2011.

CONGREGAÇÃO PARA A DOUTRINA DA FÉ. *Declaração "Dominus Iesus"*: sobre a unicidade e universalidade salvífica de Jesus Cristo e da Igreja. São Paulo: Paulinas, ³2000 (Documentos da Igreja, 2).

CREMONA, Carlo. La atención al enfermo en los Padres de la Iglesia. In: Pontificio Consejo para la Pastoral de los Agentes Sanitarios. *Archivio*, Cidade do Vaticano, 1 set. 2002 (www.vatican.va).

DENZINGER, Heinrich; HÜNERMANN, Peter. *Compêndio dos símbolos: definições e declarações de fé e moral*. São Paulo: Paulinas, Loyola, 2007.

FARIA, Ernesto (org.). *Dicionário escolar latino-português*. Rio de Janeiro: Artes Gráficas Gomes de Souza, ³1962.

FERREIRA, Antonio Gomes. *Dicionário de latim-português*. Porto, Portugal: Porto Editora, 1983.

---------. *Dicionário de português-latim*. 2ª ed. rev. atual. Porto, Portugal: Porto Editora, 2000.

REFERÊNCIAS

FLÓREZ, Gonzalo. *Matrimonio y Familia*. Madri, Espanha: Biblioteca de Autores Cristianos, 1995 (Sapientia Fidei).

FRANCISCO, Papa. *Amoris Laetitia. A alegria do amor: sobre o amor na família* [19 mar. 2016]. São Paulo: Loyola, 2016 (Documentos do Magistério).

————. *Lumen Fidei:* sobre a fé [29 jun. 2013]. São Paulo: Paulus, Loyola, 2013 (Documentos do Magistério).

FRANGIOTTI, Roque. *História das heresias: conflitos ideológicos dentro do Cristianismo* (séculos I-VII). São Paulo: Paulus, ³2002.

FREI SALVADOR DO CORAÇÃO DE JESUS. *A grande promessa do Sacratíssimo Coração de Jesus*. 84ª ed. rev. aum. São Paulo: Loyola, 2007.

GLOTIN, Édouard. *O Coração de Jesus:* abordagens antigas e novas. São Paulo: Loyola, 2003.

GRILLO, Andrea. O vínculo conjugal na sociedade aberta: repensamentos à luz de *Dignitatis Humanae* e *Amoris Laetitia*. *Cadernos de Teologia Pública*, São Leopoldo, v. 13, n. 111, p. 1-38, 2016.

HEFNER, Philip J. A criação. In: Braaten, Carl E.; Jenson, Robert W. (eds.). *Dogmática Cristã*. São Leopoldo: Sinodal, ³2005, v. 1, 273-358.

————. A Igreja. In: BRAATEN, Carl E.; JENSON, Robert W. (eds.). *Dogmática Cristã*. São Leopoldo: Sinodal, ²2007, v. 2, 191-254.

HOUAISS, Antônio; VILLAR, Mauro de Salles. *Dicionário Houaiss da língua portuguesa*. Rio de Janeiro: Objetiva, 2009.

JOÃO CLÍMACO, São. *Climax ou Escada do Céo*. São Paulo: Espindola, Siqueira & C., 1902.

JOÃO DA CRUZ, São. Cântico Espiritual. In: Id. *Obras completas*. Petrópolis: Vozes, 1984 573-821.

————. Poesias: Noite escura. In: Id. *Obras completas*. Petrópolis: Vozes, 1984, 36-37.

————. Subida do Monte Carmelo. In: Id. *Obras completas*. Petrópolis: Vozes, 1984, 133-435.

JOÃO PAULO II, Papa. *A catequese hoje* [16 out. 1979]. São Paulo: Paulinas, ¹⁴2004 (A Voz do Papa, 93).

————. *A missão da família cristã no mundo de hoje*. Exortação apostólica [22 nov. 1981]. São Paulo: Paulinas, ¹⁸2004 (A Voz do Papa, 100).

———. *Audiência geral*. Cidade do Vaticano, 16 jan. 1980 (www.vatican.va).

———. *Carta encíclica "Fides et Ratio": sobre as relações entre fé e razão* [14 set. 1998]. São Paulo: Paulinas, ³1999 (A Voz do Papa, 160).

———. Constituição Apostólica "Fidei Depositum" para a publicação do "Catecismo da Igreja Católica" redigido depois do Concílio Vaticano II [11 out. 1992]. In: CATECISMO DA IGREJA CATÓLICA. Petrópolis: Vozes; São Paulo: Loyola, Paulinas, Ave-Maria, Paulus, ⁹1999, 7-12. (Edição revisada de acordo com o texto oficial em latim).

———. Encíclica "Dives in Misericordia" — "Rico em Misericórdia" [30 nov. 1980]. In: Sartori, Luís Maria A. (org.). *Encíclicas do Papa João Paulo II: o profeta do ano 2000*. São Paulo: LTr, 1996, 57-95.

———. *Homem e Mulher o criou*: catequeses sobre o amor humano. In: PETRINI, João Carlos; SILVA, Josafá Menezes da (orgs.). Bauru: EDUSC, 2005.

———. Mensaje [14 ago. 1981]. In: MONGE, Miguel Angel. Sentido cristiano del sufrimiento humano. *Revista de Medicina de la Universidad de Navarra*, vol. XXVIII, n. 1, 61-65, 1984.

———. *O sentido cristão do sofrimento humano*: Carta apostólica "Salvifici Doloris" [11 fev. 1984]. São Paulo: Paulinas, ⁶2003. (A Voz do Papa, 104).

———. *Sobre a Eucaristia na sua relação com a Igreja* [17 abr. 2003]. São Paulo: Paulus, Loyola, ⁷2010 (Documentos Pontifícios).

———. *Viaggio apostolico in Polonia: messaggio in occasione del centenario della Consacrazione del genere umano al Cuore divino di Gesù*. Varsóvia, 11 jun. 1999 (www.vatican.va).

JORGE, José Antonio. Mistagogia. In: Jorge, José Antonio. *Dicionário informativo bíblico, teológico e litúrgico, com aplicações práticas*. Campinas: Átomo, 1999, 352.

———. Mistério Pascal. In: Jorge, José Antonio. *Dicionário informativo bíblico, teológico e litúrgico, com aplicações práticas*. Campinas: Átomo, 1999, 352.

KALINOWSKI, Georges. Karol Wojtyla: Amour et responsabilité. *Revue Philosophique de Louvain*, tome 59, n. 64, p. 725-726, 1961 [Compte rendu].

KEMPIS, Tomás de. *Imitação de Cristo*. São Paulo: Círculo do Livro, 2009.

KIDNER, Derek. *Gênesis*: introdução e comentário. São Paulo: Vida Nova, 2001. (Série Cultura Bíblica).

KIZHAKKEPARAMPIL, Isaac. *The invocation of the Holy Spirit as constitutive of the Sacraments according to Cardinal Yves Congar*. Roma, Itália: Editrice Pontificia Università Gregoriana, 1995.

KONINGS, Johan. *Sinopse dos Evangelhos de Mateus, Marcos e Lucas e da "Fonte Q"*. São Paulo: Loyola, 2005 (Bíblica Loyola, 45).

LA SOUJEOLE, Benoît-Dominique de. *Introduction to the Mystery of the Church*. Washington, D.C.: The Catholic University of America Press, 2014.

LEÃO XIII, Papa. *Annum Sacrum*: Encyclical on consecration to the Sacred Heart [25 maio 1899] (www.vatican.va).

LELOUP, Jean-Yves. *O corpo e seus símbolos: uma antropologia essencial*. Petrópolis: Vozes, [8]1998.

LIMA, Luis Alves de. O que é o querigma? *Revista de Catequese*, São Paulo, ano 28, n. 109, p. 6-21, jan./mar. 2005.

LINOLI, Odoardo. Studio anatomo-istologico sul "cuore" del Miracolo Eucaristico di Lanciano (VIII sec.). *L'Osservatore Romano*, Vaticano, p. 5, 23 abr. 1982.

LOHFINK, Norbert. Aliança. In: LACOSTE, Jean-Yves (dir.). *Dicionário crítico de Teologia*. São Paulo: Paulinas, Loyola, 2004, 86-94.

LURKER, Manfred. *Dicionário de figuras e símbolos bíblicos*. São Paulo: Paulus, 1993 (Série dicionários).

MARTINI, Carlo Maria. La devozione al Sacro Cuore di Gesù. *30 Giorni*, Roma, n. 7-8, p. 72-79, jul./ago. 2006.

MATEOS, Juan; CAMACHO, Fernando. *O Evangelho de Mateus*. São Paulo: Paulinas, 1993.

MISSAL ROMANO. *Missal cotidiano*: Missal da Assembleia cristã. 10ª ed. rev. atual. São Paulo: Paulus, 2011.

———. *Missal dominical*: Missal da Assembleia cristã. São Paulo: Paulus, 2016.

OÑATIBIA, Ignacio. *Bautismo y Confirmación*: sacramentos de iniciación. Madrid, España: Biblioteca de Autores Cristianos, 2000. (Sapientia Fidei).

―――. Ministérios eclesiais: ordem. In: BOROBIO, Dionísio (org.). *A celebração na Igreja: sacramentos*. São Paulo: Loyola, 1993, v. 2, 489-538.

PAULO VI, Papa. *Mysterium Fidei: sobre o culto da Sagrada Eucaristia* [3 set. 1965]. São Paulo: Paulinas, ²2003 (A Voz do Papa, 32).

―――. *Evangelii Nuntiandi*: sobre a evangelização no mundo contemporâneo [8 dez. 1975]. São Paulo: Paulinas, 1976 (A Voz do Papa, 85).

PIO XI, Papa. *Miserentissimus Redemptor*: Carta encíclica sobre la expiación que todos deben al Sagrado Corazón de Jesús [8 maio 1928] (www.vatican.va).

PIO XII, Papa. *Haurietis Aquas*: sobre o culto do Sagrado Coração de Jesus [15 maio 1956]. São Paulo: Loyola, 2006 (Documentos do Magistério).

―――. *Mediator Dei*: Carta encíclica sobre a Sagrada Liturgia [20 nov. 1947]. (www.vatican.va).

POMPEI, Alfonso. Coração. In: BORRIELLO, L.; CARUANA, E.; DEL GENIO, M. R.; Suffi, N. (dirs.). *Diccionário de Mística*. São Paulo: Paulus, Loyola, 2003, 273-275. (Dicionários).

PORTO-MAURÍCIO, São Leonardo de. *Excelências da Santa Missa*. São Paulo: Cultor de Livros, 2015.

QUICHERAT, L. *Novissimo Diccionario Latino-Portuguez*: etymologico, prosodico, historico, geographico, mythologico, biographico etc. 7ª ed., Rio de Janeiro: H. Garnier, s.d.

RAMOS, Felipe F. Casamento e celibato. In: GONZÁLEZ, Ángel; LAMADRID, Antonio González; GALLEGO, Epifanio et alli. *Comentários à Bíblia Litúrgica: texto unificado*. Assafarge, Portugal: Gráfica de Coimbra 2, 2007.

RAMOS-REGIDOR, José. *Teologia do sacramento da Penitência*. São Paulo: Paulinas, 1989.

RIENECKER, Fritz; ROGERS, Cleon. *Chave linguística do Novo Testamento*. São Paulo: Vida Nova, 1995.

RODRÍGUEZ, Marcelo Merino (dir.). *La Biblia comentada por los Padres de la Iglesia y otros autores de la época patrística*: Nuevo Testamento — Evangelio según San Juan (1-10). Madri, Espanha: Ciudad Nueva, 2012, v. 4a.

SCHNEIDER, Roque. *A espiritualidade do Coração de Jesus, ontem e hoje*. São Paulo: Loyola, ²2002.

REFERÊNCIAS

SÍNODO DOS BISPOS. *XI Assembleia Geral Ordinária*: A Eucaristia, fonte e ápice da vida e da missão da Igreja — Lineamenta [24 fev. 2004].

———. *XIV Assembleia Geral Ordinária*: A vocação e a missão da família na Igreja e no mundo contemporâneo — Relatório final. Cidade do Vaticano, 24 out. 2015.

SUSIN, Luiz Carlos. Espírito Santo e a graça santificante. In: HACKMANN, Geraldo Luiz Borges (org.). *O Espírito Santo e a Teologia hoje*. Porto Alegre: EDIPUCRS, 1998, 41-74 (Teologia, 12).

TERTULIANO. *Apología*. Madri, Espanha: Oficina de D. Benito Cano, 1789.

TESSAROLO, Andrea. *Theologia Cordis*: apontamentos sobre a Teologia do Coração de Jesus. Bauru: EDUSC, 2000.

THE LIBER USUALIS. Tournai, Belgique: Desclee Company, 1961.

TOMÁS DE AQUINO, Santo. *Suma de Teología*: parte I. Madri, Espanha: Biblioteca de Autores Cristianos, ⁴2001, tomo I.

———. *Suma de Teología*: parte II-II (b). Madri, Espanha: Biblioteca de Autores Cristianos, 1994, tomo IV.

———. *Suma de Teología*: parte III. Madri, Espanha: Biblioteca de Autores Cristianos, 1994, tomo V.

———. *Suma teológica*: I Seção da II Parte — Questões 1-48. São Paulo: Loyola, 2003, v. 3.

———. *Suma teológica*: I Seção da II Parte — Questões 49-114. São Paulo: Loyola, 2005, v. 4.

ZILLES, Urbano. *Os sacramentos da Igreja Católica*. Porto Alegre: EDIPUCRS, ³2005 (Coleção Teologia, 4).

Edições Loyola

editoração impressão acabamento

Rua 1822 n° 341 – Ipiranga
04216-000 São Paulo, SP
T 55 11 3385 8500/8501, 2063 4275
www.loyola.com.br